Christine Klusacek · Kurt Stimmer

LEOPOLDSTADT

Verlag Kurt Mohl

Bildernachweis:
Bezirksmuseum Leopoldstadt (15), Kristian Bissuti (9), Bundesministerium für Landesverteidigung (1), Friedrich (1), Fritz Kern (4), Hubert Kluger (6), Ludwig Lanc (1), Landesbildstelle der Stadt Wien (28), Günter Perl (1), Richard Röder (29), Gerhard Sokol (2), Wiener Stadt- und Landesarchiv (2).

Umschlagentwurf: Richard Röder
Layout: Richard Röder

ISBN 3-900272-29-8

Inhalt

Insel im Strom

Jahrhunderte hindurch wurde die Entwicklung der heutigen Leopoldstadt entscheidend von der Donau geprägt. Auch heute noch ist die Donau ein wesentlicher Faktor für den Bezirk, denn die Leopoldstadt liegt nicht etwa an der Donau, sondern sie ist eine Insel im Strom.

Die Ortsbezeichnung Leopoldstadt gibt es erst seit 1671. Bis dahin hieß die Gegend des heutigen 2. Bezirkes »Unterer Werd« – und Werd ist ein altes Wort für Insel (althochdeutsch warid, mittelhochdeutsch werd, wert, werder).

Heute bilden die Leopoldstadt und die Brigittenau zusammen eine Insel zwischen Donau und Donaukanal. Das ist jedoch erst seit der großen Donauregulierung der Jahre 1870–1875 so. Bis dahin gab es zahlreiche Donauarme, Teiche, Tümpel, Sümpfe, die sich im Laufe der Zeit ständig veränderten. In den letzten tausend Jahren gab es in keinem anderen Teil Wiens so viele geographische Veränderungen wie in der heutigen Leopoldstadt. Die Donau war die Ursache dieser Veränderungen, sie bestimmte entscheidend die Besiedlung, die Bodennutzung und die wirtschaftliche Entwicklung des Gebietes. Jahrhunderte hindurch verhinderte sie das Entstehen von Ansiedlungen.

DUTZENDE DONAUARME

Nach dem Durchbruch durch die Enge zwischen Leopoldsberg und Bisamberg breitete sich die Donau ursprünglich in Dutzenden großen und kleinen Armen im Wiener Becken aus. Es war, als wollte sich das

Wasser nach dem langen und oft mühsamen Weg aus den Bergen nun, am Beginn der osteuropäischen Ebene, gleichsam ausruhen, bevor es den von hier an geruhsameren Weg zum Schwarzen Meer fortsetzte.
Zwischen den Donauarmen gab es zahlreiche Quergerinne, die bei niedrigem Wasserstand fast oder ganz stillstanden. Stellenweise weiteten sich die kleinen Seitenarme zu Teichen aus, andere versickerten in der Erde, es gab zahllose Tümpel und ausgedehnte Sümpfe. Das Land zwischen den Gewässern war überwiegend von dichtem Auwald bedeckt, zum Teil war es Heideland.
Die charakteristischen ursprünglichen Bäume sind vor allem Pappeln, darunter die bis zu 25 Meter hohe und 1,5 Meter dicke Silberpappel, Weiden und Ulmen, darunter die an Stattlichkeit mit der Silber-Pappel wetteifernde Flatter-Ulme, vereinzelt auch Feld-Ahorn und Eschen, in den unteren Praterauen Grau-Erlen. Die heute stark in Erscheinung tretenden anderen Bäume – Roßkastanien, Schwarz-Föhren, Rot-Föhren, Tannen, Lärchen, Fichten, Platanen, Götterbäume, Essigbäume, Eschen, Eschenahorn, Trauerweiden usw. – kommen von Natur aus hier nicht vor, sondern wurden gepflanzt.
Die Auen waren von zahlreichem Wild belebt vor allem Wildschweinen, Hirschen und Rehen, aber ursprünglich auch Bären und Wölfen und wurden deshalb neben der Hietzinger Gegend (Lainzer Tiergarten) bevorzugtes kaiserliches Jagdgebiet.

DRANG INS MARCHFELD

Die Donau bringt aus den Bergen viel Sand und Geröll mit. Da das Gefälle und damit die Strömungsgeschwindigkeit im Wiener Becken stark sinken, wird ein beträchtlicher Teil dieses Geschiebes abgelagert. In der Zeit, als sich die Donau hier in zahlreichen relativ flachen Armen verzweigte, wirkte sich das noch weit stärker aus. Solche flachen Arme versandeten deshalb im Laufe der Zeit, das Wasser suchte sich neue Wege. Charakteristisch war dabei der ständige Drang der Donau ins Marchfeld hinaus. Früher befand sich das Hauptgerinne der Donau im Bereich des heutigen Donaukanals, im Laufe der Zeit ergab sich eine Verschiebung nach Osten, die erst mit der großen Regulierung im vorigen Jahrhundert unterbunden wurde. Gleichzeitig wurden auch die Zuflüsse zur Donau aus dem Wienerwald, vor allem der Wienfluß, immer schwächer.

FÜNF HAUPTARME

Die gesamte Entwicklung läßt sich an den fünf Hauptarmen der Donau im Wiener Raum in historischer Zeit darstellen.

1. Der für Wien wichtigste Donauarm war bis ins 12. Jahrhundert der »Salzgriesarm« oder »Nußdorfer Arm«. Er folgte ungefähr der Linie Heiligenstädter Straße – Liechtensteinstraße – Salzgries und vereinigte sich dann mit dem Donaukanal. Die Kirche »Maria am Gestade« trug ihren Namen damals noch zu Recht, sie erhob sich auf dem Steilufer direkt am Fluß. Zwischen diesem Arm und dem Donaukanal befand sich eine Insel, die Teile der heutigen Bezirke 9 und 19 umfaßte. Diese Insel wurde »Oberer Werd« genannt. Im 13. Jahrhundert war der flachere Teil des Salzgriesarmes, etwa ab der heutigen Kreuzung Liechtensteinstraße – Althanstraße, so stark versandet, daß er nicht mehr von

Schiffen befahren werden konnte. Eine kleine Seitenverbindung zum Donaukanal, die quer über das Gelände des jetzigen Franz-Josephs-Bahnhofes führte, wurde deshalb verbreitert und vertieft und damit eine neue Schiffahrtsrinne geschaffen, der Obere Werd wesentlich verkleinert. Der versandete Teil des Armes wurde zugeschüttet. Am Beginn des 15. Jahrhunderts war auch der restliche Arm entlang der Heiligenstädter Straße nicht mehr schiffbar. Um 1440 beauftragte die Stadtverwaltung den »Wasserbaukünstler und Hydrauliker« Caspar Hertneid, den Fluß zu regulieren. Er ließ das Strombett ausschaufeln, aber das lockere Erdreich rutschte immer wieder nach, und schließlich war die Lage schlechter als vorher. Hertneid hatte für die erfolglose Arbeit die enorme Summe von 800 Pfund Pfennige (das Pfund zu 240 Pfennigen) verbraucht, das entsprach etwa 3000 Wochenlöhnen für Erdarbeiter. Die Bräuche waren damals streng: Hertneid wurde in den Kerker geworfen, ihm drohte die Todesstrafe. Er verdankte es seinem Gönner, dem Erzherzog Sigmund von Tyrol, für den er erfolgreich Flüsse reguliert hatte, daß er 1455 freigelassen wurde. Der Salzgriesarm bestand als schmaler, seichter Flußarm bis etwa 1750, dann trocknete er völlig aus. Einige Tümpel bestanden noch bis ins vorige Jahrhundert.

2. Der wasserreichste Donauarm zur Römerzeit war der heutige Donaukanal. Er wurde im Mittelalter »Wiener Arm« oder »Wiener Wasser« genannt. Die Römer legten im Bereich des Schwedenplatzes den ersten Wiener Hafen an, zu seinem Schutz wurde bei der Einmündung des Wienflusses eine Wehranlage gebaut. Auch dieser Donauarm begann zu versanden. 1598 wurde Ferdinand Gomez von Hoyos beauftragt, die Schiffahrt zu sichern. Er ließ die Ufer mit Bäumen,

Büschen und Steinen befestigen und das Wasser einiger kleiner Seitenarme, die zugeschüttet wurden, in das Gerinne leiten. Der bis dahin naturbelassene und verzweigte Donauarm erhielt dadurch kanalartigen Charakter und wurde von nun an »Wiener Kanal« genannt. Im 18. Jahrhundert kam die Bezeichnung »Donaukanal« auf. Im Zuge der Donauregulierung 1870–1875 wurde durch die massive Uferbefestigung und durch den Bau der Nußdorfer Schleuse, die eine Regelung des Wasserstandes ermöglicht, der Donaukanal in seiner heutigen Form gesichert. Für die Leopoldstadt war die Hoyos-Sanierung am Ende des 16. Jahrhunderts besonders wichtig, weil zahlreiche kleinere Gewässer beseitigt und die Besiedlung damit erleichtert wurden.

3. Das Fahnenstangenwasser folgte ungefähr der späteren Nordwestbahntrasse und der Straße Am Tabor, dann verlief es quer über das jetzige Bahngelände beim Praterstern und vereinigte sich ungefähr auf der Höhe der Reichsbrücke mit dem östlichen Donauarm. Über diesen Arm kamen von Westen große Flöße, die nach der Entladung zerlegt und als Bau- und Brennholz verkauft wurden. Mit dem Aufzug von Fahnen an hohen Stangen wurde die Ankunft eines solchen Floßes signalisiert, daher der Name Fahnenstangenwasser. Etwa ab 1400 war dieser Donauarm der wasserreichste, dann begann er ebenfalls zu versanden. Um 1780 war er nicht mehr schiffbar, um 1840 bestanden nur mehr einzelne Tümpel, die im Zuge der Bahnbauten zugeschüttet wurden.

4. Die Funktion des Hauptgerinnes übernahm etwa um 1550 das Kaiserwasser. Es trennte sich auf der Höhe der heutigen Nordbrücke vom Fahnenstangenwasser, floß ungefähr in der Mitte zwischen diesem und dem

jetzigen Strom und vereinigte sich dann im Bereich der Reichsbrücke wieder mit dem Fahnenstangenwasser. Dieses Gerinne wurde nach der Donauregulierung 1870–1875 abgedämmt und zugeschüttet.

5. Etwa ab 1700 war der »Floridsdorfer Arm« der wasserreichste. Sein Verlauf ist heute noch an der »Alten Donau« erkennbar. Im Bereich der Krieau vereinigte er sich mit dem Kaiserwasser. Auch der Floridsdorfer Arm wurde im Zuge der großen Donauregulierung abgedämmt.

Zwischen diesen fünf Hauptarmen gab es ein weitverzweigtes System von Nebenarmen. Das Heustadlwasser zählt zu den heute noch bestehenden Resten davon.

Die Veränderungen des Donausystems im Wiener Bekken erfolgten teils plötzlich durch Hochwasser, teils sehr langsam durch die Ablagerungen und Ausschwemmungen. Teils entstand neues Land durch Anhäufung und Anschüttung von Geschiebe (daher die Bezeichnungen Häufel und Schüttel), teils verschwand besiedeltes Land (namentlich im heutigen 21. Bezirk) im Strom.

DIE GROSSE REGULIERUNG

Die schweren Schäden durch Hochwasser im immer dichter verbauten Gebiet, die Problematik des Baues von Eisenbahn- und Straßenbrücken und die Erfordernisse der aufkommenden Dampfschiffahrt machten die Forderung nach der Regulierung der Donau immer dringlicher, die technische Entwicklung machte sie möglich.

1850 wurde eine Donau-Regulierungs-Kommission berufen, die verschiedene Projekte ausarbeitete. Alle

sahen vor, das Kaiserwasser wieder zum Hauptstrombett zu machen, daneben waren ein, zwei oder drei Nebenarme vorgesehen.
1862 appellierte der Gemeinderat unter dem Eindruck einer schweren Hochwasserkatastrophe an die Regierung, endlich etwas zu tun. 1864 bildete der Gemeinderat eine eigene Kommission unter dem Vorsitz des späteren Bürgermeisters Dr. Cajetan Felder. 1866 gelang es, diese Kommission mit Vertretern der Regierung, des Landes Niederösterreich, der Handelskammer, der DDSG und der Nordbahn zu einer zweiten Donau-Regulierungskommission zu erweitern. Der Krieg gegen Preußen bedeutete eine weitere Verzögerung, doch 1867 konnte ernsthaft mit den Vorarbeiten begonnen werden. Man einigte sich schließlich auf ein Projekt, das die Schaffung eines neuen Strombettes zwischen Kaiserwasser und Floridsdorfer Arm vorsah. Hauptvorteil dieses Projektes war, daß alle Arbeiten, einschließlich der Brückenbauten, auf trockenem Land erfolgen konnten. Am 12. September 1868 konnte die Genehmigung von Kaiser Franz Joseph für dieses Projekt erreicht werden. Es wurde beschlossen, daß die auf 24,6 Millionen Gulden veranschlagten Gesamtkosten zu je einem Drittel vom Staat, vom Land Niederösterreich und von der Stadt Wien getragen werden sollten.
Am 14. Mai 1870 führte der Kaiser am Ende der Schwimmschulallee, der heutigen Lassallestraße, den ersten Spatenstich durch. Es wurden ein 284,5 Meter breites Strombett und am linken Ufer ein 474,5 Meter breites Überschwemmungsgebiet gegraben. Es gab zwei Bauabschnitte. Der erste führte vom sogenannten »Roller«, einem natürlichen Damm im Bereich der jetzigen Nordbrücke, der das Kaiserwasser vom Flo-

ridsdorfer Arm trennte, bis zur Reichsbrücke. Dort wurde das Erdreich als zweiter Damm belassen. Nur im ersten Bauabschnitt wurde das Flußbett in voller Breite ausgegraben, im zweiten Teil wurde nur eine Künette am rechten Ufer gegraben, die übrige Arbeit überließ man der Kraft der Donau.

Die Arbeiten wurden der französischen Firma Castor, Hersent und Couvreux übertragen, die nicht nur über einschlägige Erfahrungen, vor allem vom Bau des Suezkanals, verfügte, sondern auch über moderne große Baggermaschinen. Trotzdem wurde ein erheblicher Teil der Arbeiten händisch durchgeführt. Fast tausend Arbeiter waren damit beschäftigt. Es waren vor allem Tschechen, Slowaken, Polen und Italiener, die bereit waren, um minimale Löhne zu arbeiten. Sie hausten anfangs in Erdhütten, erst bei Winterbeginn wurden primitive Baracken aufgestellt. Es gab keine Heizung und keine sanitären Einrichtungen. Mehrmals kam es deshalb unter den Arbeitern zu Typhusepidemien, die zahlreiche Todesopfer forderten.

Das ausgehobene Erdreich wurde teils für den Bau des Marchfelddammes als Abschluß des Überschwemmungsgebietes verwendet, teils zur Aufschüttung des Kaiserwassers. Zugleich mit der Aushebung des neuen Strombettes wurden fünf Brücken gebaut – die Nordwestbahnbrücke (heute Nordbrücke), die Floridsdorfer Brücke, die Nordbahnbrücke, die Reichsbrücke und die Stadlauer Brücke.

Gegen Ende 1875 waren die Arbeiten im wesentlichen beendet. Mit der völligen Fertigstellung wartete man, bis die Gefahr eines winterlichen Hochwassers und einer Eisstoßbildung vorbei war.

Der Geologe Prof. Eduard Sueß, der maßgeblich an der Planung und Durchführung der Donauregulierung be-

teiligt war, berichtet in seinen »Erinnerungen« über das weitere Geschehen:
»Etwa um die Zeit der Kaiserreise nach Venedig, anfangs April 1875, war die Aushebung des neuen Bettes vollendet. Ein alter, fester, hufeisenförmiger Damm, der Roller, trennte den Beginn des Durchstiches von dem gegen links bogenförmig abgetrennten Hauptstrome der großen Donau. Beiläufig 2,7 km unterhalb des Roller hatte man einen schmalen Streifen Landes quer über den Durchstich zurückgelassen, um den Verkehr mit dem linken Donauufer zu ermöglichen. Das neue Bett teilte sich daher in ein oberes Becken von 2,7 km und ein unteres Becken von nicht ganz 4 km Länge . . . Am 15. April sollte die Öffnung des Roller und die Einströmung der Donau in das neue Bett gewagt werden. Am 12. veranlaßte ich ein vertrauliches Schreiben an alle technischen Beamten, das auf die Schwierigkeiten hinwies . . . Ein Zufall wollte, daß mir die verantwortungsvolle Ehre zufiel, am Roller den entscheidenden Befehl zum Einlassen des Stromes zu geben. Dies geschah am 15. April um 3 Uhr 30 nachmittags. Außer den Beteiligten waren nicht viele Personen anwesend. Der Roller, einst der trennende Kopf zwischen der großen Donau und dem Kaiserwasser, bildete einen stromaufwärts gekrümmten Haken. Man ließ ihn an der rechten Seite des Hakens öffnen, und nun stürzte der gewaltige Strom schäumend herein. Zur Linken riß er immer größere Stücke des Roller mit sich, aber während er so die Breite der Pforte vergrößerte, füllte er das tiefer liegende Becken nicht, sondern seine Gewalt war so groß, daß er anfangs auch das vorhandene Grundwasser mit sich talwärts fortriß. Staunend erblickten wir durch einige Minuten an der linken Seite eine bedeutende Strecke des Bettes trok-

ken vor uns, ein merkwürdiges Beispiel für die so oft unterschätzte Kohäsion des Wassers . . . Die dahinfegende riesige Wassermenge spülte bald über den Landstreifen an der Reichsbrückenlinie. Um 7.20 Uhr abends öffnete man ihn, so daß nunmehr ein einziges zusammenhängendes Bett vorhanden war. Dabei hatte jedoch der einbrechende Strom das rechtsseitige Ufer unterhalb des Roller auf eine Länge von 240 Meter und eine mittlere Tiefe von 30 Meter beschädigt. Weiterer Nachbruch drohte. Unterdessen hatte sich das neue Bett mehr gefüllt; die Einströmung hatte viel vom Gefälle verloren; der Rest des Roller wurde nicht mehr abgerissen.«

Noch in der Nacht wurde ein vorsorglich vorbereitetes Schiff, das mit Steinen beladen war, durch den schmalen Durchstich im Roller geführt und zur Abschirmung des beschädigten Ufers versenkt. Am folgenden Tag wurde das Ufer mit Steinplatten gesichert.

Am 18. April passierte das Dampfschiff »Neue Donau« mit einem angehängten Schleppschiff problemlos das neue Strombett, am 30. Mai wurde die Schiffahrt vom Kaiser offiziell eröffnet.

Die Ufergestaltung, der Bau des Marchfelddammes, die Zuschüttung des Kaiserwassers und die Gestaltung der Alten Donau dauerten noch bis 1884.

Am Beginn des Donaukanals, bei Nußdorf, wurde 1873 ein »Sperrschiff« montiert, das Eduard Sueß mit einem schwimmenden Balken verglich, der nach Bedarf zur Brechung von Hochwasser quergestellt und notfalls auch versenkt werden konnte. Erst 1894–1899 wurde die Wehranlage nach Plänen von Otto Wagner gebaut.

Die Donauregulierung stellte ingenieurtechnisch eine gewaltige Leistung dar. Im Laufe der Zeit stellten sich allerdings drei große Nachteile heraus:

1. Der angestrebte absolute Hochwasserschutz für Wien wurde nicht erreicht. Strombett und Überschwemmungsgebiet können nur eine Durchflußmenge von etwa 10 000 Kubikmeter Wasser pro Sekunde aufnehmen, bei stärkerem Zufluß tritt der Strom zuerst über die rechte Uferkante, bei mehr als 12 000 Kubikmeter pro Sekunde auch über den Marchfelddamm. Die letzte Überschwemmung der rechten Uferkante, bei der auch der Mexikoplatz unter Wasser stand und die Keller der Häuser überschwemmt wurden, geschah im Jahre 1954. Das größte jemals registrierte Hochwasser brachte im Jahre 1521, wie man anhand der erhalten gebliebenen Hochwassermarken errechnen konnte, 14 000 Kubikmeter Wasser pro Sekunde nach Wien. Eine solche Katastrophe würde Wien auch heute noch furchtbar treffen, Schäden im Ausmaß von vielen Milliarden Schilling, nicht zuletzt durch den zu befürchtenden Ausfall der Gas- und E-Werke, wären zu erwarten. Die Leopoldstadt wäre sicher besonders betroffen.

2. Das breite Überschwemmungsgebiet (oder Inundationsgebiet, wie es ursprünglich genannt wurde) schob sich wie eine Barriere vor die Stadtteile am linken Donauufer, trennte sie vom Strom und vom übrigen Wien und behinderte ihre Entwicklung. Das führte dazu, daß sich Wien vor allem nach Westen und Süden entwickelte, in den Wienerwald hinein.

3. Die natürliche Bewässerung der Lobau wurde durch die Anlegung des Überschwemmungsgebietes und des Marchfelddammes sowie die Abdämmung des Floridsdorfer Armes gestört. Die Folge davon war der einsetzende Untergang der ursprünglichen Aulandschaft und die beginnende Versteppung der Lobau.

NEUGESTALTUNG DES DONAURAUMES

Schon in den zwanziger Jahren unseres Jahrhunderts tauchten deshalb Pläne auf, die Donau neu zu regulieren. Wirtschaftskrise, Krieg und Nachkriegsnot machten es unmöglich, die Aufgabe in Angriff zu nehmen. Erst unter dem Eindruck des Hochwassers von 1954 begann man sich wieder damit zu beschäftigen.

1957 legte die Stadtverwaltung erste Studien über einen verbesserten Hochwasserschutz vor. Im Hafen Freudenau wurde ein Donaumodell gebaut, in dem verschiedene Varianten getestet wurden. Diese komplizierten und kostspieligen Versuche dauerten von 1963 bis 1971. Als erster Schritt zur Verbesserung der Situation wurde 1964–1966 die Nußdorfer Schleuse umgebaut.

Drei Möglichkeiten standen zur Diskussion:

1. Erhöhung der rechten Uferkante und Verstärkung des Marchfelddammes. Diese billigste Variante hätte zwar den absoluten Hochwasserschutz gebracht, aber die anderen Nachteile der bestehenden Regulierung noch verschärft.
2. Die in den zwanziger Jahren forcierte Idee eines »Umfluters«, eines Kanals für die Aufnahme von Hochwasser, der oberhalb Wiens von der Donau abzweigen, in einem weiten Bogen durch den 21. und 22. Bezirk führen und unterhalb Wiens wieder in die Donau münden sollte. Da für den Bau dieses Umfluters zahlreiche Wohnhäuser und Betriebe abzureißen gewesen wären, schied diese – städteplanerisch zweifellos reizvolle Idee – wegen der enormen Kosten und Probleme aus.
3. Der Bau eines Umfluters parallel zum Strom im Überschwemmungsgebiet.

1965 fiel die grundsätzliche Entscheidung zugunsten der dritten Variante. 1969 war das Grundkonzept fertig. Kernstück ist das Entlastungsgerinne – das von den Wienern inzwischen »Neue Donau« getauft wurde – entlang des Hubertusdammes. Es ist durchschnittlich 150 Meter breit und 21 Kilometer lang. Das ausgehobene Erdreich wird großteils zur Aufschüttung einer hochwasserfreien Insel zwischen Neuer Donau und dem Hauptstrom benützt. Diese Insel ist durchschnittlich 200 Meter breit und hat eine Gesamtfläche von 390 Hektar; das ist mehr als die Fläche des 4. und 5. Bezirkes zusammen. Die rechte Uferkante wird erhöht. Zur Regelung des Wasserstandes in der Neuen Donau sind drei Wehranlagen notwendig (Einlaufbauwerk am Beginn, oberhalb der Praterbrücke und am Ende des Gerinnes), in den Häfen Freudenau und Albern waren Umbauten notwendig, ebenso beim Nußdorfer Wehr am Beginn des Donaukanals.
Das Strombett kann 8800 Kubikmeter Wasser pro Sekunde aufnehmen, die Neue Donau 5200 Kubikmeter. Damit ist Wien gegen das maximale Hochwasser von 14 000 Kubikmeter geschützt. Die Neue Donau sichert eine gute Bewässerung der Alten Donau und der Lobau, so daß diese wichtigen Erholungsgebiete saniert werden.
Insgesamt werden bei den Arbeiten fast 24 Millionen Kubikmeter Erde bewegt, das ist ungefähr doppelt soviel wie bei der Regulierung 1870–1875. Mehr als 3 Millionen Tonnen Steine werden zur Sicherung der Neuen Donau und der Ufer benötigt.
Das Projekt hat enorme städtebauliche Bedeutung, es ermöglicht eine Neugestaltung des gesamten Donauraumes. Die 390 Hektar neugeschaffener Fläche auf der Donauinsel sollen vor allem für Erholungszwecke

genutzt werden, für Sportanlagen, Parks, Wälder, Rad- und Wanderwege usw., die Neue Donau für den Wassersport. Der absolute Hochwasserschutz ermöglicht es, die Verbauung – und das heißt: die Stadt – an beiden Ufern näher zur Donau heranzuführen, mit dem Strom zu verbinden. Dabei ergaben sich allerdings wegen der Erhöhung der rechten Uferkante erhebliche Probleme, weil dort angesiedelte Betriebe vor Beginn der Arbeiten abgesiedelt werden mußten.
Zur optimalen Nutzung der Chancen für die Stadtentwicklung wurde ein internationaler Wettbewerb ausgeschrieben. Dabei beschritt die Stadt einen völlig neuen Weg, der international Aufsehen erregte: Die Internationale Jury des Wettbewerbs wertete nicht nur die eingereichten Arbeiten, sondern arbeitete bis zur Fertigstellung des Planes weiter. Ein wesentliches Ergebnis dieser Arbeit war, daß linkes Ufer und Insel nicht, wie ursprünglich geplant, gradlinig verlaufen, sondern mit Ein- und Ausbuchtungen. Die Internationale Jury hat ihre Arbeit mit einem Projekt für den gesamten Donauraum 1977 abgeschlossen.
Wichtiger Teil des Gesamtprojektes ist der Bau des »Linken Donausammelkanals«, der alle Abwässer der Bezirke 21 und 22 aufnimmt, die dann durch einen Düker unter der Donau durchgeleitet und entlang des Stromes zur Großkläranlage gebracht werden, die in Kaiserebersdorf im Bau ist. Dort werden alle Abwässer Wiens gereinigt, bevor sie in die Donau geleitet werden. Die Donau wird damit von Wien an wieder wesentlich sauberer werden.
Mit dem Bau des Linken Donausammelkanals wurde 1970 begonnen, mit der Erhöhung des rechten Donauufers und verschiedenen Zusatzarbeiten (Hafenanlagen, Nußdorfer Wehr) 1971, mit der Schaffung der

Neuen Donau 1972. Fünf Jahre später war das neue Gerinne schon so weit gediehen, daß es nicht nur Tausende Badelustige anzog, sondern auch die ersten Bootsregatten abgehalten werden konnten.

Der Untere Werd

Im Altertum und im frühen Mittelalter hat es im Unteren Werd vermutlich keine Ansiedlungen gegeben. Das unwirtliche Gelände war dafür ungeeignet. Vielleicht hausten hier einige Fischer, doch mögliche Ansätze zu einer ständigen Besiedlung, wenn es sie überhaupt gab, wurden von den häufigen Überschwemmungen zerstört. Große Hochwasser im Wiener Raum sind urkundlich 1012, 1118, 1126, 1172, 1193 und 1195 nachweisbar. Beim besonders argen Hochwasser 1210 schuf sich die Donau in Klosterneuburg ein neues Bett, ein Teil des Ortes versank für immer in den Fluten, am linken Ufer gab der Strom das Land frei, auf dem heute Korneuburg liegt. Besonders arge Hochwasser gab es auch 1295 und 1341. Weihnachten 1340 gab es sommerliche Temperaturen, der folgende Februar wurde so kalt, daß die Donau zufror. Als Tauwetter einsetzte, kam es zu einem furchtbaren Hochwasser. Das Dorf Ringelsee, vermutlich im Bereich des heutigen Donauparks, versank in den Fluten, nicht einmal die Spitze des Kirchturms und die höchsten Baumwipfel waren zu sehen. Die Erinnerung an diese Katastrophe dürfte lange bewußt geblieben sein, denn durch Jahrhunderte entstand in diesem ganzen Donaubereich keine neue Ansiedlung.
Grundeigentümer im Unteren Werd waren ursprünglich offenbar die Landesherren. Herzog Leopold der

Heilige besaß hier nach manchen Vermutungen eine Jagdhütte. Er überließ einen großen Teil des Werdes dem Stift Klosterneuburg. Etwa ab 1300 werden in Urkunden verschiedene Grundherren genannt, die aber zumindest teilweise wahrscheinlich nur Pächter der Klosterneuburger waren. Die Lokalisierung der Besitzungen ist wegen ungenauer und wechselnder Ortsbezeichnungen unmöglich. Wichtig für die spätere Entwicklung war, daß 1396 die Stadt Wien einen Teil des Unteren Werdes (wahrscheinlich den Bereich, der heute von Praterstern – Komödiengasse – Schmelzgasse – Kleine Sperlgasse – Hollandstraße – Donaukanal begrenzt wird) kaufen konnte.

Im Jahre 1300 bestand in der heutigen Großen Schiffgasse der »Hof zu Neuydecke«, ein burgähnlicher, mit Palisaden umgebener landwirtschaftlicher Hof mit einer Meierei, zu dem Äcker, Weiden und Fischereirechte gehörten.

Für den Unteren Werd gab es damals die Bezeichnungen »ennhalb Tunaw« (drüber der Donau) oder »ennhalb des wassers«, manchmal mit dem Zusatz »von roten Turm«. Erst im 16. Jahrhundert setzte sich die Bezeichnung Unterer Werd völlig durch.

Der Hof zu Neuydecke hatte verschiedene Besitzer, 1330 besaß ihn Heinrich Schuechler. Nach seinem Tod im Jahre 1358 beerbten ihn seine Witwe und seine drei Enkel, es kam zu einer Teilung des Besitzes. 1414 konnte die Stadt Wien den Hof selbst mit Äckern und Wiesen erwerben. Die Meierei mit einem großen Garten und Weideland kam 1377 durch Erbschaft in den Besitz des Wiener Bürgerspitals.

1450: HUNDERT HÄUSER

Der Bau der Schlagbrücke um 1440, der ersten Brücke über den Donaukanal, war die entscheidende Voraussetzung für eine stärkere Ansiedlung im Unteren Werd. Die Stadt Wien gab ihren Besitz zur uneingeschränkten Besiedlung frei. Um etwa 1450 war das Gebiet schon mit etwa hundert Häusern relativ dicht verbaut. Es waren vor allem Fischer, Schiffer und Gemüsegärtner, die hier wohnten; nur in bescheidenem Ausmaß wurden Ackerbau und Viehzucht betrieben.
Schwere Hochwasserkatastrophen, die ärgsten 1402 und 1521, trafen die Menschen; noch härter allerdings die Türkenbelagerung von 1529.
Als Anfang September die Türken näher kamen, wurden die westlichen und südlichen Vorstädte, die nicht verteidigt werden konnten, niedergebrannt. Zwischen 21. und 27. September wurden die Ruinen von den Türken besetzt, der Angriff auf Wien begann. Zugleich versuchte die türkische Donauflotte mit 400 Schiffen, den Belagerungsring zu schließen. 3000 Verteidiger, darunter Spanier mit einem Geschütz, besetzten den Unteren Werd. Bis 30. Oktober konnten sie Widerstand leisten, dann eroberten die Türken den stadtnahen Teil des Unteren Werds, der Ring um Wien war geschlossen. Neunzehnmal stürmten die Türken vergeblich gegen Wien. Meldungen über den Anmarsch eines Entsatzheeres und die Verschlechterung der Witterung veranlaßten sie am 14. Oktober zum Abzug.
Die Siedlung im Unteren Werd war völlig vernichtet. Nur sehr langsam kam es zum Wiederaufbau. Ein Impuls dafür kam vom Bier.

DAS BRAUHAUS

Die Weinbauern, die in Wien einen sehr wesentlichen wirtschaftlichen Faktor bildeten, hatten durch Jahrhunderte versucht, die Errichtung von Bierbrauereien zu verhindern. Zur Beendigung des Streits wurde das Bierbrauen an ein streng begrenztes Privileg gebunden, das schließlich an das Bürgerspital fiel. Das Spital besaß ein Brauhaus ungefähr in der Gegend des heutigen Parlamentsgebäudes, das 1529 zerstört wurde. Als Ersatz wurde auf den Bürgerspital-Gründen im Unteren Werd ein neues Brauhaus gebaut, das 1536 fertig war. Es befand sich im Bereich Malzgasse – Adambergergasse und bestand bis 1846. Dann kaufte Alois Miesbach, als Besitzer der Wienerberger und zahlreicher anderer Ziegelwerke einer der größten Industriellen seiner Zeit, die Anlage, ließ sie demolieren und das Grundstück parzellieren.
1556 wurden elf Hausbesitzer aus dem Oberen Werd (Roßau), die ihre Häuser für den Bau der neuen Wiener Befestigungsanlagen räumen mußten, in der Großen Sperlgasse und in der Rotensterngasse angesiedelt. Um 1580 war etwa annähernd die Besiedlungsdichte des Jahres 1529 erreicht.
Wirtschaftliche Probleme behinderten die weitere Entwicklung, die schließlich im Dreißigjährigen Krieg, 1618–1648, völlig zum Stillstand kam. Mehrmals wurde der Untere Werd von Böhmen, Schweden und Ungarn angegriffen, zeitweise glich er einem Heerlager. Die Angreifer wurden meist an der Wolfsschanze aufgehalten, einem Bollwerk im Bereich des heutigen Floridsdorfer Wasserparks. Nur die Schweden konnten 1645 die Wolfsschanze bezwingen, wurden aber im Unteren Werd aufgehalten. Dabei bewährte sich eine 200 Jahre

alte Befestigungsanlage: der Tabor im Bereich der heutigen Straße Am Tabor. Der Name ist von den städtischen Befestigungsanlagen der Hussiten abgeleitet, nach deren Beispiel der Wiener Tabor konzipiert wurde. Er übertrug sich auf die ganze Gegend.
Mehr noch als unter den Angriffen der regulären Truppen litt der Untere Werd unter Gruppen versprengter oder desertierter Soldaten, die raubend und mordend umherzogen. So wurde im Juli 1645 von Ungarn ein großer Weintransport mit 130 Pferden im Unteren Werd überfallen und ausgeplündert, im März 1647 von Schweden ein Warentransport mit 15 Fuhrwerken, wobei 16 Menschen getötet und die wohlhabenden Kaufleute verschleppt und erst gegen Lösegeld freigelassen wurden. Immer wieder wurden Fischer überfallen und ihrer bescheidener Habe beraubt – und erschlagen, wenn sie Widerstand leisteten.
Während des Dreißigjährigen Krieges kam es jedoch zu einem Vorgang, der für die weitere Entwicklung von größter Bedeutung war: zur Gründung des Judengettos im Unteren Werd.

Brücken in der Leopoldstadt

Bis ins 15. Jahrhundert gab es als Verbindung zwischen den Donauufern im Wiener Raum nur Überfuhren. Als ständige Einrichtung ist nur die Überfuhr zwischen Nußdorf und Jedlesee nachgewiesen, die vom Stift Klosterneuburg als wichtige Einnahmsquelle betrieben wurde. Zweifellos gab es auch schon im Mittelalter im Bereich der heutigen Leopoldstadt Überfuhren. Es konnten jedoch darüber bisher keine Unterlagen gefunden werden.

DIE SCHLAGBRÜCKE

Unter Herzog Rudolf IV., dem Stifter, der 1358–1365 regierte, entwickelte sich Wien zu einem europäischen Zentrum. Er gründete die Universität, legte den Grundstein für den Bau des Stephansdomes, wirkte aber auch im Sozial- und Wirtschaftsbereich bahnbrechend.
Für die weitere Entwicklung des nun zu einer Metropole gewordenen Wien erwies sich das Fehlen eines Weges über die Donau als schweres Hindernis. Es war auch ein militärischer Nachteil. Am 4. April 1439 gab deshalb König Albrecht II. »dem geliebten Wien einen Brief unter dem großen Insiegel, . . . auf seine und auf ihre Kosten Brücken zu bauen, so viel deren Wien über alle Donau bis an das enthalbige Gestade notwendig« seien.
Die erste dieser Brücken war die »Schlagprukhen«, die an der Stelle der heutigen Schwedenbrücke Wien mit dem Unteren Werd verband. Ihr Name kam daher, daß Vieh, das zur Belieferung des Wiener Fleischmarktes angetrieben wurde, auf der Brücke geschlagen, also geschlachtet werden mußte. Die Zufuhr von totem Vieh oder von Fleisch aus größerer Entfernung war aus hygienischen Gründen verboten.
Die anschließende Handelsstraße führte über die Linie Taborstraße – Obere Augartenstraße und durch die Brigittenau nach Floridsdorf. Die zahlreichen großen und kleinen Donauarme auf diesem Weg mußten mit mehr als einem Dutzend Holzbrücken überspannt werden. Darunter waren drei große Brücken: neben der Schlagbrücke noch die »Lange Brücke« im Bereich des Augartens und die »Wolfsbrücke« in der Nähe der jetzigen Floridsdorfer Brücke.

Die älteste Beschreibung dieses Brückensystems verdanken wir Wolfgang Schmeltzl (Schmälzl). Er stammt aus der Oberpfalz, kam 1540, etwa 40 Jahre alt, nach mehrjähriger Wanderschaft nach Wien und wurde Schulmeister bei den Schotten. Er schrieb Theaterstücke und wurde deshalb »Wiener Hans Sachs« genannt, gab eine Volksliedersammlung heraus und veröffentlichte 1547, wohl zum Dank für seine Aufnahme in Wien, den 1600 Knittelverse umfassenden »Lobspruch der Hochloeblichen weitberuemten Knuenigklichen Stat Wienn in Oesterreich«.
Schmeltzl schildert darin seine Fahrt mit einer Plätte auf der Donau bis Korneuburg. Dort ging er an Land und zu Fuß weiter nach Wien. Dabei passierte er auch die Donaubrücken, die drei großen beschreibt er. Die erste, die Wolfsbrücke, schildert er als so groß, daß man den Eindruck habe, der ganze Böhmerwald sei für den Bau dieser Brücke abgehauen worden. Nach seinen Angaben war sie 260 Schritte, also mehr als 200 Meter lang. Die zweite große Brücke war 60 Schritte lang, also etwa 48 Meter, die dritte schließlich, von Schmeltzl »schlachtprucken« geschrieben, 96 Schritte, also etwa 75 Meter. Vergleicht man diese Angaben mit den heutigen Maßen (Donau 280 Meter, Donaukanal 80 Meter breit) und rechnet man dazu die damaligen Brücken über kleinere Donauarme, so kommt man zur ungefähr gleichen Breite des Gesamtstromes.
Die Brücken wurden von bewaffneten Söldnern bewacht. Es bestand Mautpflicht, zur Einhebung der Maut wurde an jedem Brückenkopf ein Mauthaus errichtet. Die zentrale Verrechnung erfolgte im landesfürstlichen Mautamt beim Roten Turm, das Geld war für die Instandhaltung der Brücken bestimmt. Für

einen beladenen Wagen mußten pro Zugpferd Inländer 5, Ausländer 7 Pfennige bezahlen. Ein leerer Wagen kostete 2 Pfennige pro Zugtier, ein Stück Großvieh (Rind oder Pferd) 2 Pfennig, vier Stück Kleinvieh (Schweine, Schafe, Kälber) einen Pfennig. Auch ein Fußgänger mußte einen Pfennig bezahlen. Die Werdbewohner waren von der Maut befreit, sie bezahlten statt dessen eine Brückensteuer von viermal jährlich 4 Pfennig pro Haus. Zum Vergleich: Für einen Pfennig bekam man damals etwa ½ kg Rindfleisch oder 2 bis 3 Liter Wein; eine Elle (rund 60 cm) Tuch kostete 150 bis 200 Pfennige, ein ungelernter Arbeiter verdiente 10 bis 14 Pfennige in einem vierzehnstündigen Arbeitstag, ein gelernter Arbeiter, z. B. ein Maurer oder Steinmetz, etwa das Doppelte.
Die Brücken wurden durch Hochwasser und Eisstöße wiederholt schwer beschädigt, in Kriegszeiten von den Angreifern oder von den Verteidigern Wiens mehrmals in Brand gesteckt. Wegen ihrer Bedeutung wurden sie aber jedesmal sehr rasch wiederhergestellt, wobei einige Male eigene Steuern dafür eingehoben wurden. Bis 1775 blieb die Schlagbrücke die einzige Verbindung zwischen Wien und der Leopoldstadt.

DIE DONAUKANALBRÜCKEN

Elf Straßen-, zwei Eisenbahnbrücken und zwei Stege führen heute über den Donaukanal in die Leopoldstadt.
Augartenbrücke: 1782 wurde zur Entlastung der Schlagbrücke und, auf Wunsch von Kaiser Joseph II., zur Verbesserung der Verbindung von der Hofburg zum Augarten, eine hölzerne Brücke gebaut, die 1809 von den Franzosen verbrannt wurde. 1829 wurde eine

neue Holzbrücke gebaut. Sie wurde 1872 durch eine eiserne Kettenbrücke ersetzt, die Maria Theresien-Brücke benannt wurde. 1919 wurde sie in Augartenbrücke umbenannt. Da sie für den zunehmenden Verkehr zu schmal und zu schwach war, wurde sie 1929–1931 durch einen Neubau ersetzt. Erstmals wurde dabei die alte Brücke hydraulisch verschoben und noch bis zur Fertigstellung des Neubaus verwendet. 1945 wurde die Brücke, wie alle Donaukanalbrükken, von deutschen Truppen gesprengt. Sie wurde noch im Frühjahr 1945 von sowjetischen Pionieren provisorisch instandgesetzt und noch im gleichen Jahr von der Gemeinde Wien neu gebaut. Am 12. Jänner 1946 wurde sie für den Verkehr geöffnet, sie war die erste wiederhergestellte Donaubrücke.
Salztorbrücke: 1828 wurde der Karls-Steg erbaut, eine Kettenbrücke, benannt nach dem Sieger von Aspern. Hier befand sich die Station für die Personenschiffe, die zwischen Wien und Linz verkehrten. 1884–1886 wurde der schmale Steg durch eine neue Brücke ersetzt, die Stephaniebrücke, benannt nach der Gattin von Kronprinz Rudolf. 1919 wurde sie nach dem bis 1529 hier befindlichen Salztor der Stadtmauer (durch das über die Donau per Schiff herantransportiertes Salz in die Stadt gebracht wurde) benannt. Nach der Zerstörung 1945 wurde sie als letzte Donaukanalbrükke 1960–1961 neu gebaut.
Marienbrücke: 1905–1906 wurde die Brücke erbaut, 1909 wurde auf ihrer Brüstung eine Marienstatue von Hans Schwathe aufgestellt. Auf den Trümmern der von deutschen Truppen im April 1945 gesprengten Brücke wurde von sowjetischen Pionieren ein provisorischer Übergang erbaut, der 1946 entfernt wurde, um den Donaukanal für die Schiffahrt freizumachen. 1948

wurde etwas flußabwärts ein Fußgängersteg gebaut. 1951–1953 wurde die Marienbrücke als erste große Stahlbetonbrücke neu gebaut, der Fußgängersteg anschließend abgerissen. Auch eine Nachbildung der Marienstatue wurde aufgestellt. 1954 wurde eine Unterführung der Brücke eröffnet, das Relief mit der Ansicht des mittelalterlichen Wien ist von Josef Franz Riedel.

Schwedenbrücke: 1819 wurde die alte hölzerne Schlagbrücke durch eine steinerne Brücke ersetzt, die nach dem damaligen Kronprinzen »Ferdinands-Brükke« genannt wurde. 1909 wurde sie abgetragen, 1911 war der Neubau, eine eiserne Bogenbrücke fertig. 1920 wurde die Brücke zum Zeichen des Dankes für die schwedische Hilfe für Wiens hungernde Kinder nach dem Ersten Weltkrieg in Schwedenbrücke umbenannt. Ein Jahr nach der Zerstörung im Jahre 1945 wurde die Brücke provisorisch instandgesetzt, 1954–1955 neu gebaut.

Aspernbrücke: 1863–1864 wurde eine Kettenbrücke erbaut, die nach der Schlacht bei Aspern, in der Erzherzog Karl Napoleon die erste Niederlage zugefügt hat, benannt wurde. Bei der Eröffnung durch Kaiser Franz Joseph I. am 30. November 1864 zogen die vom Krieg gegen Dänemark aus Schleswig heimkehrenden Truppen über die Brücke. 1913 wurde sie abgetragen, der Neubau konnte wegen des Weltkrieges erst 1920 fertiggestellt werden. In der Zwischenzeit gab es flußabwärts einen Notsteg für Fußgänger. Nach der Zerstörung im April 1945 wurde am 2. Oktober 1945 ein Provisorium fertiggestellt, 1949–1951 wurde die Brücke neu gebaut.

Franzensbrücke: 1775 wurde eine Holzbrücke gebaut, die am 27. Februar 1799 einstürzte. 1801–1803 wurde eine neue Holzbrücke gebaut, die Weißgärberbrücke genannt wurde. Vor dem Einmarsch der Franzosen 1809 wurde sie teilweise verbrannt, dann wiederhergestellt. 1844–1848 wurde sie durch eine eiserne Kettenbrücke ersetzt, die nach Kaiser Franz I. benannt wurde. 1866 mußte sie verstärkt werden, weil sie die am stärksten vom Lastfuhrwerk beanspruchte Brücke Wiens geworden war. Es wurde außerdem eine hölzerne Entlastungsbrücke für Fußgänger errichtet. 1898–1899 wurde eine breitere Bogenbrücke gebaut. Nach der Sprengung im Jahre 1945 errichteten sowjetische Truppen ein Stück flußabwärts einen provisorischen Übergang, 1947–1948 Neubau.

Schnellbahnbrücke: 1851 als Verbindungsbahnbrücke gebaut, 1945 gesprengt, 1947 neu gebaut.

Rotundenbrücke: 1797 ließ Fürst Andreas Rasumofsky in der Nähe seines Palais (heute Geologische Bundesanstalt) eine Holzbrücke erbauen. 1809 wurde sie vom Eisstoß zerstört, 1810–1811 ließ Rasumofsky eine Steinbrücke bauen, die 1819 wegen schwerer Hochwasserschäden abgebrochen werden mußte. Rasumofsky war inzwischen durch den Brand seines Palais am 31. Dezember 1814, bei dem ein Großteil seines Besitzes vernichtet wurde, verarmt. Es bildete sich eine private Aktiengesellschaft, die 1824–1825 die Brücke als erste Wiener Kettenbrücke, die allerdings nur für Fußgänger und Reiter passierbar war, neu bauen ließ. Für vierzig Jahre sicherten sich die Erbauer das Recht, von jedem, der die Brücke passierte, eine Maut von einem Kreuzer einzuheben. Die Brücke wurde nach der Erzherzogin Sophie benannt. Ihre Konstruktion erregte solches Aufsehen, daß ein in der Nähe befindliches Tanzlokal »Kettenbrückensaal« benannt wurde. Dort brachte Johann Strauß Vater im Fasching des Jahres

1827 seinen Kettenbrückenwalzer zur Uraufführung. 1871–1872 wurde die Kettenbrücke durch einen Neubau ersetzt, der auch für Fahrzeuge geeignet war. 1927 mußte die Brücke verstärkt, 1935–1937 neu gebaut werden, als Bogenbrücke nach den Plänen von Clemens Holzmeister. 1945 wurde sie zerstört, 1954–1955 neu gebaut.

Stadionbrücke: Die 1873 erbaute Eisenbrücke hieß bis 1919 Kaiser Joseph–Brücke, dann Schlachthausbrükke. 1934 mußte sie wegen Baufälligkeit für den Fahrzeugverkehr gesperrt werden, 1936 wurde sie abgetragen und durch einen Neubau ersetzt, der nach dem 1931 eröffneten Stadion benannt wurde. Nach der Zerstörung im Jahre 1945 wurde sie 1948 provisorisch wiederhergestellt und 1959–1969 neu gebaut.

Erdberger Brücke: Im Zuge des 1978 abgeschlossenen Baues der Südost-Tangente zwischen dem Süden und dem Nordosten Wiens wurde die Brücke 1971 als Teil des Knotens Prater eröffnet.

Gaswerksteg: 1900 für die Verlegung von Gasrohren vom Gaswerk Simmering in die Leopoldstadt erbaut, zugleich als Fußgängersteg, 1945 nach der Zerstörung wiederhergestellt.

Ostbahnbrücke: Die 1870 erbaute Brücke wurde 1945 gesprengt und 1956 wiederhergestellt.

E-Werks-Kabelsteg: 1973 als Verbindung zwischen dem Kraftwerk Simmering und dem im gleichen Jahr eröffneten Kraftwerk Donaustadt gebaut.

Ostautobahnbrücke: Eine technische Pionierleistung stellt diese 1975 fertiggestellte Schrägseilbrücke dar. Sie wurde in zwei Teilen am Ufer gebaut, die beiden Teile, je 110 Meter lang und 4500 Tonnen schwer, wurden dann über den Donaukanal geschwenkt und das 7,6 Meter lange Mittelstück als Verbindung einge-

fügt. Die Brücke verläuft in einem Winkel von 45 Grad schräg über den Donaukanal.
Freudenauer Hafenbrücke: 1880 erbaut, nach der Zerstörung 1945 Wiederaufbau 1956–1958.

DONAUBRÜCKEN

Reichsbrücke: Während der Donauregulierung wurde die steinerne Brücke 1872–1875 auf trockenem Grund erbaut und nach Kronprinz Rudolf benannt. Bis 1889 bestand Mautpflicht, bis 1921 wurde auf der Brücke für mitgeführte Waren die »Verzehrsteuer« eingehoben (man mußte also innerhalb des 2. Bezirkes, zu dem damals auch Kaisermühlen gehörte, Zoll zahlen). 1919 wurde sie in Reichsbrücke umbenannt. In den dreißiger Jahren zeigte sich die Brücke dem Verkehr nicht mehr gewachsen, ein Neubau wurde beschlossen. Da auch während des Baus ein Übergang über die Donau notwendig erschien, wurde die 4880 Tonnen schwere Brücke am 12. September 1934 um 26 Meter stromabwärts verschoben. Diese Arbeit dauerte 6½ Stunden, die Unterbrechung des Verkehrs 48 Stunden. Der Neubau nach Plänen von Siegfried Theiß und Hans Jaksch unter künstlerischer Beratung von Clemens Holzmeister dauerte drei Jahre. Am 10. Oktober 1937 wurde die neue Hängebrücke eröffnet, anschließend die alte Brücke abgerissen. 1945 wurde sie als einzige Donaubrücke nicht zerstört. Die Vorgänge sind bis heute nicht ganz geklärt, doch steht fest, daß sowohl Angehörige der deutschen Wehrmacht wie auch Zivilpersonen dazu beigetragen haben, die Sprengung zu verhindern. Mehrmals wurden Sprengschnüre durchschnitten und montierte Sprengladungen in die Donau geworfen sowie Kennzeichnungen der Sprengpunkte entfernt. Die sowjetische Donauflottille konnte durch einen überraschenden Vorstoß am 11. April die Brücke unversehrt besetzen. Sie war danach zwei Tage lang umkämpft und wurde durch deutschen Artilleriebeschuß beschädigt, doch blieb sie benützbar. Für die rasche Beendigung der Kämpfe im Wiener Raum und für das weitere Leben der Stadt hatte die Rettung der Reichsbrücke größte Bedeutung. Die entstandenen Schäden, vor allem an den Kettengliedern, wurden 1946 behoben. Am 1. August 1976, kurz vor fünf Uhr früh, stürzte die Reichsbrücke ein. Sie riß einen Kleinbus mit, dessen Fahrer ums Leben kam. Ein städtischer Autobus, der sich mitten auf der Brücke befand, kam auf den in der Donau liegenden Trümmern auf den Rädern zu stehen, der Fahrer blieb unverletzt. Eine internationale Expertenkommission stellte fest, daß der Einsturz vermutlich auf das Zusammenwirken mehrerer Faktoren zurückzuführen war, unter denen Veränderungen im Spannbeton, die zum Zeitpunkt der Erbauung der Brücke noch nicht vorausberechenbar waren, besonders schwerwiegend waren. Diese Veränderungen konnten durch Kontrollen des Bauwerks nicht festgestellt werden, weil sie sich im Innern vollzogen. Bis 30. September 1976 wurde eine provisorische Schiffahrtsrinne freigemacht, am 25. Jänner 1977 war die gesamte, 7000 Tonnen schwere Brücke aus dem Strom entfernt. Es wurden zwei Brückenprovisorien gebaut. Am 16. Oktober war die Straßenbahnbrücke fertig, am 21. Dezember die Straßenbrücke. Für diese Leistungen erhielten die Stadt Wien und die beteiligten Firmen den Europäischen Stahlbaupreis 1977. Zwei Tage nach dem Einsturz wurde mit den Vorarbeiten für den Neubau der Reichsbrücke begonnen. Nach einem internationalen Wettbewerb begannen 1978 die Arbeiten, deren Abschluß für 1981 vorgesehen ist. Die neue Reichsbrücke wird eine Betonbrükke in zwei Geschossen. Das obere Geschoß bildet die Straßenbrücke, das untere nimmt die U-Bahn auf. Zum ersten Mal wird eine Wiener Donaubrücke nicht in zwei getrennten Teilen gebaut, die auch optisch unterschiedlich sind, einem Teil über dem Strom, dem anderen über dem Überschwemmungsgebiet, sondern – in Anpassung an die Neugestaltung des Donauraums – als architektonische und technische Einheit.

Praterbrücke: Diese Stahlbrücke ist ein Teil der Autobahn, die vom Süden Wiens durch den Prater aufs linke Donauufer führt. Nach der Einfügung des letzten Tragwerksteiles entstand am 6. November 1969 ein Knick in der neuen Brücke, der jedoch behoben werden konnte. Die Brücke konnte termingerecht am 22. Dezember 1970 eröffnet werden.

Stadlauer Brücke: Die Ostbahnbrücke wurde 1870 erbaut, 1931–1933 für den modernen Eisenbahnverkehr umgebaut, 1945 gesprengt, 1957 neu errichtet.

Spital der Barmherzigen Brüder

Als der Orden der Barmherzigen Brüder im Jahre 1613 nach Wien kam, herrschten hier im Krankenhauswesen triste Zustände.

Das älteste Wiener Spital, von dem wir Kenntnis haben, ist ein 1158 erwähntes Pilgerhospiz auf der Freyung. 1211 wurde im Bereich des jetzigen Karlsplatzes das Heiligengeistspital gegründet. Unter Ottokar II., dessen Herrschaft Wien einen großen Aufschwung brachte, wurde in der gleichen Gegend das Bürgerspital ge-

gründet, das für Jahrhunderte Wiens bedeutendstes Spital blieb. 1330 wurden in der heutigen Rahlgasse und um 1370 in St. Marx Spitäler gegründet.
Alle diese Spitäler wurden bei der Türkenbelagerung 1529 zerstört. Nur das Spital in St. Marx wurde restauriert und stand bis 1784 (Übersiedlung der Kranken ins Allgemeine Krankenhaus) als Dependance des Bürgerspitals in Verwendung, anschließend diente es bis 1861 (Fertigstellung des Versorgungshauses Währinger Straße 45) als Altersheim.
Das Bürgerspital wurde 1529 provisorisch ins Himmelpfortkloster verlegt und erhielt dann ein neues Haus im Bereich Kärntner Straße – Stadtmauern (Ringstraße) – Lobkowitzplatz – Gluckgasse. Dort bestand es bis zur Einrichtung des Allgemeinen Krankenhauses 1783.

JOHANNES VON GOTT

In der portugiesischen Stadt Montemor o Novo wurde am 8. März 1495 Johannes Ciudad als einziges Kind armer Bürgersleute geboren. Er verlor früh seine Eltern und kam zu Zieheltern in Oropesa in Spanien. Dort wurde er zuerst Hirte, dann Aufseher auf einem Gutshof. Im Krieg zwischen Karl V. und Franz I. von Frankreich verdingte er sich als Soldat. Vom Leid der Verwundeten wurde er zutiefst erschüttert und beschloß, sich künftig dem Wohl seiner Mitmenschen zu widmen. Er mietete in Granada ein Haus und richtete es als Spital ein. Die Mittel dazu beschaffte er sich durch Betteln.
Bald erwies es sich als notwendig, das Spital zu vergrößern. Ciudad fand Gleichgesinnte und Gönner; so entstand die Vereinigung der Barmherzigen Brüder.

Der Bischof von Tuy wies Ciudad an, ein Mönchskleid zu tragen und sich Johannes von Gott zu nennen. Am 8. März 1550 starb der Begründer der Barmherzigen Brüder. Die Brüderschaft gründete in vielen Orten Spaniens Spitäler, die als die besten ihrer Zeit galten. 1571 wurde ein Spital in Rom gegründet, das seither Sitz des Pater General ist. Als Johannes von Gott 1690 heiliggesprochen wurde, gab es schon mehr als 200 Spitäler der Barmherzigen Brüder, darunter auch in Südamerika.

GABRIEL FERRARA

In Rom erkrankten 1604 mehrere Personen aus dem Gefolge von Fürst Karl I. von Liechtenstein, der in kaiserlicher Mission von Wien zum Papst gereist war. Die Kranken wurden von den Barmherzigen Brüdern aufgenommen, der Fürst war von ihrer Pflege sehr beeindruckt. Er brachte die ersten Patres in seine Residenzstadt Feldsberg in Niederösterreich, wo sie das dort bestehende kleine Hospiz übernahmen. Er gewann Kaiser Matthias für die Idee, auch in Wien ein solches Spital zu gründen.

1613 wurde Pater Gabriel Ferrara, der als Arzt einen hervorragenden Ruf und ein grundlegendes Lehrbuch der Chirurgie veröffentlicht hatte, mit zwei Mitarbeitern von Rom nach Wien entsandt. 1614 konnte er vom Hofadvokaten Andreas Thaller um 1300 Rheinische Gulden Haus und Garten im Bereich Taborstraße – Schmelzgasse erwerben. Das Haus wurde als Spital mit 20 Betten eingerichtet. Am 20. September 1624 erließ Ferdinand II. den Stiftungsbrief für das Spital der Barmherzigen Brüder im Unteren Werd, mit dem das

Grundstück »für alle Zeit« dem Orden gewidmet wurde.
Im Stiftungsbrief heißt es: »Damit die genannten Barmherzigen Brüder des hl. Johannes von Gott umso eifriger der Krankenpflege und anderen frommen Übungen sich widmen können, je mehr sie von äußeren Belästigungen und Behelligungen frei werden, so nehmen Wir dieses von Uns gegründete Hospital samt allen darin wohnenden Brüdern und anderen Personen in Unseren und Unserer Erben und Nachfolger besonderen Schutz und Schirm. Es ist Unser Wille, sie von jeder Gewaltzufügung, vor Unfällen und Unbilden gnädig zu bewahren, indem Wir sie, ihr Hospital mit Grund und Boden und Garten sowie allen Zugehörigkeiten und Gütern, welche ihnen jetzt und in Zukunft gehören werden, vor allen Belastungen, Belästigungen, Eintreibungen, Auflagen, Zöllen, Sammlungen, Abgaben, Schatzungen, kurzum vor allen und jeden Lasten sachlicher und persönlicher, ziviler und militärischer Natur, wie sie ihnen auf irgendwelche Weise zugefügt und auferlegt werden könnten, ein für allemal befreien und für immun und exemt erklären . . .
Somit und demnach ist es also keinem Menschen überhaupt erlaubt, diesem Unserem Gnadenbrief Abbruch zu tun oder ihm in irgendwelchem frevelhaften Unterfangen zuwider zu handeln. Wenn aber doch jemand derartiges zu versuchen sich erkühnen sollte, welcher Würde oder welchen Standes er immer sei, den treffe außer dem Zorne und der Rache des gerecht strafenden Gottes (von denen jedermann doch wissen könnte, wie sie aus Himmelshöhen auf die Verletzer heiliger Stätten herniedergehen), auch noch Unser und Unserer Erben und Nachfolger schwerster Unwille und eine Strafe von einhundert Pfund puren Goldes,

das zur Hälfte Unserem und Unserer Erben und Nachfolger Staatsschatz, zur anderen Hälfte aber den Zwekken des sogenannten Hospitals zufallen soll.«

SALZ, HOLZ UND EIS

Das Spital erwies sich von Anfang an als zu klein. Schuld daran war auch die mißliche Situation der Krankenpflege in Wien: In jedes der wenigen Betten im Bürgerspital an der Kärntner Straße und dessen Dependance in St. Marx mußten zwei oder drei Kranke gelegt werden. Die Krankenpflege oblag verurteilten Frauen, denen durch richterliches Urteil diese gefürchtete mißachtete Arbeit übertragen wurde, oft »in Band und Eisen«, also durch Fesseln und Ketten in ihrer Bewegungsfreiheit behindert, damit sie nicht fliehen konnten.

Das Zusammenlegen von Kranken in einem Bett konnten auch die Barmherzigen Brüder nicht verhindern, aber bei ihnen betreuten qualifizierte Pfleger die Kranken.

Kaiser Matthias bewilligte dem Spital 1618 eine Jahresgabe von sieben Fudern (Wagenladungen) Salz aus dem Salzamte, 1687 wurde diese Gabe auf zehn Fudern erhöht. Kaiserin Anna spendete 1000 Rheinische Gulden für den Bau eines größeren Spitals, der Kaiser ließ dafür den Grund ausheben. Zum Bau kam es allerdings erst, als Ferdinand II. auch den angrenzenden Garten kaufen und 2000 Rheinische Gulden als Bauhilfe anweisen ließ. Er bewilligte dem Orden außerdem jährlich 30 Klafter (rund 200 Kubikmeter) Brennholz aus dem Prater und gab ihm die Erlaubnis, Sammlungen durchzuführen. 1626 übernahm er die Kosten für einen Arzt von jährlich 150 Gulden und

verlieh der Brüderschaft das Privileg, in Wien und den umliegenden Orten im Sommer »Schnee und Eis« zu verkaufen. Am Tabor wurden große Gruben angelegt, in denen im Winter das Eis gelagert wurde. Im Sommer wurde das Eis an verschiedenen Stellen – vor allem vor dem Stubentor, später auf dem Petersplatz (»Altes Eisgrübel«) – verkauft. Anfangs war das ein gutes Geschäft, aber 1754 verzichteten die Barmherzigen Brüder darauf, weil das Privileg nicht mehr beachtet wurde und die Konkurrenz zu groß war.
Die kaiserliche Hilfe ermöglichte es, nicht nur das Spital auszubauen, sondern auch die Kirche zu errichten (siehe das Kapitel »Kirchen in der Leopoldstadt«). Neben der Kirche, zum Donaukanal hin gelegen, befand sich ein Friedhof.
1655 wurde die Anlage von einem Brand verwüstet. Zu diesem Zeitpunkt besaß das Spital schon so großes Ansehen, daß es von vielen Spendern großzügig unterstützt wurde. Schon ein Jahr nach dem Brand konnten wieder Kranke aufgenommen werden.
1679 brach die Pest aus. Abraham a Sancta Clara berichtet in seiner Predigtfolge »Merk's Wien«: »Erstlich hat der Tod seinen Anfang genommen in der Leopoldstadt und alldort eine lange Zeit her, jedoch auf eine gesparsame Manier, die Menschen verzehrt, nachgehends ist solche Seuch über die Donau oder vielmehr über den Arm der Donau in die anderen Vorstädte geschlichen.« 21 Barmherzige Brüder fielen der Pest zum Opfer.
1683 mußten die Brüder vor den heranrückenden Türken in die Stadt flüchten, nach ihrer Rückkehr fanden sie nur mehr Ruinen vor. Zwei Räume mit 32 Betten wurden notdürftig sofort wiederhergestellt, 1694 war der Wiederaufbau abgeschlossen.

Die weitere Entwicklung war durch ständige finanzielle Schwierigkeiten gekennzeichnet. Zwar erwies sich die 1625 bewilligte Apotheke (die bis 1782, als die Apotheken »Zum guten Hirten« in der Praterstraße und »Zum Bären« in der Taborstraße eröffnet wurden, die einzige der Leopoldstadt war) mit wachsender Einwohnerzahl als gute Einnahmsquelle, doch reichte dies bei weitem nicht. Deshalb ging man Anfang des 18. Jahrhunderts vom Grundsatz ab, alle Kranken kostenlos zu versorgen; mit der Gründung des »Zahlstocks« wurde die Möglichkeit geschaffen, wohlhabende Patienten gegen Bezahlung aufzunehmen.
In den Jahren 1883–84 wurde das neue Spital in der Großen Mohrengasse nach Plänen von Karl von Hasenauer, Otto Hofer und Anton Schönmann gebaut, 1903–05 wurde es erweitert.
1914–18 wurde das Spital dem Roten Kreuz als Militärlazarett übergeben. Die im Pachtvertrag festgelegte Bestimmung, daß nach Kriegsende das Spital in bestem Zustand und mit voller Ausstattung zurückgestellt werden müsse, erwies sich infolge der allgemeinen Verelendung durch den Krieg als Theorie. 1918 gab es keine Lebensmittel, kein Brennmaterial, keine Arzneien, nur mehr kärglichen Bestand verbrauchter Matratzen und Wäsche; die Möbel und die technischen Einrichtungen waren in desolatem Zustand. Die Brüder waren, bis auf die ältesten, zum Militär eingezogen worden. Viele kehrten nicht mehr zurück, die Mehrzahl der anderen kam verwundet oder krank von der Front nach Hause. Die vorhandenen finanziellen Reserven wurden durch die Inflation völlig entwertet.
Es dauerte bis 1926, den Vorkriegsstandard wieder zu erreichen. Wesentlich half dabei, daß die Gemeinde Wien 1923 eine jährliche öffentliche Sammlung für die

Barmherzigen Brüder erlaubte. Die Nationalsozialisten entzogen diese Genehmigung, doch 1947 wurde sie wiederhergestellt.

Über die Geschehnisse berichtet die Festschrift »Granatapfel«, der Zeitschrift der Barmherzigen Brüder, die zum 350jährigen Bestand des Spitals erschien:

»Wie auf allen Gebieten des österreichischen Lebens wirkte sich auch auf unser Ordensspital die innerpolitische Unruhe der Jahre 1934 bis 1938 höchst nachteilig aus. Die durch die Zeitverhältnisse bedingte Massenarbeitslosigkeit verursachte auf der Basis der harten Bestimmungen des Krankenanstaltengesetzes einen Tiefstand der Spitalseinnahmen, erhöhte aber gleichzeitig in enormem Grade die Ausgaben, weil sie die Frequenz der Armenausspeisung steigerte, in welcher der Konvent viele Jahre hindurch täglich eintausend Arme mit einem vollwertigen Mittagessen versorgte und vielen auch Bargeldunterstützung gewährte; Leistungen, bei denen außer privaten Wohltätern niemand zu Hilfe kam. Dabei nahm das Erträgnis der jährlichen Haus- und Straßensammlung infolge der wirtschaftlichen Depression und der zunehmenden innenpolitischen Spannungen fortschreitend ab. Doch möge der damit aufkommenden Schwierigkeiten in Verwaltung und Personalführung gar nicht erst gedacht werden, denn es kamen bald ernstere und bösere Tage und Jahre.

Im März 1938, den Tagen des Deutschen Einmarsches in Österreich und der Annexion Österreichs durch Adolf Hitler, wurde auch in das Barmherzigen-Spital mancherlei Unruhe und Unsicherheit gebracht. Zuerst kam die Einsetzung eines Kommissärs in der Person eines sehr jungen, im Spital nur hospitierenden Arztes, der die Verwaltungstätigkeit des Priors in dessen

Eigenschaft als Krankenhausvorstand zu kontrollieren hatte. Nachdem dieser Jungarzt alsbald auf ›wichtigeren‹ Posten berufen wurde, übten die Funktion in der Folgezeit verschiedene Assistenzärzte des Spitals aus, bis nach Jahresfrist höheren Ortes auf diese ›helfende Maßnahme‹ verzichtet wurde. Viele persönliche Enttäuschungen, unbegründete Härten und sonstige bittere Erfahrungen verblieben unserem Hospitalorden in wenig schöner Erinnerung.
Dennoch hatten wir die augenfällige Hilfe des Allmächtigen mit schuldigem Dank zu preisen. Denn im Unterschied zu den übrigen Spitälern unserer österreichischen Ordensprovinz hatte, neben dem kleinen Altersheim in Kritzendorf, dieses unser altehrwürdiges Wiener Haupthaus jene trüben Jahre in voller Ausübung der Besitz-, Verwaltungs- und Verfügungsrechte überdauert. Unseren Ordensspitälern in Salzburg, Eisenstadt und Feldsberg waren diese Rechte arg beschnitten und alle anderen Konventspitäler und Anstalten unseres Ordens waren vollends entrechtet, ja enteignet.«
Nach dem deutschen Überfall auf Polen mußte der 1. Stock des Spitals als Militärlazarett zur Verfügung gestellt werden, ab 20. Mai 1940 das gesamte Spital. Es gelang, mit den Militärbehörden einen Vertrag abzuschließen, durch den zwar die ärztliche Leitung dem Militärkommando übertragen werden mußte, die Verwaltung aber beim Prior und seinen Mitbrüdern verblieb. Das erwies sich vor allem im Jahre 1945 als äußerst wertvoll.
Die Anlage erhielt fünf Bomben- und während der Kämpfe um Wien 38 Granattreffer. Trotzdem wurde der Spitalsbetrieb keinen Tag unterbrochen. Als am 11. April Turm und Dach der Kirche in Brand geschos-

sen wurden, konnte ein Ausbreiten der Flammen verhindert werden.
Am 7. April wurde vom deutschen Militärkommando der Abtransport des gesamten Personals nach Westen befohlen, die Verwundeten sollten hilflos zurückbleiben. In langen Verhandlungen konnte erreicht werden, daß nur einige Ärzte mit den fliehenden Nationalsozialisten mitmußten, die anderen Ärzte und das Pflegepersonal jedoch bleiben durften.
Die erwähnte Festnummer des »Granatapfel« berichtet über die weiteren Geschehnisse: »Wenige Tage später – es war um Mitternacht vom 12. auf den 13. April – rückten die ersten Truppenabteilungen der Roten Armee in unseren Spitalsbereich ein . . . Nach der Feststellung, daß sie es mit einem katholischen Ordensspital zu tun haben, mußten noch viele Fragen beantwortet und manche Versicherungen abgegeben werden, bis die Offiziere friedlich abzogen. Der während des Krieges klug gesammelte Vorrat an Lebensmitteln reichte hin, neben den eigenen Kranken auch russische Verwundete in zufriedenstellender Gastlichkeit zu betreuen. Mit einem rasch instandgesetzten zweiten Benzinaggregat konnte in der stromlosen Zeit neben dem Krankenhaus auch noch die russische Bezirkskommandantur mit Eigenstrom versorgt werden. Gnädige Fügung führte dem Hause eine gütig und geschickt vermittelnde Dolmetscherin zu, die so manche kritische Spannung zu lösen wußte. All dies, im Verein mit der einsichtsvollen Toleranz des russischen Bezirkskommandanten, ermöglichte dem Krankenhaus in den kommenden Besatzungsmonaten ein relativ friedliches Arbeiten.«
Es gab noch kritische Tage, als die Absicht bekannt wurde, das Spital zur Gänze in ein Krankenhaus der

sowjetischen Armee umzuwandeln. Für die Leopoldstadt, die infolge der Sprengung aller Donaukanalbrücken keine Verbindung zu den anderen Wiener Spitälern hatte, wäre dies eine Katastrophe gewesen. Die Intervention von Bürgermeister Körner verhinderte diese Absicht.

Mit vielen freiwilligen Helfern gelang es, die schweren Kriegsschäden in kurzer Zeit zu beseitigen. Seither wurde das Spital mit Hilfe der Unterstützung durch die Bundesregierung, durch die Stadt Wien und durch viele Spender systematisch ausgebaut und modernisiert. Die Wiener kennen es vor allem als ein Spital, in dem man eine ganz besonders gute Zahnbehandlung erhält. Aus ganz Wien kommen deshalb Menschen mit Zahnschmerzen zu den Barmherzigen Brüdern. In der Leopoldstadt weiß man darüber hinaus, daß hier ein vorbildliches Spital mit aufopfernden Mitarbeitern besteht.

Die Entwicklung des Spitals zeigt die angestiegene Bettenzahl: 1614 wurde mit 20 Betten begonnen, 1722 waren es 57, 1736 bereits 100, 1883 schon 180, 1935 dann 325, 1940 bereits 340 und jetzt sind es 456. Die Betreuung der Patienten besorgen 43 Ärzte und 100 Pflegepersonen.

Man hat versucht, trotz wiederholter Vernichtung der Archive durch Kriege und Brände die Gesamtzahl der Patienten der Barmherzigen Brüder zu errechnen. Es waren jedenfalls mehr als 900 000 Menschen, die in 364 Jahren an insgesamt fast 19 Millionen Pflegetagen betreut und behandelt wurden. Und niemand kann abschätzen, wie vielen Millionen Menschen von den Barmherzigen Brüdern ambulant geholfen wurde.

Die Judenstadt

Im Jahre 586 v. Chr. wurde Jerusalem von den Babyloniern erobert und zerstört, ein Großteil der jüdischen Bevölkerung nach Babylon deportiert (»Babylonische Gefangenschaft«). Nach dem Sieg der Perser über die Babylonier durften die Deportierten 538 zurückkehren, stießen aber in der alten Heimat auf Völker, die sich inzwischen dort angesiedelt hatten. Die daraus erwachsenden Konflikte führten zur ersten großen Abwanderung von Juden. Nach der Unterwerfung des Gebietes durch Alexander den Großen im Jahre 332 wurden viele Juden nach Ägypten umgesiedelt. 161 entstand als Folge eines Volksaufstandes noch einmal ein jüdisches Reich, das 63 von den Römern erobert wurde. Dadurch verschlechterte sich die wirtschaftliche Situation, es kam zu anhaltenden Unruhen und schließlich zu einem Aufstand gegen die Römer, den Titus 70 n. Chr. mit der Eroberung Jerusalems und der Zerstörung des Tempels niederschlug. Da die Juden weiter Widerstand leisteten, wurde unter Hadrian 135 Jerusalem völlig zerstört, die Juden wurden aus ihrer Heimat vertrieben und mußten sich in weit entfernten Teilen des Römischen Reiches, vor allem in Spanien und auf dem Balkan ansiedeln. Viele von ihnen zogen in den folgenden Jahrhunderten weiter. So kam es zur Zerstreuung der Juden über die ganze Welt.

DIE ERSTEN JUDEN WIENS

Mit dem Privilegium von 1156 wird den Juden der Aufenthalt in Österreich erlaubt und dem Herzog gestattet, »Juden zu halten«. 1204 gab es in der Gegend des heutigen Judenplatzes eine Synagoge, 1244 wurde

vor dem Kärntner Tor ein Judenfriedhof angelegt. Unter König Ottokar II. entwickelte sich die Wiener Judengemeinde zur größten im deutschsprachigen Gebiet. Im Bereich Judenplatz – Kurrentgasse – Schulhof (Schul bedeutet Synagoge) bestand eine geschlossene Judensiedlung.
Das Ansteigen der Zahl jüdischer Kaufleute und Handwerker führte zu Konflikten mit den Ansässigen. 1267 wurden die ersten Bestimmungen gegen die Juden erlassen: Sie mußten einen gehörnten Hut (»Judenhut«) tragen, dem katholischen Pfarrer, in dessen Sprengel sie wohnten, Zehent und Stolagebühren entrichten, durften kein öffentliches Amt annehmen, Bäder und Gasthäuser der Christen nicht besuchen und keine christlichen Dienstboten halten. Am Karfreitag hatten die Juden Ausgehverbot.
Noch schwerwiegender wirkten sich in der Folgezeit wirtschaftliche Maßnahmen aus. Den Juden wurde jede landwirtschaftliche und handwerkliche Betätigung verboten, ebenso die Aufnahme in die Gilde der Kaufleute. Erlaubt blieben ihnen lediglich Geldgeschäfte und der Altwarenhandel.

VERBANNT, VERHAFTET, VERBRANNT

1420 kam das Gerücht auf, in Enns habe ein Jude Hostien geschändet. Am 23. Mai 1420 wurden alle armen Juden aus Österreich vertrieben, die reichen wurden verhaftet, ihr Besitz eingezogen. Im Wiener Kerker wurden 92 Männer und 120 Frauen festgehalten. Als sie es ablehnten, ihrer jüdischen Religion abzuschwören und sich taufen zu lassen, wurden sie am 12. März 1421 in 86 Wagen auf die Gänseweide bei

Erdberg gebracht und dort vor einer johlenden Menschenmenge lebendig verbrannt.
Ladislaus Posthumus, der bis 1457 regierte, untersagte den Juden den Aufenthalt in Wien. Er verfügte, daß jemand, der ein Darlehen von einem Juden genommen hatte, dieses Geld nicht dem Juden, sondern ihm, dem Landesfürsten, zurückzahlen mußte. Dieses Beispiel zeigt typisch, warum zeitweise die Judenverfolgungen von den Herrschenden geschürt wurden: Man verschaffte sich auf Kosten einer Minderheit zusätzliche Einnahmen. In diesem Zusammenhang wird nicht zu Unrecht der bildhafte Vergleich mit einem Schwamm gebraucht: Man läßt den Schwamm zuerst sich vollsaugen, um ihn dann auspressen zu können.
Erst 1542 sind wieder Juden in Wien nachweisbar. 1551 wurden sie verpflichtet, einen runden Fleck aus gelbem Tuch auf der linken Brustseite zu tragen, später wurde ihnen ein »gelbes Häubel« vorgeschrieben. Sie blieben von der Landwirtschaft, dem Handwerk und den meisten Handelsgeschäften ausgeschlossen. Außer Geldgeschäften und dem Altwarenhandel war ihnen auch der Handel mit Juwelen gestattet. Die Juden wurden also durch Jahrhunderte gezwungen, nur bestimmte Erwerbszweige auszuüben – und immer wieder warf man ihnen später vor, bis in die Gegenwart, daß sie sich auf diese Erwerbszweige spezialisierten.
Mehrmals kam es zu Vertreibungen der Juden, zur Auferlegung von Geldbußen und Einschränkungen ihrer Tätigkeit. Haus- und Grundbesitz in Wien wurde ihnen verboten. Um 1570 tauchte deshalb erstmals die Idee auf, die Juden im Unteren Werd anzusiedeln.
1623 befahl der Magistrat den Wiener Bürgern, den bei ihnen eingemieteten Juden die Wohnung zu kündigen.

Bis Michaeli (29. September) sollte kein Jude mehr in Wien wohnen. Die Juden wandten sich an den Kaiser um Hilfe, der zur Überprüfung der Frage eine Kommission einsetzte. Unter dem Einfluß des Jesuitenpaters Germain Lamoraine stimmte der Kaiser schließlich der Ausweisung der Juden aus Wien zu und ordnete ihre Ansiedlung in einem Getto im Unteren Werd an. Dagegen protestierten zwar im August 1624 die Fischer und Gastwirte des Unteren Werd, der Kaiser blieb jedoch bei seiner Verfügung.

DAS GETTO

Grundherr über den Unteren Werd war das Wiener Bürgerspital.

Am 15. Juni 1626 wurde vom Bürgerspital eine als »Heide« bezeichnete baumlose Fläche an die Judengemeinde verpachtet. Die trapezförmig verschobene Fläche hatte Seitenlängen von 240, 320, 210 und 390 Meter. Nach den heutigen Straßenbenennungen verlief die Grenze ungefähr auf der Linie Kleine Pfarrgasse – Große Schiffgasse – Krummbaumgasse – Karmelitergasse – Taborstraße. Davon bestand damals nur die Taborstraße, die Kremser Straße genannt wurde. Im Zuge der Kleinen Pfarrgasse und weiter parallel zur Oberen Augartenstraße (damals »Straße nach Böhmen«) verlief ein kleine Donauarm, »Prunneder« genannt. Im Zuge der Taborstraße führte eine Brücke über den Flußlauf, der im 17. Jahrhundert versandete. 1683 gab es nur noch einige Tümpel, die schließlich verschwanden. Der »Prunneder« zweigte von einem größeren Donauarm ab, dem »Anzug«, der vom Fahnenstangenwasser durch den Augarten, die Leopoldsgasse und die Hollandstraße zum Donaukanal floß, also

mit der anschließenden Au die östliche Begrenzung der Judenstadt bildete. Auch der »Anzug« versandete im 17. Jahrhundert, 1651 wird er »Froschlacke«, 1683 »Graben, in dem einst Donauwasser floß« genannt. Die vierte Begrenzung schließlich bildete der Klostergarten der Karmeliter.
Auf diesem Gelände gab es vor der Übersiedlung der Juden vierzehn Häuser, die von den Besitzern an die Juden verkauft werden mußten, was die Stimmung gegen diese weiter schürte.
1625, also noch vor Unterzeichnung des Pachtvertrages und zweifellos auch vor Fertigstellung der Häuser, mußten die etwa 130 jüdischen Familien aus Wien in das Getto übersiedeln. 1669 lebten im Getto etwa 500 Familien mit insgesamt etwa 2000 Personen.
Der Reiseschriftsteller J. J. Müller aus Weimar berichtet 1660 in seinem »Reisediarium«: »Sonnabend den 14. Aprilis Früh Morgens in die vor dem Rothen-Thurm über der Schlag-Brucken absonderlich gelegene und mit ihren Thoren und Mauern ziemlich verwahrte Jüden-Stadt gefahren.« Wir wissen nichts Näheres über die Mauern und Tore, die vermutlich beim Türkensturm 1683 zerstört wurden, nur ein Tor zur Schlagbrücke hin ist verbürgt.
In der Judenstadt wurden zu den 14 vorhandenen Häusern vorerst 15 weitere gebaut, 1632 waren es 106, 1660 bereits 120 und 1669 schließlich 136 Häuser. Es waren meist elende, kleine Häuser aus Holz und Lehm; in den aus Stube, Kammer und Küche bestehenden Wohnungen hausten oft zwei oder drei mehrköpfige Familien. Es gab nur dreizehn größere Wohnhäuser, die teilweise aus Stein gefügt waren und einen Brunnen hatte. Die Wohnverhältnisse der übrigen Bewohner des Werd und auch der Stadt Wien waren kaum

Die Statue des heiligen Leopold bei der Pfarrkirche St. Leopold, Aufnahme aus dem Jahre 1929.

Die Pfarrkirche St. Leopold, erbaut anstelle der einstigen jüdischen Synagoge.

Rechts, von oben nach unten: Nepomukkapelle, einstiger Jubiläumstempel, Maria Grün.

Oben: Innenhof Haidgasse 11, im Hintergrund Turm der Leopoldskirche.

Haus »Zum scharfen Eck« mit Überfuhr über den Donaukanal, links Stadtbefestigung, um 1800.

Ringstraße und Franz-Josefs-Kai um 1865, links Franz-Josefs-Kaserne.

Provisorischer Fußgängersteg über den Donaukanal, aufgenommen im Sommer 1945.

Neugestalteter City-Bereich am Donaukanal mit Dianazentrum, Aufnahme Sommer 1978.

Der Nordwestbahnhof kurz nach der Fertigstellung im Jahre 1873.

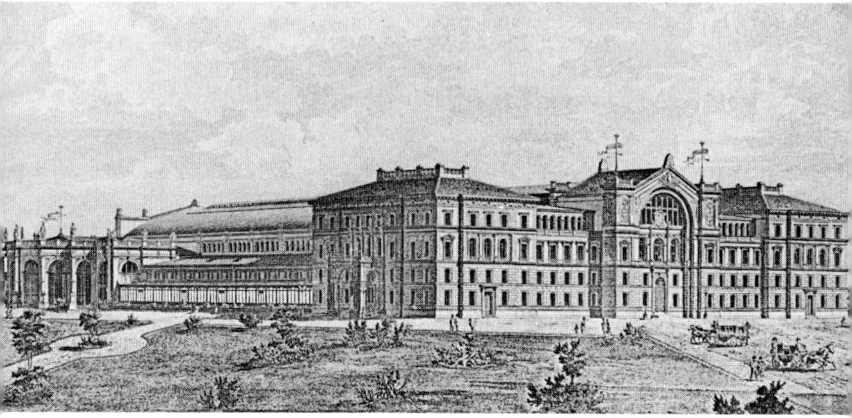

Der Nordbahnhof nach dem Neubau, um etwa 1870.

Hubschrauberflug über der Leopoldstadt im Jahre 1978.

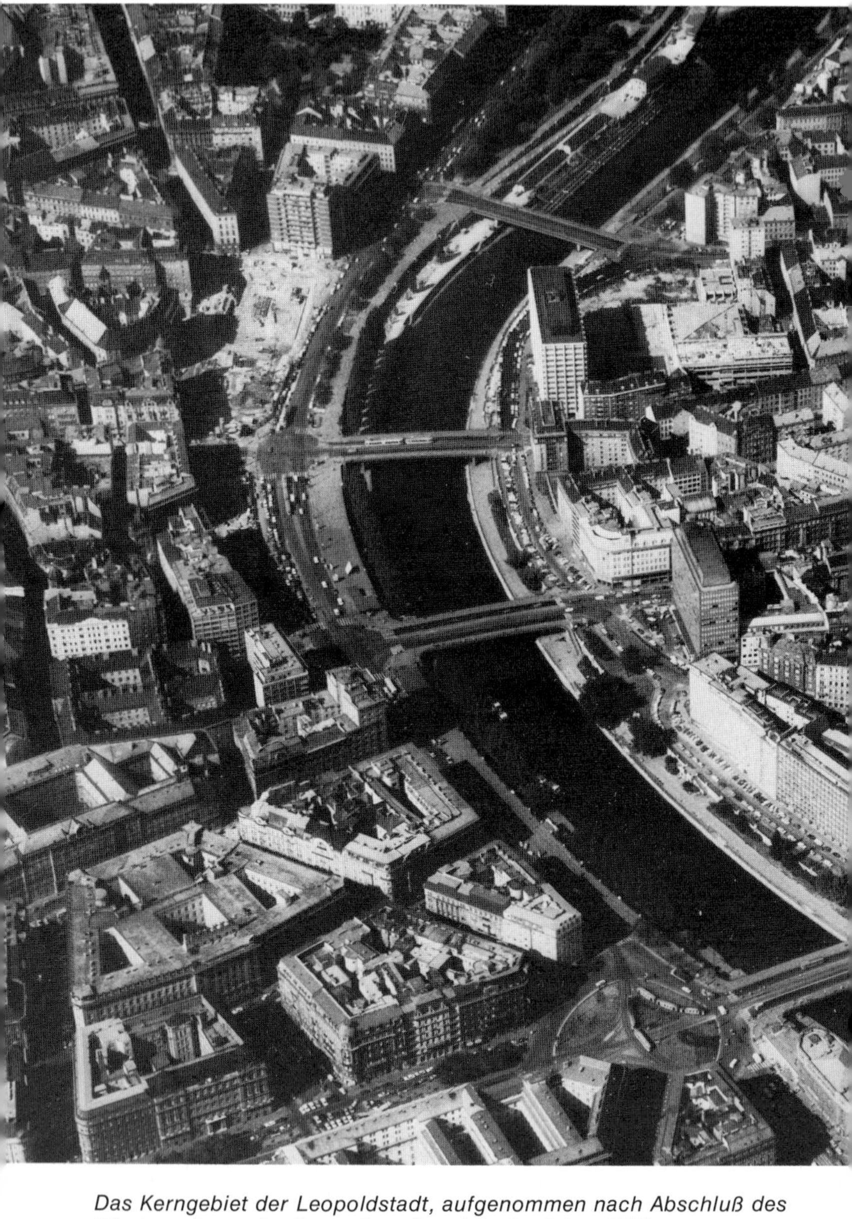

Das Kerngebiet der Leopoldstadt, aufgenommen nach Abschluß des Wiederaufbaus des Donaukanalbereichs im Jahre 1971.

Oscar Straus, viele Jahre Hauskomponist des Carl-Theaters.

Das Carl-Theater in der Praterstraße, kurz nach der Schließung im Jahre 1929.

Blick in den Zuschauerraum und auf die Bühne des Carl-Theaters um 1870.

Nachtleben in der Leopoldstadt: Vergnügungslokal in der Zirkusgasse.

Eingang in den Augarten, Stich aus dem Eröffnungsjahr 1775 mit der von Kaiser Joseph II. angeordneten Widmung.

Augarten zur Zeit Kaiser Josephs II., Stich von Salomon Kleiner.

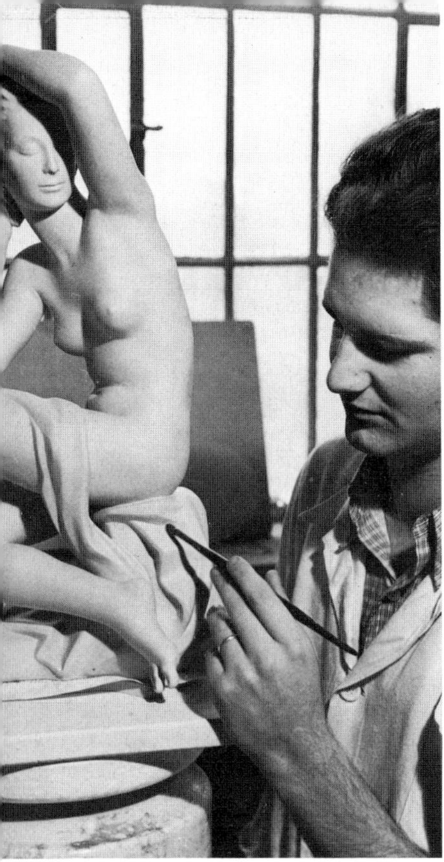

Klassische Formen aus der Porzellanmanufaktur Augarten.

Das Palais Augarten, in dem die Wiener Sängerknaben untergebracht sind.

Das Dianabad am Donaukanal um 1810.

Schwimmhalle des Dianabades, die zum Ballsaal umgebaut werden konnte.

Dianabad 1939 und (darunter) 1945.

Schwimmhalle im neuen Dianabad (1974).

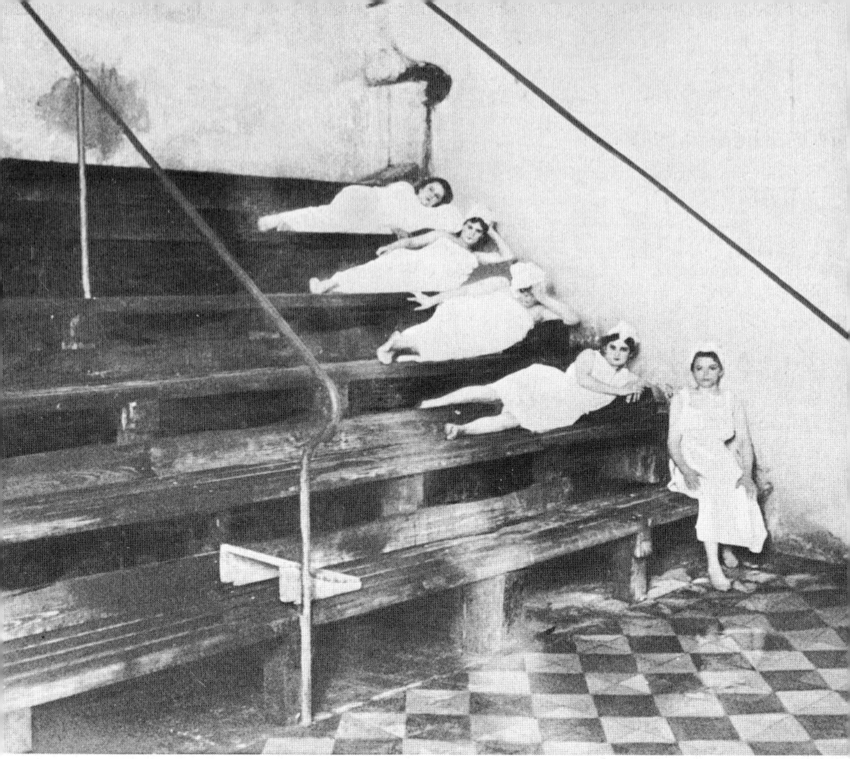

Das einstige Römerbad – oben: Dampfkammer des Damenbades, links unten: Wartesalon des Herrenbades, rechts unten: Spiegelbäder im Herrenbad.

besser, doch waren die Verhältnisse in der Judenstadt durch die enge Verbauung besonders drückend. Wassermangel, räumliche Enge und die zwangsläufige Ablagerung von Abfällen in den engen Gassen begünstigten Krankheiten. Typhus, Pocken (»Schwarze Blattern«) und Pest forderten immer wieder zahlreiche Opfer, besonders unter den Kindern. Die besonders verhängnisvollen Pestepidemien traten 1626, 1634, 1635, 1645, 1654 und 1655 auf. Im letzten Jahr konnten die Juden vom Stift Klosterneuburg ein Stück der Taborwiese, außerhalb der Judenstadt, erwerben und dort ein Pestlazarett einrichten.

Der Friedhof lag nicht in der Judenstadt, sondern es blieb der alte Judenfriedhof auf der Rossau (Porzellangasse – Grünentorgasse – Rotenlöwengasse – Seegasse). Quer durch die Judenstadt verlief die »Hauptgasse« (heute Große Sperlgasse). Die anderen Gassen waren Taborgasse (Kleine Pfarrgasse), Obere Gasse (Große Pfarrgasse), Mittere Gasse (Haidgasse), Untere Gasse (Tandelmarktgasse), Neue Gasse (Leopoldsgasse) und Am Platz (Im Werd). Einige besonders schmale Seitengassen hatten keinen Namen.

Zugleich mit den ersten Häusern wurde eine Synagoge gebaut (Große Pfarrgasse 12), die später »Alte Synagoge« genannt wurde. Den Bau einer größeren »Neuen Synagoge«, den der Kaufmann Zacharias Mayer finanzierte, genehmigte der Kaiser erst, als sich die Juden verpflichteten, die Kosten für die Einkleidung, Ausrüstung und Verpflegung von zwei Regimentern, einem zu Pferd und einem zu Fuß, zu tragen. Die Neue Synagoge wurde dort gebaut, wo heute die Leopoldskirche steht. Es gab außerdem ein »Wachhaus« für die von den Juden gebildete Wachmannschaft (Große Sperlgasse 30), ein Gemeindehaus (Große Sperlgasse 26), ein Spital (Im Werd 7), eine allgemeine Schule (Krummbaumgasse 1, Große Schiffgasse 16–18) und ein Studierhaus, in dem 24 Jünger wohnen und sich dem Studium der jüdischen Schriften widmen konnten (Im Werd 13–15).

Die Juden durften ihre Verkaufsläden am Kienmarkt (Ruprechtsplatz), in denen sie mit Altwaren handelten, behalten. Sie durften die Stadt allerdings erst nach Tagesbeginn betreten und mußten sie vor Einbruch der Dunkelheit wieder verlassen.

Im Getto selbst hatten die Juden weitgehende wirtschaftliche Freiheit. Auf Verlangen der anderen Werdbewohner, für die der Handel mit dem über die Donau herangeschifften und dem in den Auwäldern geschlägerten Holz eine wichtige Einnahmsquelle war, wurde den Juden der Handel mit Bau- und Brennholz verboten. Den Gaststätten im Getto war es untersagt, Christen zu bewirten oder zu beherbergen. Auch Ackerbau und Fischerei blieben ihnen untersagt, sie durften lediglich innerhalb des Gettos für den eigenen Bedarf Gemüse anbauen und Kleinvieh züchten. Im Getto durften die Juden ein Handwerk ausüben, es gab bald Fleischhauer, Schuster, Schneider, Seiler, Goldschmiede usw., daneben Geldwechsler und Roßhändler. 1641 wurde den Juden der allgemeine Handel erlaubt, 1668 gab es bereits siebzig jüdische »Gewölb« (Geschäfte) in Wien. Besondere Bedeutung hatten die jüdischen Kaufleute im Handel mit Ungarn.

Einen hervorragenden Ruf erwarben sich die Ärzte des Gettos, die häufig zu Adeligen und reichen Bürgern berufen wurden. Die Brüder Aron und Leo Lucerna, Elia Chalfan, Leo Winkler, Höschl Elias und Wolf Alfamus zählten zu den angesehensten Ärzten ihrer Zeit.

Trotz ihrer Armut erwarb sich die Judenstadt im Unteren Werd als ein Zentrum der Gelehrsamkeit internationale Anerkennung. Es war für jene Zeit einmalig, daß alle Kinder Schulunterricht erhielten. Die Arbeit im Studierhaus, einer Art religiöser Hochschule, und die Pflege des religiösen Gesanges schufen dem Getto Ansehen in der ganzen jüdischen Welt. Das war eine wesentliche Ursache der Zunahme der Einwohnerschaft, weil viele Juden aus Böhmen, Polen, Deutschland und anderen Ländern zuwanderten.

DER UNTERGANG

Obwohl die Juden im Getto weitgehend ein Eigenleben führten, getrennt von der übrigen Bevölkerung, kam es immer wieder zu Ausbrüchen des Hasses gegen die Menschen in fremdartiger Kleidung, mit einer anderen Religion und einem anderen Dialekt.
1642 wurde auf dem Hohen Markt gegen Ferdinand Engelsberger, der vom Judenglauben abgefallen und christlich getauft war, und zwei Komplicen wegen Diebstahls das Todesurteil verkündet. Engelsberger warf daraufhin das Kruzifix, das er in der Hand halten mußte, zu Boden und trat es mit Füßen. Die deswegen erregte Menge wandte sich gegen die anwesenden Juden, mehrere wurden erschlagen, dann stürmte die Menge das Getto und plünderte die Häuser. Militär stellte die Ordnung wieder her, Engelsberger und seine Komplicen wurden gehenkt.
1649 kam es auf der Schlagbrücke zu einem Konflikt zwischen der Stadtwache und Studenten. Die Studenten gaben den Juden die Schuld und griffen das Getto an. Wieder mußte Militär eingesetzt werden, die Juden nahmen zu ihrem Schutz eine 300 Mann starke Söld-

nerwache auf, für die sie täglich 12 Kreuzer pro Mann bezahlen mußten. Damals kostete ein Ei 1 Kreuzer, ein Kilogramm Rindfleisch 10 bis 12 Kreuzer, ein Maß (1,4 Liter) Wein 3 bis 10 Kreuzer. Die Söldner zu finden war nicht schwer, gab es doch nach dem Dreißigjährigen Krieg viele entlassene Berufssoldaten, die einen beträchtlichen Teil der 7000 Bettler unter den rund 130 000 Einwohnern Wiens stellten.

Am 12. Mai 1665 wurde die Wiener Schustersgattin Audorfer im Getto ermordet aufgefunden. Sie war dorthin gekommen, um eine silberne Uhr zu verpfänden. Mehrere Juden wurden verhaftet, aber wieder freigelassen, als sich herausstellte, daß die Frau von ihrem eigenen Mann ermordet worden war. Unter der Bevölkerung hielt sich das Gerücht, daß der Mann unschuldig sei und die Juden die Richter bestochen hätten. Wieder kam es zum Sturm auf das Getto, 300 Musketiere mußten eingesetzt werden, um die Ordnung wiederherzustellen.

Am 12. Mai 1665 brach in der Hofburg ein Brand aus. Obwohl eindeutig festgestellt wurde, daß ein Tischler mit einer Kerze unvorsichtig hantiert und damit das Feuer verursacht hatte, gab die Bevölkerung den Juden die Schuld. Unter diesem Druck verlangte der Bürgermeister die Entfernung der Juden aus der Nähe Wiens. Der Kaiser beauftragte eine Kommission, die Frage zu studieren.

1668 kam es bei der Verhaftung eines Studenten beim Rotenturmtor wieder zu Tumulten, neuerlich wurde das Getto gestürmt, die Juden wurden mißhandelt, die Häuser geplündert. Vier Tage später, am 27. April, stürmten Studenten wieder das Getto und steckten ein Haus in Brand. Es kam zu heftigen Kämpfen mit mehreren Toten.

In der vom Kaiser eingesetzten Kommission gewannen Bischof Leopold Karl Kollonitsch (Berater des Kaisers, damals Bischof von Neutra, später Bischof von Wiener Neustadt und schließlich Fürstbischof von Wien) und die spanische Gattin des Kaisers Margareta bestimmenden Einfluß.
Am 26. Juni 1668 verfügte die Kommission, daß die Juden das Getto nicht mehr verlassen dürften und binnen drei Tagen ein Verzeichnis aller Gläubiger und Schuldner der Juden herzustellen sei. Nach Vorliegen der Liste wurden 1346 arme Juden, die keine Forderungen an Christen hatten, und im August weitere 293 aus dem Getto vertrieben. Ihre Schulden an Christen mußte die Judengemeinde bezahlen. Das Wirtschaftsleben im Getto brach zusammen, die Verschuldung der Juden stieg. Trotzdem erklärten sie sich bereit, 100 000 Gulden zu bezahlen, außerdem jährlich 10 000 Gulden zusätzliche Steuern zu entrichten und die Einwohnerzahl im Getto auf 1000 zu beschränken, wenn sie nur bleiben durften. Es half nichts. Am 27. Februar 1670 wurde die Vertreibung der Juden beschlossen. Die Judenstadt sollte der Stadt Wien anheimfallen, die dafür dem Kaiser 110 000 Gulden und jährlich 10 000 Gulden bezahlen sollte. An Stelle der Synagoge sollte eine Kirche errichtet werden, für die der Magistrat als Patronatsherr bestimmt wurde.
Am 25. Juli 1670 verließen die Juden in einem erschütternden Zug das Getto. Sie konnten nur mitnehmen, was sie selbst tragen konnten. Alles übrige, ihre Häuser, ihre Werkstätten und Geschäfte mußten sie entschädigungslos zurücklassen.
Einen Teil der Vertriebenen nahm Fürst Esterházy in seinen burgenländischen Besitzungen Mattersburg (damals Mattersdorf), Eisenstadt, Lackenbach, Ko-

bersdorf, Deutschkreutz, Kittsee und Frauenkirchen auf. Er schätzte sie als aktives wirtschaftliches Element. Es entstanden überall blühende Judengemeinden, die erst von den Nationalsozialisten vernichtet wurden.
Die Mehrzahl der vertriebenen Gettobewohner zog nach Mähren und nach Prag, einige nach Deutschland, Polen und Ungarn.

WEITERES SCHICKSAL

1672 bot sich der jüdische Bankier Samuel Oppenheimer an, die Ausrüstung des kaiserlichen Heeres zu finanzieren. 1674 berief ihn der Kaiser nach Wien, womit das Judenverbot durchbrochen war. Um 1710 gab es schon rund ein Dutzend jüdischer Familien in Wien. Das Bankhaus Oppenheimer ging allerdings zugrunde, weil der Kaiser das geborgte Geld nicht zurückzahlte.
Anfang des 18. Jahrhunderts wurden die Juden aus Spanien ausgewiesen. Einige kamen nach Wien und bildeten mit ihrer fremdartigen Kleidung und Sprache ein neues Element in der Stadt.
Das Toleranz-Patent von Kaiser Josef II. gab den Juden weitgehende Gleichberechtigung. Um diese Zeit lebten nur 72 jüdische Familien in Wien, 1830 gab es in Wien rund 1600 Juden, 1850 mehr als 40 000, 1890 fast 120 000 und 1910 mehr als 175 000. Nach dem Ersten Weltkrieg blieb diese Zahl ungefähr gleich, weil sich die Zuwanderung von Juden aus den polnischen Notstandsgebieten ungefähr mit der Abwanderung von Wiener Juden in andere Kontinente die Waage hielt. In der Weltwirtschaftskrise der dreißiger Jahre sank die Zahl der Wiener Juden durch Abwanderung auf etwa

165 000. Die Nationalsozialisten zwangen etwa 100 000 von ihnen zur Emigration, etwa 60 000 wurden in Konzentrationslagern ermordet.
Fast ein Drittel der Wiener Juden wohnte 1938 in der Leopoldstadt. Sie bildeten fast 40 Prozent der Gesamtbevölkerung der Leopoldstadt.
Es gab einige bedeutende jüdische Bauten und Einrichtungen in der Leopoldstadt:
Tempelgasse 3 befand sich ein 1853–58 nach Plänen von Ludwig Förster erbauter Tempel in arabischem Stil. Die Verwendung gußeiserner Träger war eine bedeutende Ingenieuerleistung jener Zeit. Der Bau war mit Mosaik- und Bildhauerarbeiten geschmückt und eines der ersten elektrisch beleuchteten Gebäude Wiens. Hier waren auch religiös-wissenschaftliche Institute untergebracht.
Große Schiffgasse 8 befand sich der »Schrifttempel« (genannt »Schriftschul«), eine betont schlichte Synagoge als Nachfolgerin des 1848 gegründeten Bethauses Hollandstraße 3 (damals Große Ankergasse). Zum Tempel gehörten ein Lehrhaus, eine Religionsschule, eine Bäckerei und eine rituelle Fleischerzeugung mit zehn Geschäften.
Zirkusgasse 22 wurde 1885–87 der »Türkische Tempel« für die damals bedeutende Gemeinde aus der Türkei zugewanderter Juden erbaut. Der Architekt Hugo von Wiedenfeld nahm Motive der im maurischen Stil erbauten Alhambra bei Granada (Spanien) zum Vorbild.
Leopoldsgasse 29 befand sich die »Polnische Schul«. Ihr Vorläufer war das 1854 errichtete Bethaus Obere Donaustraße 79, sie wurde 1892 von Wilhelm Stiaßny im maurischen Stil erbaut. Die Polnische Schul erwarb sich vor allem durch karitative Tätigkeit Ansehen.

Malzgasse 16 befand sich seit 1884 ein Tempel, der 1906 wegen Errichtung einer Volksschule umgebaut wurde.
Pazmanitengasse 6 befand sich der 1911–13 erbaute »Kaiser Franz Josef-Huldigungstempel«.
Es gab außerdem in der Leopoldstadt 51 Bethäuser, meist Einzelräume in privaten Wohnungen, die von den verschiedenen nationalen und religiösen Gruppen betrieben wurden.
Alle diese Einrichtungen wurden von den Nationalsozialisten vernichtet, vor allem in der »Kristallnacht«, der Nacht vom 9. zum 10. November 1938, in der im ganzen Deutschen Reich jüdische Einrichtungen geplündert, zerstört und in Brand gesteckt wurden. Von der zum Teil künstlerisch wertvollen Einrichtung der jüdischen Kultstätten in der Leopoldstadt blieb so gut wie nichts erhalten.

Die Jägerzeile

Kaiser Maximilian II., der von 1564 bis 1576 regierte, war ein begeisterter Jäger. Für längere Jagdausflüge bevorzugte er die Wälder von Meidling und Hietzing, wo er sich im Bereich des heutigen Schlosses Schönbrunn ein Jagdschloß erbauen ließ, für kürzere den Prater. 1569 ließ er für seine Jäger und Forstarbeiter zwischen Schlagbrücke und Prater, entlang der heutigen Praterstraße, Baugründe bereitstellen, damit sie sich dort ansiedeln konnten.
Das neue Siedlungsgebiet wurde »vicus venatorum« (Dorf oder Straße der Jäger) genannt. Daraus wurde die Bezeichnung »Jägerzeile« abgeleitet, die sich im 17. Jahrhundert gegen den alten Flurnamen »Venedi-

ger Au« für dieses Gebiet durchsetzte. Die Herkunft des Namens Venediger Au, der urkundlich schon 1377 aufscheint, konnte bisher nicht erklärt werden. Die alte Vermutung, er sei auf eine von Nikolaus Walch errichtete Glashütte zur Erzeugung von Venetianer Glas zurückzuführen, ist zweifellos falsch, weil diese Glashütte erst 1486 begründet wurde. Eine zweite Vermutung, daß die Bezeichnung entstand, weil das von zahlreichen kleinen Flußläufen durchzogene Gebiet Ähnlichkeit mit Venedig aufweise, ist wohl ins Gebiet der reinen Spekulation zu verweisen. Eher denkbar ist, daß dieses »Venedig« aus einer mundartlichen Verdeutschung einer ursprünglich lateinischen Bezeichnung entstand, die mit »venatio« (Jagd) zusammenhing. Ob es unter Maximilian II. tatsächlich zur Besiedlung der Jägerzeile kam, ist nicht feststellbar. Nachweisbar ist erst 1580 das Bestehen von 18 Häusern in der heutigen Praterstraße, zwischen Mayergasse und Czerningasse, sowie in der Czerningasse.
Die weitere Besiedlung kam erst in Schwung, als den Hausbesitzern in der Jägerzeile erlaubt wurde, Bier oder Wein (aber nicht beides gleichzeitig) auszuschenken. Es war ihnen allerdings untersagt, warme Speisen zu verkaufen oder jemanden zu beherbergen. Die Türkenbelagerung von 1683 brachte einen schweren Rückschlag, die Jägerzeile wurde völlig verwüstet, der Wiederaufbau vollzog sich nur sehr langsam. Um 1770 gab es hier erst wieder 17 Häuser mit etwa 900 Bewohnern.

PRATERSTRASSE

Zu diesem Zeitpunkt war allerdings mit der Öffnung des Praters für die Allgemeinheit, 1766, die Voraussetzung für einen großen Aufschwung geschaffen worden: Für die rasch wachsende Zahl von Praterbesuchern entstanden Gaststätten, Kaffeehäuser und Geschäfte, die breite Alleestraße vom Donaukanal zum Prater wurde zum bevorzugten Wohngebiet. 1775 gab es 22 Häuser, 1811 bereits 40 und 1820 insgesamt 42 Häuser mit 1645 Einwohnern.

Seit 1774 hatte die Jägerzeile einen eigenen Dorfrichter und ein eigenes Grundsiegel, den stehenden Hirsch mit einem Kreuz im Geweih.

Ein hygienischer Fortschritt brachte eine große Veränderung des Straßenbildes. Bis 1798 verliefen entlang der Häuserfronten Unratsgräben, über die bei den Haustoren hölzerne Zugänge führten. Dann ersetzte man diese offenen, stinkenden und Ungeziefer anziehenden Kanäle durch gemauerte und geschlossene. Die Wurzeln der mächtigen Alleebäume drohten diese Kanäle zu sprengen, 1811 wurden sie deshalb gefällt. Damit entstand die offene Straße in ihrer heutigen Breite.

Am Beginn des vorigen Jahrhunderts kam für den unteren Teil der Straße, zwischen Donaukanal und Czerningasse, die Bezeichnung Praterstraße auf. 1862, nach der Eingemeindung der Vorstädte Leopoldstadt und Jägerzeile, wurde die ganze Straße so genannt.

PRATERSTERN 1838

In seinem 1838 veröffentlichten Buch »Wien's Umgebungen auf zwanzig Stunden im Umkreis nach eigenen Wanderungen geschildert« berichtet Adolf Schmidl:

»Geht man zum Rothenthurmtore hinaus, über die Brücke, und dann rechts die schöne Praterstraße

hinab, welche weiterhin Jägerzeile heißt, so erreicht man einen freien, runden Platz, im Halbkreis von Rasenplätzen und dahinter von einem Walde umgeben; man steht vor dem Prater. Der Platz heißt der ›Praterstern‹, von den strahlenförmig hier auslaufenden Alleen und Durchschlägen. Es lohnt der Mühe, sich in den Mittelpunkt zu stellen, um die verschiedenen Fernsichten zu gewinnen. Die erste Allee zur Linken zeigt das neue Haus im Augarten; die zweite führt gegen die Taborlinie (Barriere der mährisch-böhmischen Straße) und von dieser beginnt die Nord-Eisenbahn; die dritte, in gerader Fortsetzung der Jägerzeile, zur Schwimmschule, deren Eröffnung durch einen im Anfang derselben aufgestellten Flaggenmast bezeichnet ist; die vierte zum Feuerwerksplatz und Wurstlprater (diese beiden sind eigentlich nur Durchschläge, nicht Alleen); die fünfte, die sogenannte Hauptalle, ist die längste und führt zum Lusthause. Auch an deren Anfang steht jetzt ein Flaggenmast; die aufgezogene Fahne ist ein Zeichen, daß das Dampfschiff vor Anker liegt. Die sechste Allee, die kürzeste und nur aus einigen Bäumen noch bestehend, führt zur Franzensbrücke, und stellt mit der Taboralle die kürzeste und bequemste Verbindung der böhmischen Straße und der Eisenbahn mit den Transito- und Hauptmauthgebäuden her. Zwischen der Augarten- und Taborallee sieht man das kaiserliche Forsthaus, und darüber hinaus das Kahlengebirge. Wahrscheinlich, um diese Aussicht frei zu machen, wurden die schönen Pappeln gefällt, welche noch vor einigen Jahren hier standen.«
Und 1848 berichtet die »Vollständige Beschreibung von Wien« von Karl August Schwimmer:
»Jägerzeile ... Sie besteht eigentlich nur aus der rechten Seite der schönen und breiten Praterstraße

und den von ihr ausgehenden Seitengassen und zählt nun 67, aber meistens hohe, ansehnliche Häuser mit 3020 Einwohnern.«
Der Praterstern erhielt durch den Bau der Verbindungsbahn (1859) die Gestaltung als Platz mit Verkehrsflächen und Grünanlagen (1872) und die Aufstellung des Tegetthoff-Denkmals (1886) das Bild, das er bis zur Umgestaltung 1954/1955 bot.

Gründung der Leopoldstadt

Das 17. Jahrhundert wurde nicht nur durch die Schaffung der Judenstadt zu einer besonders wichtigen Periode in der Geschichte des heutigen 2. Bezirkes. In diesem Jahrhundert wurden die Voraussetzungen für die spätere Entwicklung geschaffen. Der Bau des Brückensystems über die Donau und die Schaffung des kaiserlichen Jagdgebietes im Prater mit der damit verbundenen Gründung der Jägerzeile bildeten bereits wesentliche Grundlagen dafür, aber die große Umwandlung des Unteren Werd von einem Au- und Heideland in ein Wohn- und Wirtschaftsgebiet begann doch erst im 17. Jahrhundert.
1614 wurde das Spital der Barmherzigen Brüder im Bereich Taborstraße – Schmelzgasse errichtet, 1618 erwarb das zur Heranbildung ungarischer Priester gegründete Pazmaniten-Kolleg (nach Petrus Pazmany, Kardinal und Erzbischof von Gran) Grundstücke in der Großen Stadtgutgasse 17, wo ein Meierhof angelegt wurde, und 1623 kamen die Karmeliter auf den heute nach ihnen genannten Platz. 1649 ließ sich Kaiser Ferdinand III. in der Wolfsau, dem heutigen Augarten,

das Jagdschloß »Favorita« erbauen, 1654 erstand in der Nähe das Palais Trautson, das Kaiser Leopold I. 1677 zur Vergrößerung seines Jagdgebietes erwarb. Die Austrocknung zahlreicher kleiner Donauarme und Tümpel erleichterte die Besiedlung und wirtschaftliche Verwertung des Gebietes.

Im Jahre der Judenvertreibung, 1670, gab es außer den 136 Häusern der Judenstadt noch 196 weitere Ansiedlungen im Unteren Werd. Dörflicher Charakter hatte der Bereich der Taborstraße, wo außerhalb der Judenstadt 62 Häuser standen. Darunter waren mehrere Gasthöfe und ein Konvikt zur Ausbildung kroatischer Priester. Weiter draußen lagen mehrere herrschaftliche Sommerhäuser.

In der heutigen Zirkusgasse gab es 34 Häuser, in denen vor allem Fuhrleute wohnten. Bei der Rotensterngasse hatten die Jesuiten ihr Haus »St. Barbara«.

In der heutigen Schmelzgasse befand sich seit 1614 eine Unschlitt-Schmelze, in der minderwertiges Rinder- und Schaffett für die Herstellung von Kerzen und Seife geschmolzen wurde. In fünf Häuser wohnten die dabei beschäftigten Arbeitskräfte. Die Schmelze war ein städtisches Unternehmen.

Unter den 22 Häusern der Praterstraße dominierten das Gasthaus »Zum goldenen Lamm« (Ecke Taborstraße) und das gegenüberliegende »kaiserliche Brückenhaus«. Am anderen Ende, beim Praterstern, lag der Besitz des Grafen Hermann Jakob Czernin, dazwischen, im Bereich Czerningasse – Nestroyplatz – Praterstern befand sich die Jägerzeile.

In der Unteren Donaustraße lagen 13 Häuser und der kaiserliche Schiffstadel (Hafen und Werft), in der Oberen Donaustraße 20 Häuser, darunter das im damaligen Wien hochgeschätzte Gasthaus »Zum Fischtrühel«.

Die übrigen Häuser lagen einzeln, vor allem im Gebiet zwischen Taborstraße und Praterstraße, das »Unter den Felbern« genannt wurde (Felbern ist eine alte Bezeichnung für Weidenbäume).

SCHIFFSMÜHLEN

Das Erwerbsleben der Menschen war von der Lage der Siedlungen zwischen den Donauarmen bestimmt. Die Fischerei und die Schiffahrt spielten eine wesentliche Rolle. Die zahlreichen Gasthäuser lebten vor allem vom Verkehr über die Brücken.
Im stadtfernsten Donauarm gab es vermutlich schon seit dem 15. Jahrhundert, vielleicht sogar noch früher, Schiffsmühlen: Zwischen zwei fest verankerten Holzschiffen war ein Mühlrad befestigt, das vom fließenden Donauwasser gedreht wurde. Die so gewonnene Kraft wurde mit Seilzügen auf die Hauptwelle des am Ufer stehenden Mühlhauses übertragen.
In der Zeit, als man nur das Wasser als Antriebskraft für Mühlen kannte, waren die Schiffsmühlen in einem großen, immer Wasser führenden Strom die wirtschaftlichsten und zuverlässigsten Mühlen. 1671 gab es in der Donau 38 Schiffsmühlen, 1674 wird angeführt, daß auch der Kaiser Schiffsmühlen besaß, die Hof- oder Kaisermühlen genannt wurden. Die spätere Siedlung Kaisermühlen hat davon ihren Namen. Um 1800 wurden die kaiserlichen Mühlen an Private verkauft. 1903 gab es noch 16 Schiffsmühlen, die in der Freudenau ihren Standort hatten. Nach dem Ersten Weltkrieg verschwand eine nach der andern, die letzte wurde 1935 abgetragen.
Schwere Katastrophen konnten die Entwicklung des Gebietes behindern, aber nicht unterbinden. 1617,

1620 und 1635 gab es große Überschwemmungen, die schwere Schäden anrichteten. 1658 zerstörte das Treibeis die Donaubrücken; sieben Salzwagen verschwanden mit ihren Fuhrleuten im Strom. 1661 stand das Wasser so hoch, daß die Brücken überschwemmt wurden. Die Chroniken verzeichnen ungemein heftige Stürme in den Jahren 1639, 1649, 1653, 1654 und 1656; ein mit sechs Pferden bespannter Wagen und zahlreiche Menschen wurde von den Brücken in den Strom geschleudert. Beim großen Brand in Wien 1627, der 147 Häuser einäscherte, trieb der Wind die Flammen über die Schlagbrücke, zehn Häuser und mehrere Schiffe verbrannten. Die daraufhin erlassenen Feuerschutzvorschriften, die jeden Hausbesitzer zu Vorkehrungsmaßnahmen und alle Männer zu Hilfeleistungen verpflichteten, halfen beim Brand des Klosters der Barmherzigen Brüder 1655, eine Ausbreitung der Flammen zu verhindern.
Das 17. Jahrhundert brachte aber auch erste Ansätze einer industriellen Entwicklung. Zur bereits genannten Unschlitt-Schmelze kam als zweiter Betrieb 1664 auf dem Tabor ein großes Manufakturhaus, das Johann Joachim Becher, der Bahnbrecher des Merkantilismus in Österreich, einrichtete. Es wurden Majolikageschirr, Glaswaren in venezianischer Art, Seidenbänder und Wollstoffe hergestellt. Becher wollte hier im Sinne des Merkantilismus, also der Stärkung der nationalen Wirtschaft durch staatliche Förderung, neue Technologien entwickeln und Facharbeiter ausbilden, die dann dem ganzen Land zugute kommen sollten. Das Experiment endete nach neunzehn Jahren, als die Türken den Betrieb zerstörten.

1670 wurden die Juden vertrieben, ihre Besitzungen verfielen der Stadt. Die Hoffnung des Magistrats, damit die Stadtkasse füllen zu können, ging allerdings nicht in Erfüllung. Nur für einen Teil der Häuser fanden sich Käufer, so z. B. für das angesehene Gasthaus »Zum goldenen Bär«, das Matthias Schelz (von 1684–89 Ortsrichter der Leopoldstadt) erwarb. Wegen des schleppenden Verkaufs der Häuser und Grundstücke konnte die Stadt Wien auch die Verpflichtungen gegenüber Kaiser Leopold I. – 110 000 Gulden und dazu 10 000 Gulden jährlich – nicht erfüllen, für den also ebenfalls die Vertreibung der Juden nicht das erwartete gute Geschäft wurde.
Eine einzige Verpflichtung löste die Stadt ein, nämlich die Erbauung einer Kirche anstelle der Synagoge. Kaiser Leopold I. legte selbst am 18. August 1670, also nur 24 Tage nach dem Auszug der Juden, den Grundstein für die Kirche.
Am 6. September 1671 wurde die Kirche geweiht. Aus diesem Anlaß gab es ein großartiges Fest. Im Fahnenstangenwasser wurde auf dem Besitz des Grafen Paul Sixtus Trautson die Einnahme der Festung Ptolomais (Akkon) durch Herzog Leopold V., dem Tugendhaften, während des 3. Kreuzzuges (1191) dargestellt. Kulissen am Ufer stellten die Stadt dar, eine Galeere und mehrere kleinere Schiffe, extra für dieses Schauspiel gebaut, zeigten den erfolgreichen Angriff. Der Stadtkämmerer verzeichnet am 18. Dezember für dieses Schauspiel und »in hochgedachten Herrn Grafen Trautsons Garten ein ansehnlich Mittagsmahl gehalten, facit alles 8410 fl«. Mehr als 8000 Gulden für das kaiserliche Fest – eine durchschnittliche Leopoldstäd-

ter Familie mußte damals von 5 bis 6 Gulden im Monat leben. Gleichzeitig kam die Bezeichnung Leopoldstadt für den Unteren Werd auf. Es konnte bisher kein Dokument gefunden werden, aus dem sich das Datum der neuen Benennung genau fixieren ließe.

MÄRKTE

Um die Leopoldstadt attraktiver und die Häuser der Judenstadt leichter verkäuflich zu machen, gab der Kaiser auf Ersuchen der Stadt Wien der jungen Vorstadt am 15. Oktober 1671 ein Marktprivilegium. Am 13. Juli war fortan Jahrmarkt, an jedem Mittwoch ein Wochenmarkt, bei dem auch Pferde und alles Groß- und Kleinvieh gehandelt werden durften, am 11. November ein Geschirrmarkt (Häfenmarkt).
An allen »ordentlichen Markttagen« (Dienstag, Freitag und Samstag) war die Abhaltung eines Tandelmarktes (Altwarenmarkt) erlaubt.
Der Wiener Tandlermarkt befand sich 1404 auf der Brandstätte, 1614 vor dem Kärntner Tor (Karlsplatz). 1671 übersiedelte viele Händler in die heutige Tandelmarktgasse in der Leopoldstadt. Wegen der Pest im Jahre 1679 wurde der Tandelmarkt für ein Jahr geschlossen, 1681 übersiedelte er zur Gänze in die Leopoldstadt. 1683 wurde der Tandelmarkt von den Türken zerstört, kam wieder auf den Karlsplatz, 1741 wurde ein zweiter Tandelmarkt in der Leopoldstadt eröffnet. 1864 erwarb eine Vereinigung von 200 Trödlern vom Stadterweiterungsfonds ein Gelände auf dem Roßauer Glacis und ließ dort ebenerdige Hallen erbauen. Dieser Tandelmarkt wurde 1944 von Fliegerbomben getroffen und brannte völlig aus. Heute steht dort

das Gebäude der Pensionsversicherungsanstalt für Arbeiter.
Der 1671 erlaubte allgemeine Leopoldstädter Markt befand sich ursprünglich vor der Karmeliterkirche, kam 1888 in die Karmelitergasse und 1910 auf den heutigen Platz, wo schon 1893 mehrere Markthütten standen. Später gab es noch mehrere andere Märkte in der Leopoldstadt. Um 1850 entwickelte sich ein Markt in der Franzensbrückenstraße, der 1876 auf Czerninplatz verlegt und 1913 eingestellt wurde.
Ein Fischmarkt ist schon 1314 auf dem Hohen Markt genannt, kam 1768 zur Fischerstiege am Donaukanalufer, um 1850 zum »Scharfen Eck« (Obere Donaustraße 89) auf die Leopoldstädter Seite des Donaukanals, 1904 wieder ans stadtseitige Ufer, bis er 1971 wegen der Verunreinigung des Donaukanals aufgelassen wurde.
Der Schanzelmarkt, durch Jahrhunderte der bedeutendste Obstmarkt von Wien, befand sich durch Jahrhunderte vor einer »Schanzel« genannten Befestigungsanlage in der Roßau. 1893 wurde er wegen des Baues der Stadtbahn ans Leopoldstädter Ufer, im Bereich des heutigen Wettsteinparks verlegt. Er verlor völlig an Bedeutung, weil Obst kaum mehr per Schiff nach Wien gebracht wurde, und wurde 1933 geschlossen.
Vor der Jubiläumskirche wurde seit 1926 ein Gemüsegroßmarkt abgehalten, der sich früher auf dem Mexikoplatz befunden hatte. Der Volkertmarkt wurde 1878 anstelle alter Gemüsegärten von einigen Gewerbetreibenden illegal gegründet, nachträglich von der Gemeinde Wien genehmigt. Der Vorgartenmarkt wurde 1912 eingerichtet.

ARBEITS- UND ZUCHTHAUS

Nach dem Dreißigjährigen Krieg gab es eine große Zahl von Arbeits- und Obdachlosen, Invaliden, unversorgten Alten und Kindern. In Wien gab es mehr als 7000 Bettler. Ein Teil von ihnen schloß sich zu einer Bettlergilde zusammen, an deren Spitze der Bettler- oder Sterzenvogt stand. Er hatte für Ordnung zu sorgen. Das Betteln vor Kirchen und bei den Brücken war nur den Mitgliedern der Gilde erlaubt.

Die Notlage so vieler Menschen hatte ein starkes Ansteigen der Kriminalität zur Folge.

1671 gab Kaiser Leopold I. den Auftrag, »zur Besserung der verdorbenen Sitten, zur Beschäftigung des herrenlosen und müßigen Gesindels, zur Züchtigung frecher und schamloser Weibspersonen und Zucht ungeratener Kinder« ein Zucht- und Arbeitshaus zu errichten. Die teilweise leerstehenden Häuser der ehemaligen Judenstadt boten sich für diesen Zweck an. Vier Häuser an der heutigen Leopoldsgasse wurden miteinander verbunden und zum Zuchthaus für 200 Personen bestimmt. 1673 war die Anlage fertig.

Die Zustände im Zuchthaus waren für heutige Vorstellungen unvorstellbar. Es war ständig überbelegt. Kriminelle und Waisenkinder, Bettler und Prostituierte wurden wahllos gemeinsam in Zellen gepfercht. Die Insassen wurden zum Stricken, Spinnen und Weben herangezogen. Die erzeugten Waren wurden auf Märkten und an Spitäler verkauft. Für die Erhaltung des Zuchthauses wurde außerdem von öffentlichen Spielen und von den Theatern eine Abgabe eingehoben. Das Zuchthaus erhielt außerdem das Recht, täglich mit vier einspännigen Wagen in Wien und den Vorstädten Speisenreste einzusammeln.

Das Zuchthaus war eines der wenigen Gebäude der Leopoldstadt, die während der Türkenbelagerung 1683 nicht zerstört wurden. Im Pestjahr 1713 wurde es als Lazarett benützt, dann wieder seiner ursprünglichen Verwendung zugeführt. Es bürgerte sich ein, daß Eltern ihre Kinder, denen sie eine Züchtigung zudachten, für diesen Zweck den Gefängniswärtern übergaben.

1726 mußte ein zweites Gebäude mit einem Stockwerk gebaut werden, weil die Überfüllung des Hauses untragbare Ausmaße angenommen hatte.

1720 wurde die Trennung der Kinder von den Erwachsenen verfügt, aber nicht durchgeführt. 1739 berief Kaiser Karl VI. eine Kommission kirchlicher Würdenträger zur Überprüfung der »Wohlfahrtsanstalten«. 1742 kamen Vertreter dieser Kommission ins Leopoldstädter Zuchthaus und fanden entsetzliche Zustände vor. So wurden in einem Raum zwanzig minderjährige Mädchen gefunden, die krank und völlig verwahrlost auf einer hölzernen Pritsche lagen.

Es wurde daraufhin eine neue Regelung getroffen. Man übergab die Kinder an Unternehmer, die sie in ihren Betrieben unterbrachten und als billige Arbeitskräfte ausnützten. Für die Kinder war das immerhin noch etwas besser als die Unterbringung im Zuchthaus. Dort wurden nur mehr Erwachsene eingesperrt. 1816 wurde es zum niederösterreichischen Provinzial-Strafhaus, 1825 wurde ein Inquisitenspital eingerichtet. Aus dem Strafhaus wurde 1848 eine Zwangsarbeitsanstalt, die 1868 nach Weinhaus übersiedelt wurde. Der ursprüngliche Plan, das nun leerstehende Gebäude als Epidemiespital einzurichten, wurde nicht realisiert. 1888 wurde es abgebrochen.

DIE TÜRKENBELAGERUNG 1683

Im Sommer 1679 brach in der Leopoldstadt die Pest aus. Die Krankheit breitete sich über den ganzen Wiener Raum aus und wurde zur furchtbarsten Epidemie in der Geschichte der Stadt. Alte Chroniken berichten, daß ihr 60 000 Menschen zum Opfer fielen, davon 10 000 in der Leopoldstadt. Diese Zahlen sind jedoch zweifellos weit übertrieben. Doch auch ein Drittel davon wäre noch ein furchtbarer Aderlaß für die Stadt gewesen.
Kaum begann sich der Wiener Raum davon zu erholen, vor allem durch eine starke Zuwanderung, als eine neue furchtbare Gefahr drohte: Der türkische Großwesir Kara Mustapha zog mit 216 000 Mann gegen Wien.
Im Jänner 1683 wurden 3000 leibeigene Bauern aus Niederösterreich nach Wien gebracht, um hier bei der Befestigung der Verteidigungsanlagen zu helfen. Mehr als 30 000 Bäume wurden im Wienerwald und in den Donauauen gefällt und vor allem für den Pallisadenbau in der Leopoldstadt verwendet, weil man dort den Angriff der Türken erwartete. Das Gros des Türkenheeres kam jedoch am rechten Donauufer. Weil das die Verteidiger noch immer für eine Finte hielten, zog der Oberbefehlshaber der kaiserlichen Truppen, Herzog Karl von Lothringen, mit 10 000 Mann über die Schlagbrücke in die Leopoldstadt, um sich dort zu verschanzen. Insgesamt bereiteten sich rund 24 000 Mann auf die Verteidigung Wiens vor, nämlich 14 000 reguläre Soldaten, 2400 Mann Bürgerwehr, 4000 Angehörige der Zünfte und Gilden, 700 Studenten und 1000 Hofbedienstete. Die kaiserliche Familie und die Mehrzahl der Adeligen und der reichen Bürger waren in Richtung Linz geflohen. Als trotz der starken Truppenkonzentra-

tion in der Leopoldstadt die Barmherzigen Brüder und die Karmeliter über die Schlagbrücke in die Stadt flüchteten, schlossen sich ihnen die meisten anderen Bewohner der Leopoldstadt an.
In der Nacht zum 8. Juli erreichte die Vorhut der Türken, die Wien umging, den Kahlenberg und zündete dort das alte Kloster an. Die Flammen waren im ganzen Wiener Raum als Alarmzeichen zu sehen. Am darauffolgenden Tag traf Graf Starhemberg, der bis dahin bei den Truppen in der Leopoldstadt war, in Wien ein und übernahm den Oberbefehl in der Stadt. Menschen, Vieh und Vorräte aus den Vorstädten wurden hinter die Stadtmauern gebracht. Am 13. Juli wurden die Vorstädte von den Türken besetzt und überall Brände gelegt. Tausende Menschen, die nicht nach Wien geflohen waren, wurden gefangen, viele von ihnen getötet. Am 14. Juli lagerte das Türkenheer im Bogen von St. Marx bis Nußdorf um Wien.
Am gleichen Tag wurde die Schlagbrücke abgebrochen, um im Falle einer Niederlage der in der Leopoldstadt lagernden Truppen diesen bequemen Weg nach Wien zu unterbinden. Die Donau führte jedoch so wenig Wasser, daß man durch sie ans andere Ufer reiten konnte. Als die Türken auch noch in der Roßau und bei den Weißgärbern Brücken über die Donau schlagen konnten, erschien die Verteidigung der Leopoldstadt aussichtslos. Herzog Karl zog sich mit dem Großteil der Truppen über die Donau nach Jedlesee zurück, eine Nachhut hielt die Türken noch kurze Zeit an der mittleren der drei großen Donaubrücken auf, steckte dann die Brücke in Brand und wich ebenfalls auf das linke Donauufer zurück. Damit konnten die Türken den Belagerungsring um Wien schließen.
Am linken Ufer des Donaukanals legten die Türken

einen gedeckten Graben an. Mit Donauschiffen brachten sie Geschütze, die bei den Klöstern der Barmherzigen Brüder und der Karmeliter, später auch in der Jägerzeile und beim »Scharfen Eck« aufgestellt wurden. Die Beschießung der Stadt richtete schwere Schäden an.
Bis Anfang September stürmten die Türken achtzehnmal gegen Wien. 48 000 Mann gingen dabei verloren, trotzdem blieb die Übermacht der Türken gewaltig. Allerdings machten sich die Nachschubprobleme immer stärker bemerkbar. Im Türkenlager hungerte man. Noch ärger hungerte man allerdings in Wien. Bei Beginn der Belagerung hatte man eine Art amtlicher Preisregelung versucht. Der Preis für ein Ei wurde mit einem Kreuzer, für ein Pfund Rindfleisch mit 6 Kreuzer festgelegt. Gegen Ende der Belagerung wurden jedoch für ein Ei bis zu 10 Kreuzer, für ein Pfund Rindfleisch 24 Kreuzer bezahlt. Die Belagerten aßen Ratten und Brot aus Baumrinde.
Im August drangen die Türken von der Leopoldstadt aus ins Marchfeld vor und vernichteten mehrere Dörfer. Herzog Karl griff die Türken an und konnte ihnen eine schwere Niederlage zufügen. Nachdem sich die Türken aus dem Marchfeld zurückgezogen hatten, marschierten die Truppen des Herzogs nach Tulln und vereinigten sich dort mit dem heranrückenden Entsatzheer. Insgesamt zählte dieses Heer, das unter dem Kommando des polnischen Königs Johann Sobieski stand, fast 85 000 Mann.
Am 5. September vom Bisamberg und am 6. September vom Kahlenberg erhielten die Belagerten Signale über das Heranrücken des Entsatzheeres. Am 10. September erreichte es Klosterneuburg, am 11. September wurde der Kahlenberg besetzt, am 12. September be-

gann der Sturm auf das Türkenlager. Noch am gleichen Tag wurde die Schlacht entschieden, die Türken flohen, Wien war gerettet.

Die Leopoldstadt bot ein trauriges Bild. Die meisten Häuser waren zerstört, die Gärten verwüstet, die Wälder gelichtet, die Straßen voll Schutt und Unrat.

Der Wiederaufbau erwies sich trotz Steuerbefreiungen für die Betroffenen als äußerst schwierig, weil es nicht nur an Geld, sondern auch an Arbeitskräften und Baumaterial mangelte. Da der Viehbestand dezimiert und die Felder verwüstet waren, hungerte die Bevölkerung weiter.

Unter denen, die in die Leopoldstadt zurückkehrten, war Georg Franz Kolschitzky, der als Wiener Kundschafter während der Türkenbelagerung legendären Ruhm erwarb. Kolschitzky, 1640 in Polen oder Armenien geboren, war Kaufmann und vor allem im Handel mit Ost- und Südosteuropa tätig. Bei seinen Reisen war er auch als kaiserlicher Spion eingesetzt. Während der Belagerung schlich er mehrmals durch das Türkenlager und brachte Botschaften zum heranrückenden Entsatzheer und zurück. Es wird erzählt, daß er als Belohnung den im Türkenlager erbeuteten Kaffee erhielt und damit das erste Wiener Kaffeehaus eröffnete. Für diese Geschichte gibt es allerdings keine Beweise, das erste nachweisbare Wiener Kaffeehaus wurde 1703 von dem Armenier Isaak de Luca begründet.

Aus dem Grundbuch beweisbar ist allerdings, daß Kolschitzky zeitweise in der Leopoldstadt gewohnt hat. 1675 kaufte er von der Stadt Wien ein Haus in der ehemaligen Judenstadt um 850 Gulden. Dieser Kauf dürfte jedoch nicht effektuiert worden sein, denn 1681 und 1682 scheint Kolschitzky (oder Koltschitzky, wie er im Grundbuch geschrieben wird) als Mieter einer

Wohnung mit zwei Stuben und zwei Kammern in einem andern Haus der einstigen Judenstadt, heute Große Pfarrgasse 22, auf. Er bezahlte dafür 30 Gulden Jahresmiete. Eigentümer des Hauses, über das 1675 der Kauf vereinbart worden war, Haidgasse 8, ist auch 1683 die Stadt Wien. Die Türken brannten das Haus nieder. Die Brandstatt wurde 1685 Kolschitzky in Anerkennung seiner Verdienste während der Belagerung geschenkt. Er verkaufte sie 1686 und zog nach Wien, wo er 1694 starb.

LANGSAME ERHOLUNG

Noch um 1700 gab es zwischen den wiederaufgebauten Häusern viele Brandstätten. Mehrmals zerstörten Katastrophen einen Teil dessen, was wieder geschaffen worden war.

1708 fiel so viel Schnee, daß mehrere Häuser unter der Last zusammenbrachen und die Straßen tagelang unpassierbar waren. Nach der Schneeschmelze kam das Hochwasser. 1716 richtete ein besonders arges Hochwasser schwere Schäden an. Im Winter 1729 war es so kalt, daß Wölfe in die Ansiedlungen eindrangen, im Februar löste plötzliches Tauwetter ein Hochwasser aus. Im Sommer gab es nochmals Hochwasser. 1740 rissen Eisschollen die Schlagbrücke weg, 1741 und 1743 gab es neue Hochwasser, im März 1744 stand das Wasser mit schweren Eisschollen eine Woche lang in den Straßen. Nach kleineren Hochwassern 1753, 1758 und 1750 kam es 1768 zu einer schweren Katastrophe: Als der Eisstoß brach, stiegen die Fluten bis in die Höhe der ersten Stockwerke, erst nach neun Tagen ging das Wasser zurück.

1688 trat das schwer verschuldete Bürgerspital die

Grundherrschaft über die Leopoldstadt gegen Streichung der Schulden an den Wiener Magistrat ab. Zwischen 1710 und 1720 wurden mehrere Fabriken gegründet, eine Seidenfabrik, eine Blechwarenfabrik und eine Maschinen- und Instrumentenfabrik.
Eine heute kaum mehr verständliche Publikumsattraktion war das Hetztheater, in dem Raubtiere und Hunde gegeneinander gehetzt wurden. Wiens erste Tierhetzen wurden 1710 »auf der Haide« in der Leopoldstadt vorgeführt, dann im Hof des Gasthauses »Zum schwarzen Adler« (heute Taborstraße 11). Sie fanden dort statt, bis 1755 das 3000 Personen fassende Amphitheater unter den Weißgärbern errichtet wurde. Erst als dieses Theater am 1. September 1796 abbrannte, hörten die Tierhetzen auf.
Oft konnten die Leopoldstädter fremdländische Gäste bewundern. Zar Peter der Große zog bei seinem Besuch Wiens am 26. Juni 1698 durch die Leopoldstadt. Türkische Gesandtschaften wohnten öfter im »Goldenen Lamm« und im »Scharfen Eck«.
Von einigen großen Gaststätten und den Herrschaftssitzen im Praterbereich abgesehen, blieb die Leopoldstadt auch im 18. Jahrhundert eher ärmlich. Die Häuser waren ebenerdig oder einstöckig, mit Schindeln gedeckt, meist primitiv aus Holz und Lehm gebaut. Selbst die wichtige Taborstraße war bei trockenem Wetter eine Staubwüste, bei Regen eine Schlammhalde. Aller Abfall wurde einfach auf die Straße geworfen, in deren Mitte ein Rinnsal verlief. Um 1750 wurden die Rinnsale gepflastert, erst um 1760 begann die allgemeine Pflasterung der Straßen. 1786 wurde mit der Beleuchtung der Straßen durch Öllampen begonnen, die allerdings bis 1845 nur dann erfolgte, wenn kein Mondschein die Straßen erhellte.

Im Jahre 1770 gab es in der Leopoldstadt 345 Häuser mit etwa 15 000 Bewohnern, dazu 17 Häuser mit etwa 900 Bewohnern in der Jägerzeile. Unter den Bewohnern überwiegen Gärtner und Fischer, Forstarbeiter und Schiffersleute, Gastwirte und Fuhrleute, aber auch Steinmetze und Zimmermeister, Lebzelter und Weber und viele andere Gewerbetreibende wohnen und arbeiten hier. Bei der Schlagbrücke gibt es nicht weniger als sieben Kaffeehäuser.

Eine markante Anlage war die Reiterkaserne. Sie wurde 1721–1723 als erste Kaserne im Wiener Raum gebaut (Obere Donaustraße – Obere Augartenstraße), 1865 wurde sie abgerissen. In ihrer Nähe wurde 1741 ein »Grundspital« gebaut, ein Heim für pflegebedürftige ältere Menschen, in dem etwa 60 Männer und 280 Frauen untergebracht waren, die mit Spinnen zur Erhaltung des Hauses beizutragen hatten. Sie trugen einheitliche Kleidung in brauner Farbe mit roten Aufschlägen. 1783 wurde das Armenhaus geschlossen.

Eine Ahnung von den sozialen und hygienischen Verhältnissen jener Zeit vermitteln die Sterbetafeln. In den Jahren 1700 bis 1735 lag die Säuglingssterblichkeit über 40 Prozent, also mehr als zwei von fünf Kindern starben im 1. Lebensjahr. 58 Prozent der in der Leopoldstadt Geborenen starben vor Erreichung des 10. Lebensjahres, nicht einmal jeder dritte wurde älter als 30 Jahre, nur jeder achte älter als 50 Jahre. Die durchschnittliche Lebenserwartung betrug etwa 19 Jahre.

Von Joseph II. zur Großstadt

In der Regierungszeit Joseph II. (römisch-deutscher Kaiser als Erbe seines Vaters Stephan I. 1765–1790, Herrscher über die habsburgischen Erblande als Erbe seiner Mutter Maria Theresia 1780–1790) erfolgten wesentliche Impulse für die weitere Entwicklung der Leopoldstadt: Joseph II. ließ die kaiserlichen Jagdgebiete in der Leopoldstadt für die Bevölkerung öffnen, 1766 den Prater, 1775 den Augarten. Er hob jene Klöster, die er als »unnütz« wertete, auf, darunter das Karmeliterkloster, dessen Anlagen den Bereich Taborstraße – Kleine Sperlgasse – Große Sperlgasse – Tandelmarktgasse umfaßte; das Gelände wurde parzelliert und verbaut, die Karmelitergasse angelegt. Die Friedhöfe in den Vorstädten wurden aufgelassen, ihre Flächen zur Verbauung bestimmt. In der Zeit Joseph II. wurden Brücken über den Donaukanal gebaut, der Wurstelprater geschaffen, die Tabor- und die Praterstraße zu gepflasterten Hauptstraßen. Die Obere Augartenstraße wurde zum Schutz gegen Überschwemmungen aufgeschüttet und deswegen Dammstraße genannt; sie wurde mit 400 Linden in vier Reihen bepflanzt.

Das Toleranzpatent, das Nichtkatholiken weitgehende Religionsfreiheit gab, förderte die Zuwanderung, vor allem von Juden. Die ersten Schulen (Klosterschule bei den Karmelitern 1767, allgemeine Volksschule Große Sperlgasse 6, 1793) wirkten gegen den Analphabetismus, der für die weitere wirtschaftliche Entwicklung hinderlich war.

PAPST IM AUGARTEN

Die Politik des Kaisers, vor allem die Auflösung der Bettlerorden, das Toleranzpatent und die Einschränkung kirchlicher Festlichkeiten stießen auf heftigen Widerstand der Kirche. Papst Pius VI. kam deshalb 1782 sogar nach Wien, um mit dem Kaiser zu verhandeln. Der Papst wurde zwar mit allen Ehren empfangen, der Kaiser hatte jedoch unter dem Vorwand einer Augenkrankheit nur wenig Zeit für Gespräche. Bevor der Papst erfolglos Wien verließ, erteilte er zweimal der Stadt vor vielen Menschen den Segen, am 31. März (Ostersonntag, Segen »urbi et orbi«) vom Altan der Kirche Am Hof, am darauffolgenden Tag von der Terrasse des Schlosses im Augarten. Die Mehrzahl der wenigen Gespräche zwischen Kaiser und Papst fanden bei Wagenfahrten im Prater und im Augarten statt.
Im Volk, vor allem aber bei den Leopoldstädtern, wurde Joseph II. als Volkskaiser verehrt. Als er, noch nicht 49 Jahre alt, starb, entstanden zahlreiche Gerüchte und Legenden. Die Jesuiten wurden bezichtigt, ihn mit einer vergifteten Kerze ermordet zu haben. Nach einem anderen Gerücht sollte er verschleppt und im Vatikan oder bei den Kapuzinern gefangengehalten werden. In der Kapuzinergruft sei eine Wachsfigur statt des Kaisers begraben worden. Eines Tages allerdings werde der Kaiser seine Freiheit erringen und das Volk befreien. Diese Sagen hielten sich bis in die Mitte des vorigen Jahrhunderts.
Auch der Bruder Joseph II., der ihm als Leopold II. auf dem Thron folgte, wurde verdächtigt, den Volkskaiser, zu dem er in bekannter Ablehnung stand, beseitigt zu haben. Leopold II. regierte nicht einmal zwei Jahre, ihm folgte sein Sohn Franz II., der nach seiner Krönung

in Prag am 19. August 1792 im Triumphzug durch die Leopoldstadt nach Wien zog. Zehntausende Menschen, die von ihm eine Fortsetzung der Politik Joseph II. erwarteten, umjubelten ihn in der Taborstraße. Franz II. hatte tatsächlich die Absicht, im Sinne seines Onkels zu wirken, aber die Entwicklung hinderte ihn daran. Er war übrigens viermal verheiratet, seiner zweiten Ehe mit Maria Theresia, der Tochter des Königs von Sizilien, entsprossen zwölf Kinder.

KRIEG UND NOT

Die Regierungszeit Franz II. war durch Napoleon gekennzeichnet, der mit seinen Kriegszügen ganz Europa in Brand setzte. Unter dem Eindruck der schweren Erschütterung des Deutschen Reiches durch die Franzosen nahm Franz 1804 den Titel eines »Erbkaisers von Österreich« an, legte 1806 die deutsche Kaiserkrone nieder und regierte fortan als Franz I. von Österreich.

1805 mußte Wien, das für eine Verteidigung nicht vorbereitet war, an die Truppen Napoleons übergeben werden. Der Kaiser floh nach Brünn. Ein großer Teil der französischen Soldaten wurde zum Schutz der Brücken in der Leopoldstadt untergebracht, durch Zwangseinweisung in privaten Wohnungen, in der Reiterkaserne und in Zeltlagern im Augarten und im Prater. Das Spital der Barmherzigen Brüder wurde mit kranken und verwundeten Soldaten weit überbelegt. Bis zu 34 000 Soldaten, dreimal soviel wie einheimische Bevölkerung, sollen in der Leopoldstadt untergebracht gewesen sein.

Der Friede von Preßburg beendete die Zeit der Besetzung. Napoleon verließ am 27. Dezember 1805 Schloß

Schönbrunn, wo er residiert hatte. Am 4. Jänner 1806 fand im Prater noch eine französische Parade statt. Am Abend dieses Tages wurde der Hausmeister des Hauses Kleine Pfarrgasse 14 von französischen Soldaten erstochen, weil er ihnen nicht das Haustor geöffnet hatte. Am 16. Jänner zog Franz I. mit österreichischen Truppen wieder in Wien ein, 4500 Mann der Bürgergarde bildeten von der Schlagbrücke bis zur Taborbrücke Spalier, die Häuser waren mit Fahnen und Tannenreisig geschmückt.

Im Mai 1809 rückten Napoleons Truppen neuerlich gegen Wien vor. Am 5. Mai wurde die Verteidigungsbereitschaft der Stadt angeordnet, alle waffenfähigen Männer hatten sich zu melden. Vom Augarten an wurde durch die heutige Heinestraße und die damals ganz neue Straße zwischen Am Tabor und der Weißgärberbrücke (heute Franzensbrücke) eine Schanze gebaut, die Weißgärberbrücke durch teilweise Zerstörung unpassierbar gemacht. Hunderte der größten Praterbäume wurden für den Bau von Verhauen gefällt. Das Lusthaus wurde Mittelpunkt einer stark ausgebauten Verteidigungslinie im Prater.

Am 10. Mai besetzten französische Truppen die westlichen Vorstädte und bildeten einen Belagerungsring von Simmering bis Döbling. Am 11. Mai um 21 Uhr begann die Beschießung Wiens, die bis 3 Uhr früh dauerte, vierzehn Häuser gingen in Flammen auf. Während der Beschießung konnten französische Soldaten in Simmering eine Brücke über den Donaukanal schlagen, die Praterlinie durchbrechen und das Lusthaus besetzen. Gegenangriffe blieben erfolglos und brachten schwere Verluste. Da ein weiterer Kampf gegen die Übermacht aussichtslos schien, zog der Stadtkommandant Erzherzog Maximilian mit den

österreichischen Truppen über die Taborbrücken, die danach verbrannt wurden, ins Marchfeld ab.
Die Leopoldstadt wurde besetzt, in jedes Haus wurden Soldaten einquartiert. Der Sieg von Erzherzog Karl über Napoleon in der Schlacht bei Aspern (21. und 22. Mai) brachte neue Hoffnung, die aber bald wieder zerstört wurde, weil die Österreicher trotz dieses Sieges zu schwach waren, um Wien zu befreien. Die Niederlage bei Wagram (5. und 6. Juli) machte das Kräfteverhältnis endgültig klar.
Wieder mußten Tausende Verwundete in der Leopoldstadt versorgt werden, wobei die Barmherzigen Brüder die Hauptlast trugen. Napoleon auferlegte Wien und den Vorstädten eine Kontribution von 10 Millionen Gulden, eine ungeheure Summe. Außerdem mußten die französischen Soldaten verpflegt werden; was sie nicht freiwillig erhielten, requirierten sie. Am 14. Oktober wurde der Friede unterzeichnet, am 16. Oktober wurden die wichtigsten Befestigungsanlagen Wiens gesprengt, am 20. Oktober zogen die Franzosen ab, am 26. Oktober kehrte Kaiser Franz I. nach Wien zurück.
Diese beiden Niederlagen Österreichs hatten schwerwiegende wirtschaftliche Folgen. Die Lebensmittelknappheit führte zu einer großen Teuerung. 1811 kam es zum Staatsbankrott, die Währung wurde geändert, für 100 alte Gulden bekam man 20 Einlösungsscheine mit vorerst unbekanntem Wert. Ersparnisse wurden praktisch wertlos, viele Handwerker und Gewerbetreibende verloren ihre Existenz, Tausende ihre Arbeit. Bitterste Not, Hunger und Obdachlosigkeit betraf auch einen großen Teil der Leopoldstädter.
Napoleons Niederlage in Rußland (1812) und in der Schlacht bei Leipzig (1813) mit seinem anschließenden

Sturz brachte den Umschwung. 1814 trat der Wiener Kongreß zur Neuordnung Europas zusammen. Die Rückkehr Napoleons von seinem Verbannungsort, der Insel Elba, endete mit der Schlacht von Waterloo, die eine endgültige Entscheidung brachte.
Mehrere Teilnehmer am Wiener Kongreß, darunter Zar Alexander von Rußland und König Friedrich Wilhelm III. von Preußen, wurden in festlichem Zug durch die Leopoldstadt nach Wien geleitet, nachdem sie Kaiser Franz I. beim Tabor empfangen hatte.
10 000 Fremde mußten im Wiener Raum untergebracht werden. Joseph Richter berichtet in seinen »Eipeldauerbriefen«: »Oft kriecht die ganze Familie in ein Loch zusammen, nur damit s' alle übrigen Zimmer an die Suite der Alliierten verlassen können, daß ja der allgemeine Frieden durch sie nit aufgehalten wird. Da hocken s' oft übereinander, wie die Künighasen- ... das wird doch a Patriotismus sein! – und da verlassen s' so zwei oder drei Zimmer um miserable 500 oder 600 oder auch 1000 Gulden das Monat.«
Zahlreiche Feste fanden während des Kongresses in der Leopoldstadt statt. Am 6. Oktober 1814 war ein Volksfest im Augarten, bei dem originalgetreue Nachbildungen des Brandenburger Tores in Berlin und der Moskauer Zarenkanone bewundert werden konnten. In vier großen Zelten traten nationale Tanzgruppen der Verbündeten auf, abschließender Höhepunkt war ein Feuerwerk, bei dem der Stephansdom dargestellt wurde. Noch größer war die Gedächtnisfeier für die Völkerschlacht bei Leipzig am 18. Oktober. 18 000 Soldaten nahmen an der Parade auf der Jesuitenwiese teil, anschließend wurde in zwei Feldlagern im Prater und in Simmering gefeiert, die Staatsmänner tafelten im Lusthaus. Viele Zuschauer lockten auch die Feuer-

werke und Konzerte im Prater an, die meisten Kongreßteilnehmer besuchten das Leopoldstädter Theater.
Das größte Fest in der Zeit nach dem Wiener Kongreß gab es anläßlich der Vermählung der Prinzessin Leopoldine von Österreich mit Kronprinz Pedro von Portugal und Brasilien 1817 im Augarten. Dafür wurde ein Tanzsaal für 1800 Gäste erbaut, der nachher für einen Ball der Leopoldstädter Bürger zugunsten notleidender Mitbürger benützt wurde.

DIE INDUSTRIEALISIERUNG

1765 baute der Engländer James Watt die erste industriell brauchbare Dampfmaschine. Ihre Verbreitung wurde in der Zeit nach dem Wiener Kongreß auch für die Entwicklung der Leopoldstadt von großer Bedeutung: Es entstanden Fabriken im heutigen Sinn, Dampfschiffe und Eisenbahnen ermöglichten früher ungeahnte Ausmaße des Transports. Mit der Dampfmaschine begann das Zeitalter der Industrie.
In dieser Zeit änderte sich auch die Struktur der Bevölkerung der Leopoldstadt. 1832 gab es unter den rund 20 000 Einwohnern der Leopoldstadt und den rund 2000 der Jägerzeile überwiegend Gärtner, Fischer, Schiffer und Holzarbeiter. Unter den Handwerkern bildeten die Sattler und die Zimmerleute die größten Gruppen, es gab auch noch zahlreiche Fuhrleute, nicht weniger als 70 Gastwirte und 10 Kaffeesieder, aber auch 220 Adelige und 450 Beamte und viele Kaufleute, darunter eine starke griechische Kolonie.
In der kurzen Zeit von fünfzehn Jahren bis 1847 stieg die Einwohnerzahl um rund 50 Prozent, in der Leopoldstadt auf etwa 30 000, in der Jägerzeile auf etwa

3000. Im gleichen Zeitraum stieg die Zahl der Häuser in der Leopoldstadt von 625 auf 742, in der Jägerzeile von 66 auf 67. Ein großer Teil der Häuser wurde umgebaut, meist mit einem Stockwerk versehen. Einen ungefähren Eindruck von den Häusern jener Zeit vermitteln heute noch drei Häuser in der Haidgasse, Nummer 6, Nummer 8 (mit einem Fassadengemälde »Zum Sieg«, das eine Schlacht aus den Franzosenkriegen zeigt), Nummer 9 (mit einem alten Schild »Bürgl. Bauschlosser Franz Waldmüller«, einem Schlüssel als Hauszeichen und einer Marienplastik im Innenhof).
Die dichtere Verbauung verdrängte immer mehr Gärten. Durch die zunehmende Verschmutzung des Donaukanals und die Zuschüttung der meisten kleinen Gewässer verlor der Fischfang an Bedeutung. Die Krebse, die früher die Ufer der Donauarme belebt hatten, fielen in den dreißiger Jahren einer bis heute nicht geklärten Seuche, der Krebsenpest, zum Opfer; damit verschwand ein wichtiger Nebenerwerb für die Fischer. Der Bau von Brücken verringerte die Bedeutung der Schiffahrt im Donaukanal. Ein neuer Berufsstand gewann immer größere Bedeutung: der Fabrikarbeiter. Viele Handwerker und Gesellen waren in den Bauberufen tätig, vom Maurer bis zum Bauschlosser, vom Zimmermann bis zum Bautischler. Eine weitere große Gruppe bildeten bereits die Geschäftsleute. Die meisten hatten winzig kleine Geschäfte oder einen kleinen Marktstand oder sie zogen mit ihren Waren, die sie auf einem Bauchladen oder auf dem Rücken oder bestenfalls auf einem kleinen Handwagen beförderten, durch die Straßen. Da sie wenig Platz und vor allem auch wenig Geld für ihr Warenlager hatten, waren sie meist auf wenige Waren spezialisiert. Da gab es den Sauerkrauthändler und den Erdäpfelhändler, den Ge-

würzkramer (der natürlich nur einheimische Gewürze führte) und den Gradltrager (Kurzwarenhändler, der von Haus zu Haus ging), den Schalverkäufer und die Quargelhändlerin, den Flecksieder (reinigte und kochte Rindermägen) und den Perlmacher (stellte Glasperlen her), den Zollstabmacher und den Schreib- und Bettfedernhändler, den Sägspänhändler und den Reifhändler (handelte mit Eisenreifen, zum Beispiel für Fässer). Der Fleischhauer verkaufte nur frisches Fleisch von selbstgeschlagenen Tieren, oft nur von einer Tierart (Rind-, Schaf-, Pferdefleischhauer). Die Wursterzeuger und -händler bildeten ebenso eine eigene Branche wie die Verkäufer von geselchtem Fleisch und Speck.

Um 1820 gab es in der Leopoldstadt vier Lederfabriken und eine Feuerspritzenfabrik, bis 1832 kamen sechs Wollfabriken, eine Zuckerraffinerie am Schüttel und die große Wagenfabrik Johann Engel in der Jägerzeile dazu, 1842 die erste Dampfmühle am Schüttel, bis 1847 die Wagenfabrik Heindorfer in der Großen Stadtgutgasse und die Maschinenfabrik Spriring in der Taborstraße. Die Fabriken entzogen vielen Handwerkern die Existenzbasis, so gingen zum Beispiel fast alle Wagner in der Leopoldstadt zugrunde, weil die Konkurrenz der Wagenfabriken zu stark war.

Zusammen mit den Zuwanderern, die aus allen Teilen der Monarchie in die Hauptstadt kamen, vor allem aus Böhmen, Mähren, Ungarn und der Slowakei, bildeten diese zugrunde gerichteten Handwerker mit ihren Gesellen das Arbeitskräftereservoir der Fabriken. Ein Arbeiter konnte von seinem Lohn, der bei einer Arbeitszeit von 14 bis 16 Stunden im Tag zwischen 50 und 60 Kreuzer ausmachte, unmöglich eine Familie ernähren. Nicht nur die Frauen – mit einem Tagesver-

dienst zwischen 25 und 40 Kreuzern – waren als Hilfskräfte tätig, sondern auch die meisten Kinder, die je nach ihrer körperlichen Entwicklung zwischen 12 und 20 Kreuzer verdienten.
Wohl in keiner anderen Wiener Vorstadt waren die Gegensätze zwischen arm und reich so groß wie in der Leopoldstadt. In der Nähe des Praters gab es die prunkvollen Herrschaftssitze der Adeligen, der Bankiers, der Fabrikanten und der Großkaufleute, beiderseits der Taborstraße die Elendsquartiere, in denen oft acht, zehn und mehr Personen in einem Wohnraum hausten.
Bemühungen, die Wirtschaft anzukurbeln, gingen vor allem von der Finanzwelt aus. Führend war dabei in den ersten drei Jahrzehnten des vorigen Jahrhunderts in Österreich das Wiener Bankhaus Arnstein und Eskeles. Es besaß in der Großen Mohrengasse 16 die erste Bankfiliale der Leopoldstadt. Es unterstützte die Bemühungen wohlhabender Geschäftsleute der Vorstadt, die neue Idee der Sparkasse in die Tat umzusetzen. Der Pfarrer von St. Leopold, Johann Baptist Weber, spielte dabei eine Vermittlerrolle und im Pfarrhaus kam es schließlich auch am 4. Oktober 1819 zur Gründung der Ersten Österreichischen Spar-Casse. Das Unternehmen wuchs rasch über den Bezirk hinaus, übersiedelte 1821 ins Deutsche Haus in der Singerstraße und 1827 in das heute noch bestehende Hauptgebäude am Graben.
In den vierziger Jahren verschlechterte sich die Lage jedoch immer mehr. In den Fabriken wurden immer mehr und größere Maschinen eingestellt, viele Arbeitskräfte wurden dadurch überflüssig, die Arbeitslosen, die keinerlei Unterstützung erhielten, wurden ins tiefste Elend gestoßen. Das Sterben der Handwerks- und

Gewerbebetriebe ging weiter, aber zum Unterschied von den zwanziger und dreißiger Jahren gab es nun kaum mehr freie Arbeitsplätze. Als es 1846 zu einer Mißernte kam, die zu großangelegten Spekulationen benützt wurde und damit zu empfindlichen Preissteigerungen führte, wurde die wirtschaftliche Krise und damit die allgemeine Verelendung voll wirksam.
Dazu kam eine tiefgehende politische Krise. Das verknöcherte, ebenso harte wie kleinliche Polizeiregime des Vormärz lastete drückend auf der Bevölkerung. Die Unterbindung jeder freiheitlichen Regung hemmte auch die wirtschaftliche Entwicklung und trug damit zur Verschärfung der Krise bei.

DIE REVOLUTION 1848

Die so oft zitierte Idylle der Biedermeierzeit erweist sich bei genauer Prüfung als Lüge. Die große Mehrheit der Bevölkerung lebte im Elend und war praktisch rechtlos, polizeiliche Willkür und Spitzelwesen lasteten über allem. Vor allem das Elend der Kinder, der Kranken und der Alten sind heute unvorstellbar.
Die große Teuerung, die im Winter 1847–1848 ihren Höhepunkt erreichte, führte zu zahlreichen Zwischenfällen. In der Leopoldstadt wie in anderen Vorstädten wurden wiederholt Geschäfte geplündert, Marktstände zertrümmert und Händler verprügelt.
Am 13. März kam der allgemeine Unmut offen zum Ausbruch. Zur Unterstützung einer Petition, in der sie Presse- und Redefreiheit und eine allgemeine Volksversammlung forderten, demonstrierten 4000 Studenten in der Herrengasse, wo im Landhaus die Vertreter der Stände tagten. Tausende Wiener schlossen sich ihnen an. Gegen die Demonstranten wurden Truppen

eingesetzt. Sie wurden mit Zurufen empfangen, doch nicht auf ihre Brüder zu schießen – und verweigerten daraufhin den Gehorsam. Nun wurden Soldaten aus den anderssprachigen Teilen der Monarchie eingesetzt. Sie gehorchten dem Schießbefehl. Es gab 23 Tote.

Die Nachricht verbreitete sich wie ein Lauffeuer und löste die offene Revolution aus. Binnen weniger Stunden brach das morsche Regime zusammen, der verhaßte Staatskanzler Fürst Clemens Wenzel Lothar Metternich mußte fluchtartig die Stadt verlassen.

Von Anfang an zeigten sich jedoch Gegensätze innerhalb der revolutionären Kräfte. Den Bürgern in Wien ging es um politische Rechte und wirtschaftliche Freiheiten, den Arbeitern in den Vorstädten um die Überwindung der sozialen Not. Als die Arbeiter aus den Vorstädten am Nachmittag des 13. März zur Unterstützung der Revolution nach Wien marschierten, wurden die Stadttore geschlossen und von Militär besetzt. Nun wandte sich die Wut der Arbeiter gegen die Reichen in ihrem eigenen Wohnbereich – und gegen die Maschinen, denen sie die Schuld daran gaben, daß so viele arbeitslos waren. In der Leopoldstadt kam es allerdings, zum Unterschied von den westlichen Vororten, wo Fabriken gestürmt und in Brand gesteckt wurden, zu keinen größeren Zwischenfällen.

Für den Zweifrontenkampf gegen die durch ihre Notlage aufgebrachten Arbeiter und gegen das gestürzte Regime wurde eine bewaffnete Bürgergarde gebildet, die Nationalgarde, auch die Studenten wurden bewaffnet (Akademische Legion). Zur Linderung der ärgsten Not der Arbeitslosen wurden Notstandsarbeiten organisiert, vor allem Erdarbeiten im Prater und in der Brigittenau. Zum Teil dienten diese

Arbeiten der Verbesserung des Geländes, der Aufschüttung von Gräben, Schaffung von Wegen und Beseitigung von Sümpfen. Manchmal wurden mangels anderer Aufgaben tiefe Gruben gegraben und dann wieder zugeschüttet. Die Zahl der Notstandsarbeiter betrug 15 000, zeitweise bis 20 000. Für einen zwölfstündigen Arbeitstag erhielten Erwachsene 20 und Kinder 15 Kreuzer. Notstandsarbeiten gab es allerdings nur bei günstigem Wetter, bei Regen blieben die Arbeiter ohne Einkommen. Deswegen kam es Anfang August zu den ersten Konflikten.
Am 19. August wurde der Tageslohn für Frauen auf 15, für Kinder auf 10 Kreuzer herabgesetzt. An den folgenden Tagen kam es zu mehreren Kundgebungen gegen diese Verfügung. Am 23. August ging die Wache gegen eine solche Demonstration am Tabor vor, Militär und Nationalgarde eilten zu Hilfe. Daraufhin bildete sich ein größerer Demonstrationszug von Arbeitern, der von Militär und Garde in den Prater gedrängt und dort zersprengt wurde. Die Arbeiter erhielten Zuzug und besetzten den Bereich des Nordbahnhofs. In Wien und den anderen Vorstädten kursierten wilde Gerüchte über die Vorgänge. Überall sammelten sich die Nationalgarden und marschierten in die Leopoldstadt. Als sich wieder ein Demonstrationszug der Arbeiter formierte, kam es in der Taborstraße zum Kampf. Militär und Nationalgarde schossen auf die Arbeiter, die sich mit Steinen und Holzprügeln wehrten. Das Ergebnis: bei den Arbeitern 18 Tote und 282 Verwundete, bei den »Ordnungsmächten« 4 Tote und 56 Verwundete. Wieder einmal wurde der Großteil der Verwundeten bei den Barmherzigen Brüdern betreut.
Der brutale Machteinsatz gegen eine friedliche Demonstration verschärfte die Gegensätze innerhalb der

revolutionären Kräfte. Es war nun vollends deutlich geworden, daß das Bürgertum für sich politische und wirtschaftliche Rechte verlangte, die es als Vorrechte gegenüber den Arbeitern nützen wollte. Der damals offen aufgetretene Konflikt zwischen den Klassen wirkte sich noch durch Jahrzehnte in der österreichischen Innenpolitik aus.

Dieser Konflikt schwächte die Revolution entscheidend und erleichterte den kaiserlichen Truppen den Angriff auf das revolutionäre Wien. Die zahlenmäßig stärkste revolutionäre Kraft, die Arbeiterschaft, war nicht mehr bereit, diese Revolution zu verteidigen; Nationalgarde und Studenten waren dazu, auf sich allein gestellt, zu schwach.

Die inneren Gegensätze wurden noch deutlicher, als Kriegsminister Graf Latour Truppen aus Wien zur Niederwerfung der Revolution in Ungarn entsenden wollte. Eine große Menschenmenge verhinderte am 5. Oktober die Abfahrt der Truppen vom Nordbahnhof. General Breda wollte mit weiteren Soldaten den Abtransport erzwingen, es kam zum Kampf, der General fiel. Auf dem Karmeliterplatz kam es neuerlich zu heftigen Kämpfen, die Soldaten mußten sich in die Brigittenau zurückziehen. Die Wiener Stadttore wurden wieder einmal geschlossen, doch auch beim Stephansplatz wurde gekämpft, Graf Latour wurde getötet, sein Leichnam auf einer Laterne aufgehängt.

Am 7. Oktober verließ der Kaiser Schönbrunn und fuhr nach Olmütz. Kaiserliche Truppen, vor allem aus den böhmischen Garnisonen und Kroaten, rückten gegen Wien vor. Ein Versuch, in dieser Situation die Arbeiter in die Bürgergarde einzureihen, schlug fehl, schreckte aber zugleich viele wohlhabende Bürger, die aus der Stadt flüchteten.

Am 23. Oktober erzwangen kaiserliche Truppen, die von Norden und Osten anmarschiert waren, bei Nußdorf und Klosterneuburg den Übergang über den Strom und bezogen in einem weiten Bogen von Nußdorf bis Simmering Angriffspositionen.
Am Abend des gleichen Tages drangen andere Truppen gegen den Tabor und die Brigittenau vor. Die Garde leistete Widerstand, mußte jedoch in den Augarten zurückweichen. Am 24. Oktober wurde die Brigittenau von den kaiserlichen Truppen besetzt, andere übersetzten in der Freudenau mit Schiffen den Donaukanal und besetzten den Prater.
Am 26. Oktober griffen die Kaiserlichen die gut ausgebaute Sternbarrikade auf dem Praterstern an. Der Angriff wurde von heftigem Artilleriefeuer gegen die Leopoldstadt unterstützt. Mehrere Häuser in der Praterstraße gingen in Flammen auf. Die Sternbarrikade wurde nach heftigen Kämpfen erobert, doch von der Bürgergarde zurückerobert. Das anhaltende Artilleriefeuer setzte das Schüttelbad, die Zuckerraffinerie, Steinkohlen- und Holzlager sowie mehrere Wohnhäuser in Brand.
Am 27. Oktober kam es zu erfolglosen Kontakten wegen der Übergabe der Stadt, es war Kampfpause. In der Leopoldstadt wurden Barrikaden gebaut. Am 28. Oktober um 11 Uhr begann der Angriff auf die Leopoldstadt. Zu heftigen und verlustreichen Kämpfen kam es vor allem in der Großen Stadtgutgasse, der Glockengasse und der Rotensterngasse, wo Barrikaden gebaut wurden. Um die Mittagszeit brannten alle Häuser am Praterstern und auf der Praterseite der Franzensbrückenstraße. Um 14 Uhr fiel die Sternbarrikade.
Die kaiserlichen Truppen rückten langsam durch die

Taborstraße, die Praterstraße und die Franzensbrükkenstraße vor, jedes Haus wurde umkämpft. Als letzte Bastion mußte am Abend die Barrikade in der Rotensterngasse geräumt werden.
Am 29. Oktober begannen Übergabeverhandlungen, für die eine zwölfstündige Waffenruhe vereinbart wurde. Da kam die Nachricht, daß ungarische Truppen dem revolutionären Wien zu Hilfe eilen. Noch einmal wurde versucht, den Widerstand zu organisieren. Aber am 30. Oktober wurden die Ungarn bei Schwechat von den Kaiserlichen zurückgeschlagen, jeder weitere Kampf wurde aussichtslos, am 31. Oktober kapitulierte Wien.
In der Leopoldstadt verzeichnete man 5000 Tote. Jede vierte Wohnung war unbenützbar, Tausende Familien hatten ihr bescheidenes Hab und Gut verloren, die meisten Fabriken und Werkstätten waren schwer beschädigt. Keine andere Vorstadt Wiens hatte so schwer gelitten.
Die Revolution war niedergeworfen, aber einige ihrer Errungenschaften konnten nicht mehr beseitigt werden: Die Aufhebung der Grundherrschaften und die daraus resultierende Autonomie der Gemeinden, die Befreiung der Bauern, die Lockerung der wirtschaftlichen Fesseln, mehr Freiheit für Industrie, Handel und Gewerbe. Für die Arbeiter blieb nichts, außer dem blutigen Strafgericht der Sieger.

BEZIRK LEOPOLDSTADT

Die Not war nach der Niederlage der Revolution größer als vorher, vor allem in der Leopoldstadt, wo der aus den Zerstörungen resultierende Wohnungsmangel die Mietzinse in die Höhe trieb und die Schäden in den

Fabriken die Zahl der Arbeitsplätze verminderten. Die Arbeitslosen verloren sogar die Möglichkeit der Notstandsarbeiten.

Das Bauwesen wurde zum wichtigsten Hebel eines neuen wirtschaftlichen Aufschwungs. An erster Stelle standen dabei militärische Gesichtspunkte: Ein Netz von Kasernen im Stadtbereich sollte künftige Revolutionen verhindern. Dazu gehörten die Franz Joseph-Kaserne (zwischen Wollzeile und Donaukanal, Mitteltrakt ungefähr anstelle des heutigen Postsparkassengebäudes, 1900–1901 abgebrochen), die Roßauer Kaserne, die Stiftskaserne und das Arsenal. 1857 genehmigte Kaiser Franz Joseph die Schleifung der mittelalterlichen Stadtbefestigungen, 1858–1860 wurde der Franz Josephs-Kai angelegt; damit bot Wien, von der Leopoldstadt aus gesehen, ein völlig verändertes Bild: Statt Mauern, Türmen, Toren und Basteien sah man nun eine breite Straße mit jungen Bäumen und die Häuser der Innenstadt. Zugleich begann der Bau der Ringstraße mit ihren repräsentativen Gebäuden und der Häuserzeilen bis zu dem Straßenzug, den die Wiener heute noch Lastenstraße nennen.

Die Trennung zwischen Wien und den Vorstädten war gefallen. Der schon 1848 stark diskutierte Gedanke, die Vorstädte mit der Stadt zu vereinen, hatte schon 1850 zu einem entsprechenden Beschluß geführt, der jedoch am Widerstand eines Teiles der insgesamt 34 Vorstädte scheiterte. Die Beseitigung der Stadtmauern half, diesen Widerstand zu überwinden. 1860 wurde die Vereinigung endgültig beschlossen und 1861 schließlich realisiert. Die Stadt wurde zum 1. Bezirk, die Vorstädte wurden in den Bezirken 2 bis 9 zusammengefaßt.

Der 2. Bezirk war damals größer als heute. Er umfaßte

außer den Vorstädten Leopoldstadt und Jägerzeile auch die Brigittenau und Kaisermühlen. Die Brigittenau wurde 1900 abgetrennt und zum selbständigen 20. Bezirk. Kaisermühlen kam 1938 zum damals neugebildeten Bezirk Großenzersdorf, der 1946 wieder verkleinert wurde und den Namen Stadlau erhielt und seit der Fixierung der derzeitigen Grenzen mit Niederösterreich im Jahre 1954 Donaustadt heißt.

HOCHWASSERKATASTROPHEN

Zu aller Not in den knapp neunzig Jahren vom Regierungsantritt Kaiser Joseph II. bis zur Bildung des Großstadtbezirkes Leopoldstadt kamen auch noch die schweren Schäden durch Hochwasserkatastrophen.
1771 überschwemmte die Donau die Jägerzeile und den Prater, zerstörte die große Donaubrücke und beschädigte die Schiffsmühlen schwer. Erst nach vier Wochen ging das Wasser zurück.
1775 zerstörte das Treibeis die neue Schlagbrücke. 1784 führte ein Eisstoß zu einer besonders schweren Überschwemmung. Von 24. Februar bis 7. März stand die Leopoldstadt unter Wasser, alle Brücken wurden abgerissen. 1785 trat die Donau zweimal aus ihren Ufern, 1786 sogar viermal, am 28. Juni, 11. Juli, 4. August und 20. August. 1787 dauerte das Hochwasser von 29. Oktober bis 2. November. Die Häufung von Hochwasser in vier Jahren deprimierte die Leopoldstädter, viele übersiedelten in weniger gefährdete Gebiete.
Die folgenden Jahre verliefen jedoch ohne Katastrophen. Erst 1799 bildete sich wieder ein Eisstoß, der ein Hochwasser auslöste, das die Brücken wegriß. 1813 richtete ein Hochwasser besonders schwere Schäden

an. Anfang 1820 kam es dreimal zu Eisstoßbildungen. Dazwischen gab es noch andere Naturkatastrophen. Schwere Stürme richteten am 5. Februar und 6. Juni 1776, am 4. und 8. Jänner 1777, am 8. August 1779 und am 6. Mai 1783 erhebliche Schäden an. Im Winter 1777–1778 fiel so viel Schnee, daß die Leopoldstadt tagelang völlig von der Umwelt abgeschnitten war. Viel Unruhe, aber keine größeren Schäden verursachten Erdbeben, die am 15. Jänner 1774, am 22. April 1783 und am 6. Februar 1794 registriert wurden.

Das folgenschwerste Hochwasser aller Zeiten traf die Leopoldstadt im Jahre 1830. Es war so verhängnisvoll, weil es ein bereits dichtbesiedeltes Gebiet erfaßte.

Schon im November 1829 setzte der äußerst harte Winter ein, im Jänner bedeckte ein Eisstoß die Donau. Mitte Februar setzte Tauwetter ein, am 27. Februar brach das Eis, der Verkehr über die große Donaubrükke mußte eingestellt werden. Um Mitternacht riß das Eis die Brücke weg. Die Donau trat über die Ufer, Teile der Praterstraße wurden überflutet, aber im Laufe des 28. Februar begann das Wasser zu sinken, die Gefahr schien gebannt. Im Donaukanal und im Kaiserwasser festigte sich allerdings am Abend der Eisstoß wieder. Gegen Mitternacht kam ein heftiger Sturm auf, bald darauf hörte man aus der Brigittenau ein unheimliches Getöse und Alarmschüsse: Die Dämme waren gebrochen. Kurz darauf brach eine mächtige Flutwelle über die Leopoldstadt ein. Das geschah so rasch, daß die am Donaukanal aufgestellten Wachen nur noch in die nächsten Häuser flüchten konnten. Das Wasser brachte die Mauern des Augartens zum Einsturz, es riß Bäume, Holz, Zillen mit sich und drang mit furchtbarer Kraft in die Straßen und Gassen ein. Der Sturm löschte die Straßenlampen aus, zum Toben der Wassermassen kam völlige Finsternis. Die ebenerdigen Häuser standen bis zu den Dächern im Wasser, bald wurden auch die ersten Stockwerke der höheren Gebäude überflutet. Die meisten Menschen schliefen, als das Unheil einbrach. Mehrere ertranken, die meisten konnten durch Flucht auf die Dächer oder in höhere Stockwerke ihr Leben retten.

In den Morgenstunden des 1. März war die Katastrophe in vollem Ausmaß erkennbar. In den Straßen stand das Wasser bis zu drei Meter hoch. Zum ersten Mal waren auch die Leopoldstädter Pfarrkirche sowie das Spital und die Apotheke der Barmherzigen Brüder vom Hochwasser betroffen. Die Hauptallee glich einem reißenden Strom, in dem mächtige Eisschollen trieben. Mit Booten brachte man den Menschen, die in ihren Häusern eingeschlossen waren, Lebensmittel und Trinkwasser. Gefährdete Personen wurden geborgen. Diese Einsätze waren wegen des Treibeises und der im Wasser schwimmenden Bäume und Trümmer sehr gefährlich, mehrere Boote wurden leckgeschlagen oder kenterten.

Am 2. März begann sich der Eisstoß im Donaukanal aufzulösen, langsam sank das Wasser. Am 4. März war die Leopoldstadt vom Wasser frei, am 10. März ging auch der Eisstoß im Kaiserwasser ab. In den Wiener Vorstädten waren 74 Todesopfer zu beklagen, davon 48 in der Leopoldstadt. 681 Häuser waren beschädigt, 79 davon so schwer, daß sie nicht mehr bewohnbar waren. 328 Menschen waren aus höchster Lebensgefahr gerettet worden. Dabei tat sich besonders der Schiffsmeister Hans Lassingleithner hervor, der mit seiner Zille schon in der ersten Nacht 17 Menschen aus unmittelbarer Gefahr barg, an den folgenden Tagen weitere 109.

Das letzte große Hochwasser, von dem die Leopoldstadt betroffen wurde, trat 1862 auf. Nach strenger Winterkälte setzt am 29. Jänner plötzlich Tauwetter ein. Die Donau stieg rasch. Am 2. Februar waren Höfe und Keller der tiefer gelegenen Teile der Leopoldstadt überflutet, der Eisenbahnverkehr mußte eingestellt werden, die kleine Siedlung Fischerhaufen (zwischen Nordbahn und Kaiserwasser) wurde geräumt. Aus dem Prater flüchteten Hirschen und Rehe bis zum Nordbahnhof. Am 3. Februar standen die ganze Brigittenau, der Prater und ein großer Teil der Leopoldstadt unter Wasser. Im 2. Bezirk mußten mehr als 1500 Menschen aus ihren Wohnungen evakuiert und in der Reiterkaserne oder in Gasthöfen untergebracht werden. Am 5. Februar erreichte die Katastrophe ihren Höhepunkt, das Wasser drang aus den Kanälen in die noch verschont gebliebenen Bezirksteile. Der Karmeliterplatz glich einem See. Am 7. Februar begann das Wasser zu sinken.
Wieder hatten Hunderte Familien ihren ganzen Besitz verloren. Alle Brücken waren beschädigt, der Augarten war verwüstet.
Am 12. Februar 1871 trat der Donaukanal über sein linkes Ufer und schwemmte Eisschollen gegen die Leopoldstadt. Um 14 Uhr mußten die ebenerdigen Wohnungen der Oberen und der Unteren Donaustraße geräumt werden, am Abend war auch die Taborstraße überflutet. Das Wasser sank jedoch am nächsten Tag wieder, es kam zu keinen größeren Schäden mehr.
Damals wurde bereits an der 1875 angeschlossenen Donauregulierung gearbeitet, die seither die Leopoldstadt vor solchen Katastrophen bewahrt hat.

Der Prater

Was der Prater für Wien bedeutet und welchen internationalen Ruf er genießt, haben große Dichter beschrieben.

Johann Wolfgang Goethe läßt Mephisto in der 1801 geschriebenen Walpurgisnacht seines »Faust« einladend sagen: »Komm doch das Hügelchen heran; Hier ist's so lustig wie im Prater«.

Adalbert Stifter schrieb um 1845 eine Skizze »Der Prater«, in der es heißt: »Wenige Hauptstädte in der Welt dürften so ein Ding aufzuweisen haben wie wir unsern Prater. Ist es ein Park? Nein. Ist es eine Wiese? Nein. Ist es ein Garten? Nein. Ein Wald? Nein. Eine Lustanstalt? Nein. – Was denn? Alles dies zusammengenommen. Im Osten der Stadt Wien liegt eine bedeutende Donauinsel, ursprünglich ein Auland, wie so viele Inseln der Donau, wo sie Flachland durchströmt, aber im Laufe der Zeit zu einem reizenden Gemische geworden von Wiese und Wald, von Park und Tummelplatz, von menschenwimmelndem Spazierplan und stillster Einsamkeit, von lärmenden Kneipengarten und ruhigem Haine. – Viele Wiener mag es geben, die die Reize und Schönheiten ihres Praters nicht kennen, wenn er auch noch so besucht ist; denn so betäubend das Gewimmel an einigen Stellen, besonders zu gewissen Zeiten, ist, so einsam, wie in der größten Einöde, ist es an andern, so daß man wähnen sollte, wenn man diese Wiesen und Gehölze entlangschritte, müsse man eher zu einer artigen Meierei gelangen als zu der riesenhaften Residenz einer großen Monarchie – aber gerade diese riesenhafte Residenz braucht einen riesenhaften Garten, in den sie ihre Bevölkerung ausgießt und doch noch Teile genug leer läßt für den einsamen

Wandler und Beobachter – und wohl uns, daß wir den Prater haben.«
Die älteste Erwähnung des Praters wurde in einer Urkunde Kaiser Friedrich I., ausgestellt am 2. Juli 1162 in Bologna, gefunden: Der Kaiser schenkte ein »Allod« (ein freies Gut zum Unterschied vom Lehensgut) »quod dicitur pratum« (das Pratum genannt wird) dem »Conradus, qui dicitur de Prato« (Konrad, der ›vom Pratum‹ genannt wird). »Pratum« ist lateinisch und heißt Wiese. Zweifellos stammt das Wort »Prater« – das, Pratter geschrieben, erstmals 1403 in Urkunden auftaucht – davon ab. Es gibt zwar noch zwei andere Erklärungsversuche, die aber sicher falsch sind. Der eine bringt den Prater mit dem Prado in Madrid in Zusammenhang; von ihm wußte man aber im Mittelalter in Wien kaum etwas. Der andere will die Ortsbezeichnung davon ableiten, daß der Prater wegen seiner langgestreckten Form Ähnlichkeit mit einem Bratspieß habe und daß überdies Kaiser Leopold I. den Jesuiten versprochen habe, ihnen den Prater zu schenken, es sich dann überlegt und ihnen als Entschädigung einen Bratspieß geschenkt habe. Auch wenn ein bedeutender Lokalhistoriker wie Richard Müller (1843–1915, schrieb eine wichtige »Geschichte der Stadt Wien«) diese Theorie vertritt, ist sie nicht ernst zu nehmen.
Als Prater wurde ursprünglich nur ein kleiner Teil des heutigen Gebietes bezeichnet, nämlich eine Donauinsel nördlich der Freudenau, zwischen Donauarmen, die heute noch am Lusthauswasser und dem Mauthnerwasser einerseits, den Gewässern der Lobau (Kleines und Großes Schilloch) andrerseits erkennbar sind. Die bereits erwähnte Urkunde aus dem Jahre 1403, mit der Albrecht IV. der Gemeinde Stadlau drei Auen als Lehen überläßt, nennt diese Scheiben, Segengrundt

und Pratter. Bald darauf dürfte für alle drei Auen die gemeinsame Bezeichnung Prater angewandt worden sein, im 18. Jahrhunder wurde sie schließlich auf den heutigen Bereich ausgedehnt.
Ursprünglich gab es zahlreiche Grundbesitzer im Prater, vor allem Klöster (Klosterneuburg, Augustiner, Himmelpfort Kloster, St. Anna, später als Erben des Annenklosters die Jesuiten, daher heute noch Jesuitenwiese) und die Anrainergemeinden Stadlau und Erdberg. Maximilian II. ordnete 1560 den zwangsweisen Ankauf der Gründe an, um ein einheitliches Jagdgebiet zu schaffen. Die Grenze des Praters zum Unteren Werd bildete damals der Fugbach, der beim Tabor vom Fahnenstangenwasser abzweigte, über den Praterstern zum Schüttel floß und bei der Verbindungsbahnbrücke in den Donaukanal mündete. Der Prater wurde mit Planken umzäunt.
Gejagt wurden Hirsche, Rehe, Fasane, Wildschweine, Wölfe, Dachse, Hasen, Füchse und Schnepfen. Die Gemeinde Erdberg mußte die Treiber stellen. Auch noch nach der Öffnung des Praters wurden große Treibjagden abgehalten, die letzte am 16. Jänner 1791: Aus dem Fasangarten wurden Wildschweine in die Nähe des Lusthauses getrieben, anschließend gab es ein Fuchsprellen. Hirschjagden gab es noch bis 1880, Niederwildjagden bis 1920.
Da immer wieder Wilderer und Holzsammler in den Prater eindrangen, erließ Rudolf II. 1592 eine Verordnung, die das unbefugte Betreten des Praters mit strenger Strafe bedrohte. Er beauftragte den Forstknecht Hans Bengel mit der Überwachung dieser Verordnung. Bengels Grobheit wurde sprichwörtlich, sein Name ging als Bezeichnung für einen rüden und boshaften Menschen in die Umgangssprache ein. (In

unserem Jahrhundert wurde der Sinn des Wortes etwas harmloser, heute wird es nur mehr für übermütige Kinder angewendet.)

1641 erneuerte Ferdinand III. das strenge Verbot, den Prater zu betreten. Ein Verstoß dagegen wurde mit einer Geldstrafe geahndet, die Wiederholung mit Gefängnis. Offenbar wurde das Verbot trotzdem übertreten, denn 1675 gab Leopold I. eine neue Verordnung gleichen Inhalts heraus. Nur Adeligen und hohen Hofbeamten durfte der Forstmeister erlauben, über die seit 1537 bestehende Hauptallee zu fahren oder zu reiten.

Maria Theresia erlaubte 1759 dem »redoutenmäßigen Adel« (also dem höheren Adel, der zur Hofredoute eingeladen wurde), den Prater zu besuchen, mahnte allerdings, mit Rücksicht auf das Wild nur die Hauptallee und deren nahe Umgebung zu betreten und keine Hunde mitzunehmen, ausgenommen ganz kleine Hündlein, die »denen Damesen erlaubt seyn sollen«.

Josef II. gab mit dem »Avertissement« (Benachrichtigung) vom 7. April 1766 den Prater frei: »Es wird anmit jedermanniglich kund gemacht, wasmaßen Se. Kaiserl. Majest. aus allerhöchst zu dem hiesigen Publico allermildest hegenden Zuneigung Sich allergnädigst entschlossen und verordnet haben, daß künftighin und von nun an zu allen Zeiten des Jahrs und zu allen Stunden des Tags, ohne Unterschied jedermann in den Bratter sowohl als auch in das Stadtgut frey spazieren zu gehen, zu reiten und zu fahren, und zwar nicht nur in der Hauptallee, sondern auch in den Seitenalleen, Wiesen und Plätzen (die allzu abgelegenen Orte und dicke Waldungen, wegen sonst etwa zu besorgenden Unfugs und Mißbrauchs alleinig ausgenommen) erlaubet, auch Niemanden verwehrt seyn soll, sich daselbst mit Ballonschlagen, Kegelscheiben und anderen erlaubten Unterhaltungen eigenen Gefallens zu divertieren: wobey man sich aber versiehet, daß niemand bey solcher zu mehrerer Ergötzlichkeit des Publici allergnädigst verstattenden Freyheit sich gelusten lassen werde, eine Unfüglichkeit, oder sonstig unerlaubte Ausschweifung zu unternehmen, und anmit zu einem allerhöchsten Mißfallen Anlaß zu geben.«

DER WURSTLPRATER

Am 19. April 1766 genehmigte der Kaiser auf Anfrage des Oberstjägermeisters »allen burgerlichen Gastgebern und Coffeesiedern, welche in dem Bratter tractieren, Wein, Bier, Coffee und dergleichen ausschenken, auch zu diesem Ende Zelten aufschlagen, oder andere Bequemlichkeiten daselbst verschaffen wollen, die Erlaubnis dazu gratis erteilen zu lassen.«
Noch im gleichen Monat meldeten sich 66 Wein-Wirte, 46 Bier-Wirte und »allerhand Coffee-Sieder, Lebzelter, Fleischselcher, Bradelpratter, Kaßstecher« sowie ein Limonihandler, eine Krapfenbacherin, ein Chocolattenmacher, ein Händler mit »Sallath und Räthig« und mehrere Öbstler an.
Im sogenannten Stadtgut, einem der Gemeinde Wien gehörenden Gelände im Bereich Taborstraße – Novaragasse – Nordbahngelände, hatten sich seit dem 17. Jahrhundert zahlreiche Gastwirte und Vergnügungsattraktionen angesiedelt. Die meisten von ihnen übersiedelten binnen weniger Monate in den Prater, dazu kamen noch viele andere aus Wien und den anderen Vorstädten. Trotz ungünstiger Witterung im Frühjahr und Sommer 1766 war der Prater von Anfang an vor

allem an Sonn- und Feiertagen ungemein stark besucht.

Am 7. Juni 1766 wurde das Betreten des Praters an Sonntagen vor 10 Uhr verboten. Statthalter Franz Ferdinand Graf von Schrattenbach hatte den Kaiser darum ersucht, weil »allermaßen besonders die gemeinen und Dienst Leuthe das Spazierengehen in den Bratter dem Heil. Gottes Dienst vorziehen dörften«. 1775 wurden die Gitter am Eingang des Praters weggerissen, der Großteil der Planken um den Prater war bereits weg, das Sonntagmorgenverbot war damit hinfällig.

Am 1. Mai 1766 erhielt der Sprachlehrer Johann Damen die Erlaubnis, die erste Hutschen und das erste Ringelspiel, in dem man in Schlitten saß, aufzustellen. Die Bezeichnung »Ringelspiel« ist davon abgeleitet, daß die Gäste bei der Rundfahrt an aufgehängten Ringen vorbeikamen und mit lanzenartigen Stangen, die man sich ausleihen konnte, in diese Ringe zu stechen versuchten. Dieses »Ringelstechen« war ein beliebtes Spiel, mit dem sich die jungen Männer vor den Mädchen produzierten. Es wurde noch Mitte des vorigen Jahrhunderts in einigen Prater-Ringelspielen ausgeübt.

1782 wurden im Wurstlprater, wie er nun schon genannt wurde, 47 Bauwerke verzeichnet. Es waren 43 Wirtshäuser, zwei Ringelspiele, die »Optica nova« (wo ein Panorama von London, später auch von Wien, Prag, Paris, Gibraltar und St. Petersburg zu sehen war) und eine Hütte, in der »mechanische Vögel« zu sehen waren. 1787 gab es schon 60 Hütten. Nicht extra verzeichnet sind Ringelspiele, die zu einem Wirtshaus gehören, Kegelbahnen, Schaukeln und Haspeln (senkrecht stehende Räder, an denen vier Sitzgelegenheiten

frei schwingend angebracht waren), Ballspielgelegenheiten (es wurde vor allem Federball gespielt) und Podien, auf denen Artisten auftraten, Theatertruppen gastierten und Puppentheater (Kasperltheater) geboten wurde.
1793 wurde verfügt, daß alle Praterbuden zwischen Allerheiligen und Ostersonntag geschlossen bleiben müssen und in dieser Zeit niemand ständig im Prater wohnen darf. Den Gastwirten wurde verboten, weibliches Servierpersonal zu beschäftigen.
Zwischen 1782 und 1790 wurden an der Hauptallee anstelle älterer Gasthäuser drei Kaffeehäuser gebaut, die als Erstes, Zweites und Drittes Kaffeehaus sehr populär wurden. Im Ersten Kaffeehaus (heute ist dort ein Kinderspielplatz) konzertierte Beethoven, später dirigierte hier oft Lanner, es gab Varietévorführungen, ein Gastspiel arabischer Sänger und Tänzer und die Hungerkünstlerin Auguste von Schenk hungerte im Kaffeehaus vor den schmausenden Gästen 21 Tage lang. 1938 wurde das Erste Kaffeehaus geschlossen, 1945 vernichtet. Das Zweite Kaffeehaus war größer und eleganter, es hatte einen großen Salon und ein Billardzimmer, Johann Strauß Vater und Sohn und Ziehrer dirigierten oft hier. 1945 wurde auch dieses Gebäude völlig zerstört. Das Dritte Kaffeehaus, das 1802 als erste Pratergaststätte auch im Winter bewirtschaftet werden durfte, hatte ab 1869 eine große Halle, die mehrmals umgebaut wurde und in ihrer Glanzzeit 5000 Personen faßte. Hier gab es Konzerte, Sängerfeste, Theater- und Varietévorstellungen und Bälle. Am 24. Jänner 1920 brannte das Dritte Kaffeehaus während eines Naturfreundeballs ab, wurde jedoch neu gebaut. Bis 1939 spielte jeden Sonntag eine Militärkapelle. 1945 wurde das Lokal nicht vollständig zerstört,

es konnte provisorisch instandgesetzt werden, wurde jedoch 1962 abgetragen. An seiner Stelle entstand die große Bowling-Halle.
Immer neue und originelle Attraktionen gab es im Prater. In der Biedermeierzeit konnten Kinder auf Ziegen reiten, Erwachsene einen Riesenschuh bewundern, in dem ein Mensch bequem Platz hatte, und ein sechs Meter hohes Faß, es gab Schießbuden und ab 1827 das erste Wachsfigurenkabinett, Harfenisten unterhielten die Spaziergänger mit ihren volkstümlichen Liedern und Zauberer verblüfften mit ihren Kunststükken. Am erfolgreichsten aber blieben die Wirtshäuser. In den beiden größten Gaststätten – »Zum wilden Mann«, vermutlich schon seit 1766 bestehend, und daneben »Zum grünen Paperl« (allgemein nur »Paperl« genannt, wienerische Kurzform für Papagei), 1873 abgebrochen – sollen jährlich 22 000 Backhendeln verzehrt worden sein. Die »Wiener Allgemeine Zeitung« berichtet, daß am Pfingstsonntag 1852 im Prater 12 000 Hühner, 4000 Gänse und 300 Ochsen verbraucht wurden.
Der Prater war allerdings auch ein Zentrum der Kriminalität, der Prostitution und des Bettelns, trotz eines großen Polizeiaufgebotes. Kaum ein Jahr verging ohne mehrfachen Mord und Totschlag, ein Bericht von 1824 spricht von »Räuber- und Mörderhöhlen« im Prater. Er war vor allem ein Paradies für Taschendiebe. Der Privatdetektiv Birnbaum, der sich auf die Bekämpfung der »Taschelzieher« spezialisiert hat, soll zwischen 1900 und 1912 mehr als tausend von ihnen auf frischer Tat ertappt haben.
Zu den ernsten Problemen gehörten auch die Überschwemmungen, die bis zur Beendigung der Donauregulierung 1875 häufig den Prater heimsuchten.

Für das Weltausstellungsjahr 1873 wurde der Prater »reguliert«, unter heftigem Protest der Zeitungen, die in der Neugestaltung eine Verschandelung sahen. Es wurden befestigte Wege angelegt, Vorschriften für die Gestaltung der Hütten durchgesetzt, zahlreiche Bäume gefällt und die Zahl der Praterhütten von 82 auf 187 erhöht. Im wesentlichen erhielt der Wurstlprater damals die Form, die er bis 1945 hatte.
Die Wirtschaftskrise im Weltausstellungsjahr traf auch den Prater hart, viele Praterunternehmer mußten zusperren, etliche Hütten wurden abgebrochen. Aber der Wurstelprater erholte sich bald wieder. Die Elektrizität ermöglichte neue Attraktionen wie die Grottenbahnen, Geisterbahnen und die Hochschaubahn, am Beginn unseres Jahrhunderts folgten das erste Autodrom und bald auch die Kinos.
1896 begannen der englische Ingenieur Walter B. Basset und sein Mitarbeiter Ing. Hitchins mit dem Bau des Riesenrades, der am 21. Juni 1897 fertig war. Vier Tage später drehte es sich zum ersten Mal mit Fahrgästen. Die anderen Riesenräder, die Basset und Hitchins gebaut haben (Chicago, London, Blackpool und Paris) wurden längst abgetragen, nur das Wiener blieb bestehen und überstand auch den Feuersturm im April 1945. Allerdings wurden damals die 30 Waggons zerstört. Sie wurden durch 15 neue ersetzt, am 25. Mai 1947 wurde der Betrieb wieder aufgenommen. Das Rad liegt genau in Nord-Süd-Richtung. Es hat einen Durchmesser von 61 Metern, der höchste Punkt liegt 64,75 Meter über dem Boden, die Eisenkonstruktion wiegt 430 Tonnen. Das Riesenrad dreht sich mit einer Geschwindigkeit von 0,75 Metern in der Sekunde.
Im April 1945 wollte die deutsche 6. Panzerdivision den Prater zum Verteidigungsbereich gegen die entlang

der Donau heranrückenden sowjetischen Truppen machen. Am 8. April brach im Wurstelprater ein Feuer aus, das fast alles vernichtete. Am 10. April wurde der Prater von den sowjetischen Truppen nahezu kampflos besetzt.
Es gab fast nichts zu essen, kein Baumaterial, keine Maschinen und Werkzeuge, aber die Praterleute dachten in ungebrochenem Optimismus an den Wiederaufbau. Am 6. November 1945 wurde die Praterbetriebsgesellschaft m. b. H. gegründet, an der die Stadt Wien mit 52 Prozent sowie die Innung der Gastwirte und der Verband der Praterunternehmer mit je 24 Prozent beteiligt waren.
353 Bombentrichter, 982 Schützenlöcher, 9 Schützengräben mit einer Gesamtlänge von 340 Metern, 24 Splittergräben und zwei aus unbekannten Gründen erfolgte riesige Erdaushübe in der Rustenschacherallee mußten beseitigt werden, 548 Autowracks waren abzuschleppen, Tausende beschädigte Bäume waren umzuschneiden, neue Bäume zu pflanzen.
1953 waren alle Kriegsschäden beseitigt, der Wurstlprater stand wieder – in modernerer Form– in vollem Betrieb. Die Praterbetriebsgesellschaft m. b. H. konnte am 31. Dezember dieses Jahres aufgelöst werden, sie hatte ihre Aufgabe erfüllt: in schwierigster Notzeit die Wiederherstellung des Wurstelpraters zu ermöglichen.

DIE LILIPUTBAHN

Kleinbahnen haben im Prater eine alte Tradition. 1873 wurde anläßlich der Weltausstellung eine Petroleumbahn erbaut, die vom Zirkus Busch durch die Venediger Au zur Rotunde fuhr. 1883 verkehrte anläßlich der internationalen »Elektrischen Ausstellung« die erste elektrische Bahn der Welt zwischen dem Bereich der jetzigen Schleife der Straßenbahnlinie 5 und der Rotunde. Sie erreichte auf der 1,5 km langen Strecke eine Höchstgeschwindigkeit von 30 Stundenkilometern. Zur Land-und-Forstwirtschafts-Industrie-und-Kunst-Ausstellung 1890 und zur Ausstellung für Spiritusverwertung und Gärungsindustrie 1904 verkehrten wieder Spiritusbahnen zwischen Praterstern und Rotunde. Die Wiener nannten diese Spiritusbahn liebevoll-geringschätzig »Schnackerlbahn«.

1928 wurde die Liliputbahn erbaut. Ursprünglich fuhr sie nur bis zur Rotunde, 1933 wurde sie bis zum Stadion ausgebaut. Die 4,2 km lange Strecke wird mit einer Geschwindigkeit bis zu 25 Stundenkilometern in 20 Minuten zurückgelegt. Die Liliputbahn wurde als verkleinerte Ausgabe der klassischen Dampflok-Eisenbahn mit einer Spurweite von 381 mm erbaut, heute werden auch Dieselloks eingesetzt. Jede Zugsgarnitur faßt 200 Fahrgäste.

1945 brannten die drei Lokomotiven und die Waggons aus, was von den übrigen Einrichtungen erhalten blieb, vor allem die Schienen, wurde großteils von Wienern und von sowjetischen Soldaten entwendet. Es gelang jedoch, die Liliputbahn wiederherzustellen, am 1. Mai 1947 fuhr der erste neue Zug.

Die Liliputbahn ist eine der wenigen Praterattraktionen, die voll an die Tradition der Zeit vor 1945 anknüpfen.

FEUERWERKE, LUFTSCHIFFE, FESTE

Der Prater spielte aber auch außerhalb des Wurstlpraters immer eine wichtige Rolle für das Vergnügungsleben.

Durch mehr als ein Jahrhundert waren Feuerwerke eine besondere Attraktion. Die ersten dürften schon vor der Öffnung des Praters für geladene Gäste geboten worden sein. Am 24. Mai 1771 bot Peter Paul Girandolini, Kunstfeuerwerker, »zum allerersten mal im Prater ein großes und neues Kunstfeuer, den Tempel des Gottes Mars darstellend«. 1773 erhielt Girandolini einen Konkurrenten, den aus Schwaben zugewanderten Johann Georg Stuwer. Ab 1777 bot Stuwer mehrmals jährlich auf der Feuerwerkswiese, in der Gegend der heutigen Stuwerstraße, seine großen Feuerwerke. Er ließ die Wiese umzäunen, Zuschauergalerien und eine Tribüne erbauen; der Eintritt kostete auf der ersten Tribüne 1,40 Gulden, auf der zweiten einen Gulden, auf der dritten 20 Kreuzer. Bis zu 15 000 Zuschauer sollen gekommen sein. In Wien sagte man zwar, wenn der Stuwer ein Feuerwerk ankündige, sei das eine Garantie für schlechtes Wetter, aber die Wiener kamen trotz der häufig vom Wetter erzwungenen Verschiebungen der Feuerwerke immer wieder. Stuwer, der auch eine Fabrik für Feuerwerkskörper gründete, starb am 4. Jänner 1802 im heutigen Haus Große Sperlgasse 4, 70 Jahre alt, als reicher Mann. Erst nach seinem Tod erfuhren die Wiener, daß der jedem Kind bekannte Mann richtig Stubenrauch hieß.
Seine Nachkommen brannten bis 1879 regelmäßig Feuerwerke im Prater ab, nachher noch fallweise, so zum 50. Geburtstag von Kaiser Franz Joseph I. 1880 auf der Feuerwerkswiese, bei der Vermählung von Kronprinz Rudolf 1881 auf der Jesuitenwiese und bei der Gedenkfeier an die zweite Türkenbelagerung 1883. Im Jahre 1900 zog sich der letzte aus der Feuerwerkerdynastie Stuwer, Anton Stuwer, der Urenkel von Johann Georg Stuwer, ins Privatleben zurück, 1905 starb

er. Die Firma Pinto übernahm die Feuerwerks-Tradition, die noch jährlich beim Praterrummel und bei anderen großen Veranstaltungen erfolgreich weitergeführt wird.
Johann Georg Stuwer war auch auf einem anderen Gebiet führend – in der Luftschiffahrt im Prater. 1782 hatte Montgolfier in Avignon den ersten Ballonaufstieg gewagt. 1784 versuchte Stuwer einen Probeaufstieg unter Polizeiaufsicht mit einem Fesselballon. Er gelang. Am 6. Juli gab es vor 15 000 Zuschauern den ersten öffentlichen Ballonaufstieg in Wien. Am 26. Juli und 25. August wurde das Schauspiel wiederholt. Bei der dritten Vorführung riß das Halteseil infolge eines Sturms, der Ballon wurde zur Donau getrieben. Joseph Richter berichtete in seinen Eipeldauer-Briefen: »Da haben s' angfangen ein Lärm z'schlagen und sind alle Hals und Kopf gegn d'Donau gloffen. Da hätt's den Spaß sehen solln. Wie wir hinkommen sind, ist d' Luftkugel auf den Boden niedergsunken, und so spassig – die eine Hälfte der Kugel ist auf dem Land bliem und die andere im Wasser . . . aber wenn s' um ein Minuten ehender niedergangen warn, so warn s' alle ersoffen.«
Bei einem neuen Versuch am 28. Juli 1785 geriet der Ballon in Brand. Bevor die Flammen die Gondel erreichten, stürzte der Ballon in die Donau, die Insassen konnten geborgen werden.
Jean Pierre Blanchard hatte 1784 vom Pariser Marsfeld aus den ersten Freiflug mit einem Ballon durchgeführt, 1785 war er über den Ärmelkanal geflogen. Als er 1791 nach Wien kam, um hier den ersten Freiflug vorzuführen, hatte er schon 37 Flüge hinter sich. In Wien hatte er Pech. Zwei Startversuche mißglückten, nach dem zweiten Mal mußte er vor der wütenden Menge, die ihn

für einen Schwindler hielt, in Schutzhaft genommen werden. Doch der dritte Versuch, zu dem trotz allem wieder Tausende Menschen kamen, glückte am 6. Juli. Blanchard flog um 12 Uhr vom Prater ab und landete um 1 Uhr in Großenzersdorf.

In den folgenden Jahrzehnten gab es noch viele – geglückte und mißglückte – Flugversuche im Prater. Ein Höhepunkt waren die Flüge von Jakob Degen in den Jahren 1808 bis 1810. Er hatte ein Gestell aus Eisenstäben gebaut, dessen Form einem Flugzeug des 20. Jahrhunderts ähnelte. Die mit Ventilen versehenen Flügel bewegte er mit Händen und Füßen, ein kleiner Ballon trug diese erste lenkbare Flugmaschine Wiens. 1820 produzierte sich Wilhelmine Reichard als erste Frau in einem Ballon.

Die letzten Schauflüge im Prater gegen Ende des vorigen Jahrhunderts waren mit artistischen Darbietungen verbunden. So stieg am 5. Juni 1886 Edoardo Spelterini vom Trabrennplatz mit einem Ballon auf, dabei hing die Artistin Leona Daré mit den Zähnen an einem am Ballon befestigten Trapez.

Der Prater war auch Endpunkt des ersten großen österreichischen Autorennens, der Fernfahrt Paris–Wien im Jahre 1903. An der gleichen Stelle gab es 1925 das letzte große Fiakerfest, an dem 500 Wagen teilnahmen.

Unter den vielen Praterfesten waren die Kaiserfeste besonders spektakulär. Das erste fand am 29. April 1854 anläßlich der Vermählung Franz Josephs mit Elisabeth statt, 200 000 Menschen nahmen teil. Noch größer war die Beteiligung am 27. April 1879, als die Silberne Hochzeit des Kaiserpaares gefeiert wurde. Hans Makart hatte dafür einen großartigen Festzug arrangiert. Von 1863 bis zum Ersten Weltkrieg wurde

jährlich zum Geburtstag des Kaisers im August ein Praterfest abgehalten.
Am 24. und 25. Mai 1885 veranstaltete die Wiener Freiwillige Rettungsgesellschaft ein Wohltätigkeitsfest, bei dem Alexander Girardi zum ersten Mal das Fiakerlied sang.
1928 fanden zwei große Sängerfeste im Prater statt, im Juli das Deutsche Sängerbundfest, zu dem 150 000 Gäste nach Wien kamen, und im August das Fest des Österreichischen Arbeitersängerbundes anläßlich seines sechzigjährigen Bestandes. Für beide Veranstaltungen war an der Hauptallee eine Sängerhalle gebaut worden, die 182 Meter lang, 110 Meter breit und 25 Meter hoch war, damals die größte Holzhalle der Welt. 33 000 Sänger fanden auf dem Podium Platz, daneben 60 000 Zuhörer.
Nach den Verwüstungen des Zweiten Weltkrieges fand am 5. Juli 1948 als erste Veranstaltung ein Blumenkorso statt, seit dem gleichen Jahr gibt es jährlich im August den Praterrummel. Die größte Veranstaltung seither war das Fest »200 Jahre Wiener Prater« im Jahre 1966.

DER 1. MAI

Besonders lebhaft ging es im alten Prater am 1. Mai zu. Schon vor der Öffnung des Praters gab es an diesem Tag alljährlich eine festliche Auffahrt blumengeschmückter Wagen. Vom 1. Mai 1854 wird berichtet, daß die Wagen schon um 5 Uhr früh vom Praterstern bis zum Stephansplatz standen.
Im Jahre 1890 erhielt der 1. Mai im Prater ein neues Gesicht. 1889 hatte der Gründungskongreß der Zweiten Arbeiterinternationale, an dem 400 Delegierte aus

23 Staaten teilnahmen, für den 1. Mai 1890 zu einer internationalen Manifestation für den Achtstundentag aufgerufen. Die tägliche Arbeitszeit betrug damals 12 bis 14 Stunden. Am 1. Mai 1886 hatte die Mehrheit der amerikanischen Arbeiter einen großen Streik für den Achtstundentag durchgeführt, für 1890 wurde die Wiederholung dieser Aktion angekündigt, die nun nach dem Pariser Beschluß alle Industriestaaten erfassen sollte. Die wenigen Monate vorher auf dem Hainfelder Parteitag zur Jahreswende 1888–1889 gegründete Sozialdemokratische Arbeiterpartei Österreichs schloß sich dem Beschluß an.
Die Behörden fürchteten diesen Tag. Die angekündigten Arbeitsniederlegungen wurden unter Strafandrohung gestellt, das Militär wurde in Bereitschaft versetzt, die meisten Geschäfte blieben geschlossen, Bürgerhäuser wurden verbarrikadiert.
Die österreichischen Arbeiter befolgten fast lückenlos den Aufruf zum Streik. In Wien fanden am Vormittag mehr als 60 Versammlungen statt, nachher zogen mehr als 100 000 Arbeiter in den Prater. Alles verlief in völliger Ruhe. Friedrich Engels, neben Karl Marx der wichtigste Führer der internationalen Arbeiterbewegung, schrieb am 23. Mai 1890 in der »Arbeiter-Zeitung«: »Feind und Freund sind sich darüber einig, daß auf dem ganzen Festland Österreich, und in Österreich Wien, den Festtag des Proletariats am glänzendsten und würdigsten begangen hat.«
Der 1. Mai wurde zum alljährlichen Kampftag der Arbeiterbewegung, die ihn 1919 in Österreich als anerkannten Feiertag durchsetzte. Es blieb auch bei der Form, am Vormittag Versammlungen und Kundgebungen durchzuführen, ab 1919 die große gemeinsame Kundgebung auf der Ringstraße, und nachher gemein-

Bezirksvorsteher Rudold Bednar (links) übernahm sein Amt von Hubert Hladej, der es mehr als achtundzwanzig Jahre lang innegehabt hat.

Wohnhausanlage der Gemeinde Wien, Wehlistraße 305, fertiggestellt im Jahre 1966.

Von oben nach unten: Sperlgarten um 1830, Gasthof »Zum Schwarzen Bären« (Taborstraße 26, Stich von Salomon Kleiner, 1737), »Alte Favorita« im Augarten (Stich von Salomon Kleiner, 1738).

Blick vom Praterstern in die Praterstraße, um 1905.

Leopoldstädter Promenade am Donaukanal um etwa 1895.

Eines der ältesten Häuser der Leopoldstadt, Ecke Haidgasse und Gro
Sperlgasse.

Typisches altes Handwerkerhaus mit nur teilweise modernisierter Fassade
in der Haidgasse.

Die Tandelmarktgasse im Jahre 1912, im Hintergrund die Taborstraße.

Die Produktenbörse in der Taborstraße um 1890, vorn ein Wagen der Pferdetramway.

Mistbauer auf dem Karmeliterplatz, um 1900.

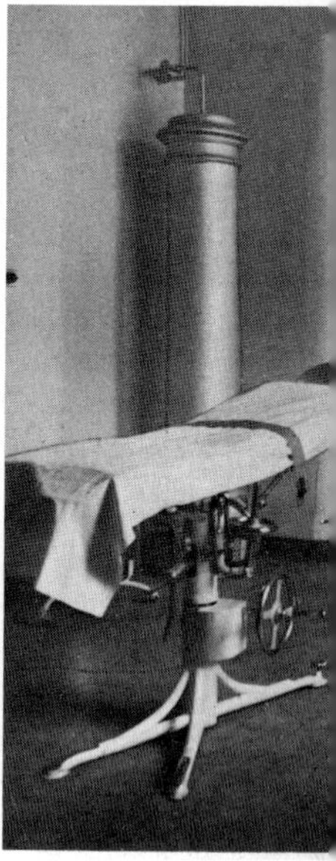

Eckhaus Karmelitergasse und Große Sperlgasse mit Café Glücksradl, um 1910.

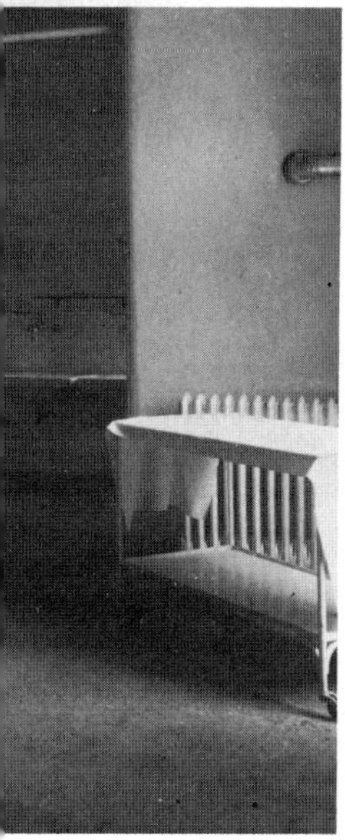

Oben: Kloster der Barmherzigen Brüder 1652, links unten: Operationssaal der Barmherzigen Brüder 1924, rechts unten: Leopoldstädter Kinderspital, Obere Augartenstraße 26–28 (1949).

Wichtigstes Massenverkehrsmittel der Zukunft: die U-Bahn, in der Leopoldstadt derzeit im Bau.

Freddy Quinn zu Besuch im Österreichischen Circus- und Clownmuseum (mit Museumsleiter Berthold Lang).

sam in den Prater zu ziehen. 1918 wurde das erste Ziel der Maikundgebungen, der Achtstundentag, in Österreich Gesetz.
Noch am 5. Oktober 1904 sagte Wiens Bürgermeister Dr. Karl Lueger im Wiener Gemeinderat, daß »die Leute, die am 1. Mai in den Prater wandern, lauter Lumpen sind«.
1932 gab es erstmals statt des »Praterbummels« nach der Demonstration auf der Ringstraße ein Maifest im neuerbauten Praterstadion. 1933 wurde die Demonstration verboten, die Ringstraße wurde von Militär mit Maschinengewehren und Stacheldrahtverhauen zerniert, Zehntausende Arbeiter machten einen »Spaziergang« über die Ringstraße, anschließend gab es unter riesigem Polizeiaufgebot eine Maifeier im Stadion. Ab 1934 konnte der 1. Mai von den Arbeitern nur mehr illegal gefeiert werden, vor allem im Wienerwald; im Prater gab es dafür zuviel Polizei. 1945, noch vor dem Ende des Zweiten Weltkrieg, konnte der 1. Mai wieder gefeiert werden, aber nicht im verwüsteten Prater. An die Stelle der einstigen Praterfeste der Arbeiter trat die Maifeier am Nachmittag des 1. Mai auf dem Rathausplatz.

Der Augarten

Der Bereich des heutigen Augartens und der Brigittenau hießen einst Wolfsau. Bis ins 15. Jahrhundert dürfte diese Au unbewohnt gewesen sein. Dann gewann sie vor allem durch den zunehmenden Verkehr über die Donaubrücken, der durch die Obere Augartenstraße verlief, an Bedeutung.

Grundeigentümer war das Stift Klosterneuburg. Im 17. Jahrhundert verkaufte oder verpachtete es einzelne Gründe, darunter 1654 den an der Taborstraße liegenden Teil des jetzigen Augartens an Graf Trautson, der dort einen Garten mit einem kleinen Sommerpalais anlegen ließ. Im anschließenden Teil des Augartens ließ Kaiser Ferdinand III. in den Jahren 1649/50 ein »Favorita« genanntes Schlößchen erbauen, das von einer holländischen Gartenanlage umgeben war. Durch das Hochwasser von 1656 wurde das Schlößchen schwer beschädigt, der Garten verwüstet. Leopold I. begann 1659 mit dem Bau einer neuen Favorita auf einem hochwassersicheren Platz, hinter der Vorstadt Wieden (heutiges Theresianum). Das Schlößchen im Augarten wurde fortan »alte Favorita« genannt. Es wurde 1683 von den Türken niedergebrannt, die Ruine blieb noch bis in die Mitte des folgenden Jahrhunderts stehen.

Der kaiserliche Besitz in diesem Bereich wurde systematisch erweitert. 1677 kaufte Leopold I. das Palais Trautson und die angrenzenden Gärten und ordnete an, den gesamten Bereich als Lustgarten in französischem Stil auszubauen. Die Anlage dürfte 1683 fertig oder fast fertig gewesen sein, als sie während der Türkenbelagerung verwüstet wurde.

Etwa zehn Jahre später wurde mit dem Bau des neuen Palais begonnen, in dem heute die Wiener Sängerknaben untergebracht sind, 1704 mit dem Bau des Saalgebäudes, in dem sich heute die Porzellanmanufaktur befindet. 1712 beauftragte Karl VI. den Franzosen Jean Trenet, der seit 1686 als eine Art Garten- und Innenarchitekt am Hof wirkte und unter anderem den ersten Schönbrunner Schloßpark anlegte, den Augarten zu erneuern.

Kaiser Joseph II. liebte den Augarten besonders. Seine Einstellung kommt darin zum Ausdruck, daß er den geliebten Park 1775 der Allgemeinheit zugänglich machte. Er ließ als Eingang von Isidor Cavale ein Portal mit der Inschrift »Allen Menschen gewidmeter Erlustigungs-Ort von ihrem Schätzer« errichten. Vermutlich ebenfalls von Cavale ließ er sich 1781 ein kleines Wohnhaus hinter dem Palais erbauen, das Kaiser-Josef-Stöckl. Es war die letzte Erweiterung des Augartens, für die Joseph den Garten des Kroatischen Konviktes kaufen ließ. Von seinem neuen Haus ließ er eine Straße durch die angrenzenden Gärten (mit deren insgesamt 17 Besitzern er selbst verhandelte) zum Praterstern trassieren, die heutige Heinestraße. Er ließ sie mit 900 Kastanienbäumen als Allee gestalten. Diese gradlinige Fortsetzung der Hauptallee, die seit der Gestaltung des Pratersterns im vorigen Jahrhundert nicht mehr eindeutig als solche erkennbar ist, eröffnete ihm einen direkten Ausblick von seiner Sommerwohnung zum Lusthaus.

MOZART UND JOHANN STRAUSS

Der Augarten war nicht nur als Erholungspark, sondern als Vergnügungs- und Veranstaltungszentrum gedacht. Schon zur Feier der Eröffnung sollte am 30. April 1775 ein Feuerwerk abgebrannt werden, das jedoch wegen Regens auf den 1. Mai verschoben werden mußte.

Dem »Hoftraiteur« (Hofkoch) Ignaz Jahn wurde genehmigt, im Augarten »zum Frühstück mit Kaffee, Chokolade, Tee, Mandelmilch . . . zu Mittag mit warmen Speisen, verschiedenen österreichischen und fremden Weinen . . . aufwarten zu dürfen«.

Jahn war offenbar ein äußerst tüchtiger Geschäftsmann. Er bot den Besuchern des Augartens nicht nur Speisen und Getränke, sondern auch Gesundheit. Als erster in Wien verkaufte er ärztlich empfohlenes Mineralwasser, außerdem frische Eselsmilch, der verjüngende Wirkung zugeschrieben wurde. Die Esel weideten auf einer Wiese im Augarten, die Gäste konnten zuschauen, wie die Tiere gemolken wurden, und konnten gleich die warme Milch trinken. Mineralwasser- und Eselmilchkuren im Augarten wurden für Jahrzehnte beim niederen Adel und beim reichen Bürgertum sehr beliebt – und der Augarten war in diesen Kreisen auch ein häufiger Rendezvous-Platz.

Als zusätzliche Attraktion führte Jahn Morgenkonzerte ein, die je nach Jahreszeit um 7 oder 8 Uhr früh begannen. 1782 wirkte Wolfgang Amadeus Mozart mehrmals als Dirigent und Pianist bei diesen Konzerten mit, 1803 Ludwig van Beethoven und 1824 Franz Schubert.

Der Augarten wurde zum Schauplatz vieler Sommerfeste. Marionettentheater und Seiltänzer gastierten, es gab Feuerwerke und Konzerte, Wettläufe und Ringerturniere, die »Olympische Spiele« genannt wurden. 1833–1837 gab hier Johann Strauß Vater viele Konzerte, 1820–1847 fanden gutbesuchte 1.-Mai-Konzerte statt, 1837 gab es eine Schaf- und Hornviehschau, in den vierziger Jahren veranstaltete Johann Georg Stuwer Feuerwerke, im Mai 1857 gab es die erste Wiener Industrie-Ausstellung.

In der zweiten Hälfte des vorigen Jahrhunderts gingen die Zahlen der Veranstaltungen und der Besucher im Augarten immer weiter zurück. Auch einige Feste der sonst als Organisation so erfolgreichen Fürstin Pauline Metternich hatten nicht den erwarteten Erfolg. Um die

Jahrhundertwende verlor der Augarten seine Funktion als Veranstaltungszentrum fast völlig.
Das Palais wurde 1867 Wohnsitz von Obersthofmeister Fürst Konstantin von Hohenlohe. Er veranstaltete Künstlerabende, an denen Gäste wie Richard Wagner, Franz Liszt, Hans Makart teilnahmen. 1897 wurde das Palais vergrößert und aufgestockt, Erzherzog Otto bewohnte es mit seiner Familie, sein Sohn Karl, der spätere letzte Kaiser von Österreich, verbrachte hier seine ersten Kinderjahre. 1910 wurde öffentlich diskutiert, den Augarten wegen der häufigen Beschädigungen der Anlagen wieder zu sperren. Im Ersten Weltkrieg wurde im Palais ein Offizierslazarett untergebracht, nachher Kriegsopfer. 1934–1936 bewohnte es Bundeskanzler Dr. Kurt von Schuschnigg.
1940 wurden im Augarten zwei fast 50 Meter hohe »Flaktürme« errichtet (Flak = Fliegerabwehrkanonen). Der Augarten wurde deshalb wiederholt das Ziel von Luftangriffen. Die Gebäude wurden erheblich beschädigt, ein Nebengebäude, das Salm-Stöckl, völlig zerstört und nicht wiederaufgebaut, die Anlagen waren von Bombentrichtern übersät.
Nach der Wiederinstandsetzung war der Augarten 1950 noch einmal Schauplatz eines großen Volksfestes mit Feuerwerk: Es wurde für den Wiederaufbau des Stephansdomes veranstaltet. 1955–1956 wurde ein Atelier für den Bildhauer Gustinus Ambrosi errichtet.
In den folgenden Jahren wurde der Augarten, der dem Landwirtschaftsministerium untersteht, teilweise vernachlässigt. Erst in den siebziger Jahren wurden auf Drängen der Bezirksvertretung umfassende Sanierungsarbeiten eingeleitet. Die Wege wurden in Ordnung gebracht, der Barockgarten wurde in der alten Form neu angelegt, im ältesten Teil wurde der ur-

sprüngliche Charakter des Augartens durch umfassende Aufforstungen wiederhergestellt (wobei gerade dieses erfreuliche Bemühen um Wiederherstellung einer natürlichen Landschaft manchmal als »Verwilderung« kritisiert wird). Die Sanierung der Nebengebäude – der einstigen Wirtschaftsgebäude, Wohnhäuser für Gärtner und Forstarbeiter, des ehemaligen Restaurants und der früheren Stallungen – wird vorbereitet, wobei das Hauptproblem darin besteht, für diese in ihrer Struktur heute völlig veralteten Gebäude einen vernünftigen Verwendungszweck zu finden.
Im Augarten befinden sich heute drei wichtige Institutionen: die Porzellanmanufaktur, die Sängerknaben und das Pensionistenheim.

PORZELLANMANUFAKTUR

Porzellan wird seit fast 3000 Jahren in China hergestellt. Schon im Mittelalter brachten Kaufleute chinesisches Porzellan nach Europa, das hier mit Gold aufgewogen wurde. Viele Versuche, das Geheimnis der Porzellanerzeugung zu enträtseln, schlugen fehl, bis es 1710 dem Dresdner Alchimisten Johann Friedrich Böttger gelang, ein dem fernöstlichen Vorbild gleichwertiges Porzellan zu erzeugen. In Meißen wurde eine Werkstatt eingerichtet.
Was sich in den folgenden Jahren abspielte, ist eine Kriminalgeschichte. König August II. von Sachsen machte alles, um das Geheimnis des Porzellans, das auch dann, wenn es aus Meißen kam, mit Gold aufgewogen wurde, zu hüten. Einem in Wien lebenden Holländer, dem Hofkriegsratsagenten Claudius Innocentius Du Paquier, gelang es trotzdem, zwei Experten aus Meißen, den Werkmeister Samuel Stölzl und den

Emailleur und Vergolder Christoph Hunger, nach Wien zu holen. 1717 konnte er in einer kleinen Werkstatt in der Liechtensteinstraße (damals Schmidgasse) mit der Porzellanerzeugung beginnen. Es fehlte ihm jedoch eine Verkaufsorganisation, der materielle Erfolg blieb aus. Nach drei Jahren flohen die beiden Meißner Fachleute, die nicht die versprochene Bezahlung erhalten hatten, nachdem sie alle Modelle und Unterlagen zerstört hatten, heimlich aus Wien. Du Paquier hatte ihnen jedoch genug abgeschaut, um nach längeren Versuchen die Porzellanerzeugung wieder aufnehmen zu können. 1721 hatte er die Anfangssschwierigkeiten überwunden und konnte eine neue, größere Werkstatt beziehen. Sie befand sich in der heutigen Porzellangasse, wo jetzt das Verwaltungsgebäude der Tabakregie steht. Das Wiener Porzellan erlangte durch seine künstlerische Qualität eine führende Stellung. 1744 wurde die Porzellanmanufaktur im Auftrag der Kaiserin Maria Theresia in staatliche Verwaltung übernommen. Von nun an führte sie den Bindenschild des Hauses Babenberg, im Volksmund Bienenkorb genannt, als Markenzeichen.
Unter Baron Karl von Sorgenthal, der 1784–1805 die Manufaktur geleitet hat, erlebte sie eine künstlerische Glanzzeit, in der Formen und Farben (vor allem spezifisches Blau und Gold) entwickelt wurden, die für jeden Experten heute noch ein Begriff sind.
Im 19. Jahrhundert erwächst in der tschechischen Porzellanindustrie, die auf große Rohstoffvorkommen zurückgreifen kann, eine starke Konkurrenz. Im Zeitalter des Liberalismus wirkt außerdem die Auffassung, daß der Staat keine Unternehmen dieser Art betreiben sollte. 1864 wird die Wiener Porzellanmanufaktur zugesperrt. Erst nach dem Ersten Weltkrieg gab es

erfolgreiche Initiativen, getragen vom Bankhaus Liebig, unterstützt von der Wiener Stadtverwaltung, die Wiener Porzellanerzeugung wiederherzustellen. Die Bundesregierung stellte dafür das Saalgebäude im Augarten zur Verfügung. 1922 wurde mit der Adaptierung und Vergrößerung des Gebäudes unter Aufsicht des Bundesdenkmalamtes begonnen, 1923 konnte die Produktion aufgenommen werden. Obwohl das Bankhaus Liebig infolge der internationalen Wirtschaftsflaute bald selbst in Schwierigkeiten geriet, konnte das Wiener Porzellan dank bedeutender künstlerischer Leistungen wieder weltweites Ansehen erlangen. Nach der Besetzung Österreichs durch Hitler-Deutschland versuchten deutsche Firmen, das florierende Unternehmen in die Hand zu bekommen. Es gab allerdings auch in jener Zeit genug Leute, die österreichisch dachten. Sie sorgten mit geschickten Kapitalmanipulationen dafür, daß 75 Prozent der Anteile ins Eigentum der Stadt Wien kamen, der Rest blieb Privatbesitz.
Heute ist die »Wiener Porzellanmanufaktur Augarten« eine Aktiengesellschaft. Das Aktienkapital macht 6 Millionen Schilling aus. Davon besitzt die Stadt Wien 76,71 Prozent, der Rest verteilt sich auf verschiedene Besitzer, überwiegend verstaatlichte Banken und deren Unternehmungen. Der Jahresumsatz beträgt etwa 50 Millionen Schilling, rund 10 Prozent davon werden exportiert, aber der »indirekte Export«, der Verkauf an Österreich besuchende Ausländer, dürfte mehr als die Hälfte des Gesamtumsatzes ausmachen.

WIENER SÄNGERKNABEN

Die Tradition der Wiener Sängerknaben wird vom 20. Juli 1498 an gerechnet. Dieses Datum trägt ein

Erlaß von Kaiser Maximilian, der die Tätigkeit der Hofmusikkapelle regelt. Zweifellos bestand der Knabenchor schon früher, doch ist darüber nichts bekannt.

Durch Jahrhunderte blieben die Sängerknaben eine Institution des Hofes, Zentrum ihres Wirkens war die Hofburgkapelle im Schweizerhof. Große Musiker waren Sängerknaben – Joseph Haydn, Franz Schubert, Clemens Krauss.

Das Ende der Monarchie gefährdete auch den Bestand der Sängerknaben. Die junge Republik hatte Verständnis für die Musik, aber kein Geld für einen Knabenchor, der für einen kleinen, exklusiven Kreis musizierte. 1921 übernahm Rektor Josef Schnitt die Leitung der Sängerknaben – und er fand den Ausweg: Die Wiener Sängerknaben wurden zu einer Institution, die sich mit öffentlichen Konzerten und Tourneen, mit der Mitwirkung bei Opernaufführungen und später auch mit Schallplattenaufnahmen im wesentlichen selbst erhalten konnte. 1924 konnten wieder die ersten Aufnahmsprüfungen abgehalten werden, 1926 fanden die ersten Tourneen statt, die nach Salzburg, Tirol und in die Schweiz führten. Heute sind die Wiener Sängerknaben umjubelte Gäste in allen Kontinenten.

Im Schloß Wilhelminenberg fanden die Sängerknaben ein neues Heim. Die Nationalsozialisten setzten Rektor Schnitt ab, die Sängerknaben mußten in das Maria-Theresien-Schlößl in der Langen Gasse übersiedeln. 1945 wurden sie ins Ferienheim Hinterbichl evakuiert, von wo sie erst zu Weihnachten heimkehren konnten. Rektor Schnitt konnte wieder die Leitung übernehmen. Vorübergehend wurde die Hofburg zum Quartier, wo es natürlich keinen solchen »Luxus« wie einen Freizeitraum oder einen Turnsaal gab. Inzwischen wurde das kriegsbeschädigte Palais im Augarten restauriert, dann fanden dort die Sängerknaben endlich ein würdiges Heim.

PENSIONISTENHEIM AUGARTEN

Am 20. September 1975 eröffnete Bürgermeister Leopold Gratz das Pensionistenheim Augarten, Rauscherstraße 16. Mit einem Aufwand von 107 Millionen Schilling wurde es nach Plänen des vor der Fertigstellung verstorbenen Architekten Karl Schwanzer erbaut.
In den von der Stadt Wien entwickelten Pensionistenheimen gibt es abgeschlossene Wohnungen, die nach Belieben mit eigenen Möbeln gestaltet werden können. Die Wohnung für eine Einzelperson umfaßt Wohnzimmer, Vorraum, Loggia, Duschraum mit WC und Schlafkoje, in den Ehepaar-Wohnungen gibt es statt der Koje ein Schlafzimmer. Im Pensionistenheim Augarten, zu dem außerdem zwei Gemeinschaftssäle, ein Fernseh-, ein Lesezimmer, eine Bibliothek und alle nötigen Nebenräume gehören, gibt es 195 Einzel- und 39 Ehepaar-Appartements, außerdem einen Behandlungstrakt für 29 kranke Heimbewohner.
Hier werden vor allem ältere Bewohner der Leopoldstadt untergebracht, die somit nahe ihrer bisherigen Wohnung bleiben können.
Die ideale Lage am Rande des Augartens und in der Nähe des Praters trägt wesentlich dazu bei, daß dieses Pensionistenheim zu den beliebtesten unter den derzeit insgesamt dreizehn gehört. Dabei erweist es sich als besonders wertvoll, daß es trotz seiner Grünanlage in das großstädtische Leben voll integriert ist.
Im Pensionistenheim Augarten ist auch ein Pensioni-

stenklub eingerichtet, der von älteren Menschen der umliegenden Wohngebiete besucht werden kann und der sich ebenfalls großer Beliebtheit erfreut.

Der Bezirk bis 1914

Die Verbesserung der Verkehrsverhältnisse durch Brückenbauten und die Donauregulierung waren die Voraussetzung für die wachsende wirtschaftliche Bedeutung und die dichtere Besiedlung der Leopoldstadt. Es kam zu einer regen Bautätigkeit, die allerdings 1873 durch eine schwere Wirtschaftskrise gebremst wurde. Zahlreiche Firmen gingen zugrunde, Zehntausende Menschen verloren ihren Arbeitsplatz. Allerdings litt die Leopoldstadt weniger als andere Wiener Bezirke unter der Krise, weil hier die von der Krise vor allem betroffene Industrie eine relativ geringe Rolle spielte und die großen staatlichen Bauten – vor allem die Donauregulierung – doch zahlreiche Arbeitsplätze sicherten, was wieder dem örtlichen Handwerk und Gewerbe zugute kam.
Die Verbauung wurde immer dichter. In den siebziger Jahren entstand in einem Teil des Praters das neue Wohnviertel »Am Schüttel«.

DONAUSTADT

Auch ein anderer Teil des Praters, das Gebiet zwischen Lassallestraße und Ausstellungsstraße, wurde zur Verbauung bestimmt. Bis zur Donauregulierung war es wegen der Wasserläufe und der ständigen Über-

schwemmungsgefahr zur Verbauung ungeeignet gewesen. Es war noch richtige Aulandschaft mit Wäldern und Wiesen, mächtigen Bäumen und mehreren Tümpeln. Nur einige kleine Ausflugsgasthöfe standen hier. Nach der Donauregulierung sollte hier das neue Stadtviertel »Donaustadt« entstehen. Mehrere große Baufirmen schlossen sich zusammen, um binnen weniger Jahre 200 Wohnhäuser zu errichten. Es blieb allerdings beim Plan. Erst 1880 begann der Bau der ersten Häuser am Mexikoplatz und an der Lassallestraße, denen einzelne Häuser am Handelskai, in der Engerthstraße, der Vorgartenstraße, der Ennsgasse und der Wehlistraße folgten.
Der Bau der beiden Praterkasernen (1894–1896), der Straßenbahnremise Vorgarten (1897) und der Schukkertwerke in der Engerthstraße brachten die Verbauung in Schwung. In langen Kolonnen fuhren die »Kabs«, die mit Erde beladenen Pferdewagen, in dieses zum Teil sehr tiefliegende Gebiet, um es aufzuschütten, Tausende prächtige Bäume wurden gefällt. Bis 1913 war die Verbauung – ausgenommen die später errichteten Gemeindebauten – im wesentlichen abgeschlossen.
Im letzten Drittel des vorigen Jahrhunderts entstanden zahlreiche Lagerhäuser. 1869 mietete die »Wiener Handelsbank« die Anlagen der aufgelassenen Zuckerraffinerie am Schüttel und errichtete dort das erste moderne Lagerhaus mit Zollfreilager. In der Stoffellagasse erbaute die Liesinger Brauerei 1864 ein Lagerhaus, die Gemeinde Wien baute 1876 die ehemalige Maschinenhalle der Weltausstellung zum »Lagerhaus der Stadt Wien« um. Daneben entstanden zahlreiche kleinere Lagerhäuser, vor allem der Schiffahrtsgesellschaften.

Im 1886 unter maßgeblichem Einfluß von Kronprinz Rudolf erschienenen mehrbändigen Werk »Die österreichisch-ungarische Monarchie in Wort und Bild« heißt es: »Der II. Bezirk, Leopoldstadt, vereinigte den Productenhandel; von Industrien ist die Dampfmüllerei bedeutend und die Schiffmüllerei an der Donau sehr bemerkenswerth«.

PRODUKTENBÖRSE

Durch die Lage an der Donau und die ausgezeichneten Bahnverbindungen wurde die Leopoldstadt zum Zentrum des Handels mit Getreide und anderen landwirtschaftlichen Produkten. Das fand in der Übersiedlung der Produktenbörse in die Leopoldstadt ihren Niederschlag.

Bis zu Beginn des vorigen Jahrhunderts erfolgte der Mehl- und Getreideverkauf auf den Märkten und in den Mühlen. Der wachsende Bedarf durch die steigende Einwohnerzahl der Städte führte zu modernen Großhandelsformen, bei denen der Händler nicht mehr die ganze Ware an Ort und Stelle vor dem Kauf prüfte, sondern nach Mustern und Warenbeschreibungen bestellte. Daraus ergaben sich Streitfälle um die Übereinstimmung von Mustern und Beschreibungen mit der Lieferung sowie um die saisonbedingt schwankenden Preise. Zu ihrer Schlichtung wurde 1835 von der Wiener Stadtverwaltung die »Wiener Frucht- und Mehlbörse« geschaffen. Im Sinne des Liberalismus wurde daraus 1869 eine autonome Börse, eine Vereinigung der Produzenten und Händler, die wohl unter staatlicher Aufsicht stand, aber selbständig agierte. 1875 wurde daraus die heute noch bestehende »Börse

für landwirtschaftliche Produkte« als zentrale Einrichtung für Österreich-Ungarn.
1887–1890 erbaute sich die Börse nach Plänen von Karl König ihr monumentales neobarockes Gebäude Taborstraße 10, das 1897 und 1933 zur Großen Mohrengasse erweitert wurde. Im Giebel des Gebäudes steht die Plastik »Kybele mit Löwengespann« von Theodor Friedl (1889). Der Zerfall Österreich-Ungarns verminderte zwar die Bedeutung der Börse, aber sie behielt über Österreich hinaus eine wichtige Funktion für die osteuropäische Agrarwirtschaft. 1938 wurde sie von den Nationalsozialisten geschlossen, 1945 wurde das Gebäude schwer beschädigt, der Trakt in der Großen Mohrengasse brannte völlig aus. 1948 wurde die Börse wiederhergestellt und zog in das notdürftig instandgesetzte Haus an der Taborstraße ein.
Da die osteuropäische Agrarproduktion der Marktwirtschaft entzogen ist und die wichtigsten landwirtschaftlichen Produkte (Grundnahrungsmittel) in Österreich preisgeregelt sind, hat die Börse stark an Bedeutung verloren, hat aber bei der Qualitätskontrolle und in weiten Bereichen auch für die Preisgestaltung noch immer eine wichtige Funktion. Sie übt sie durch Preisfestsetzungen, durch ein kurzfristig entscheidendes Schiedsgericht für Streitfälle und durch Sachverständigengutachten aus. Die Produktenbörse ist für alle landwirtschaftlichen Feld- und Bodenprodukte, Erzeugnisse des Obst- und Gartenbaus, Sämereien, Futtermittel, Wein, Milch, Milchprodukte, Fleisch, Eier, Honig, Dünger, Pflanzenschutzmittel, Spiritus, Germ, Reis, Kümmel, Anis, Fenchel, Edelkastanien, Eicheln, Torfstreu u. dgl. zuständig.
Die Leopoldstadt gewann aber nicht nur im Großhandel, sondern auch im Kleinhandel große Bedeutung.

Die vielen Geschäfte zogen zahlreiche Kunden aus anderen Bezirken und aus der Umgebung Wiens an. Gasthäuser, Hotels, Kaffeehäuser, aber auch das Handwerk spielten daneben eine wichtige Rolle.

GROSSE HOTELS

Das renommierteste Hotel der Leopoldstadt war das »Continental«, Praterstraße 7. Seit 1591 ist dort das Einkehrgasthaus »Zum goldenen Lamm« nachgewiesen. Im 17. und 18. Jahrhundert stiegen dort häufig türkische Gesandte ab. 1872–1873 wurde es mit dem benachbarten Gasthof »Zum weißen Schwan« vereinigt und zu einem großen Hotel mit 200 Fremdenzimmern, Saal für 600 Personen, Kaffeehaus und Bademöglichkeiten ausgebaut. Kurz darauf erhielt es den Namen »Continental«. Hier fanden 1874 die Verlobungsfeier von König Milan von Serbien mit Natalie Ketschko und 1884 das Festbankett zum 40. Jahrestag des Debüts von Johann Strauß Sohn statt. Josefine Gallmayer veranstaltete hier ihre Abendgesellschaften, Therese Krones hatte im »Goldenen Lamm« ihren Stammtisch. Zu den Gästen gehörten Otto v. Bismarck, Heinrich Laube und Hoffmann v. Fallersleben. 1945 wurde das Haus zerstört und nicht wiederaufgebaut. Heute steht dort das Verwaltungshochhaus der Bundesländerversicherung.
Taborstraße 39 befand sich der »Bayrische Hof«. Hier stand um 1700 der Gasthof »Zum weißen Hahn« mit großen Pferdestallungen. 1776 brannte das Gebäude ab, auf dem neuerbauten Haus wurde 1806 ein Stockwerk aufgesetzt. Nach der Erbauung der Nordbahn hieß das Gasthaus »Zur Prager Eisenbahn«, ab 1873 »Bayrischer Hof«. 1893 wurde es zum modernen Hotel

ausgebaut, 1930–1933 wurden Saal und Restaurant für einen Fassungsraum von 2500 Gästen ausgebaut. Seither zählte der »Bayrische Hof« zu den wichtigsten Versammlungs- und Veranstaltungslokalitäten Wiens. 1977 wurde der inzwischen veraltete »Bayrische Hof« geschlossen, er soll zu einem Bürogebäude umgestaltet werden.
Das Hotel »Stephanie«, Taborstraße 12, wurde 1872 auf den Gründen des einstigen Gasthauses »Zur weißen Rose« erbaut. Das Hotel »Central« (Taborstraße 8a und Große Mohrengasse 3a) entstand 1914 anstelle des 1699 bereits genannten Gasthofes »Weißes Rößl«, in dem vor allem Roßhändler logierten, wurde bis 1918 vom Kriegsministerium für Bürozwecke verwendet und erst 1921 als Hotel eröffnet; hier wurde eines der ersten Wiener Großkinos eingerichtet (Ufa-Kino, seit 1945 Tabor-Kino).
Unter den vielen Kaffeehäusern der Leopoldstadt sei das »Niebauer« (Taborstraße 37, gegenüber dem »Bayrischen Hof«) erwähnt, weil es schon länger im Besitz einer Familie ist als irgendein anderes Wiener Kaffeehaus. 1867 wurde es von Georg Niebauer (der von 1900–1906 auch Bezirksvorsteher der Leopoldstadt war) gegründet. Damals umfaßte es nur die Front an der Taborstraße, die zweite jetzige Front bildeten »Gwölb«, kleine Geschäfte, die erst nach und nach dazu erworben wurden. Wo sich heute das letzte Fenster befindet, war einst das Haustor. Von Georg I. übernahm der Sohn Georg II. das Kaffeehaus, der es 1942 seinem Sohn Georg III. übergab. 1945 wurde es durch Granatsplitter beschädigt, eine Granate, die ins Lokal einschlug, blieb vor der Toilette liegen, ohne zu explodieren. Schon im Juli 1945 konnte das Kaffeehaus wiedereröffnet werden, nun hat es bereits

Georg IV. übernommen. Stolz ist man auf das »Anzengruber-Eck«, den einstigen Stammplatz des Dichters Ludwig Anzengruber.

INDUSTRIE

Die Industrie spielte neben alldem, wie erwähnt, eine relativ geringe Rolle. In den achtziger Jahren gab es einige Maschinen- und Werkzeugfabriken, Großtischlereien und Eisengießereien. 1889 wurde gemeinsam von der Firma Ganz (Budapest) und der Wiener Unionbank das dritte private Elektrizitätsversorgungsunternehmen Wiens, die Internationale Elektrizitätsgesellschaft, gegründet. Sie erbaute 1890 zwischen Engerthstraße und Wehlistraße ein Kraftwerk, das sich bald zum größten Wiens entwickelte. Dazu trug bei, daß die Firma Ganz führende Wissenschaftler zu ihren Mitarbeitern zählte, die vor allem auf dem Gebiet des Wechselstroms bahnbrechende Arbeit geleistet haben. Als 1908 unter dem christlichsozialen Bürgermeister Dr. Karl Lueger die Elektrizitätsversorgung kommunalisiert wurde, versorgte das Kraftwerk Engerthstraße über ein 820 km langes Netz (heutiges Netz der Wiener E-Werke rund 16 000 km) große Teile der Bezirke 1–10 und die Villenviertel der Bezirke 13, 18 und 19. Trotz ständiger Modernisierungen erwies sich das Kraftwerk Engerthstraße in den sechziger Jahren als hoffnungslos veraltet, ein Ausbau war nicht möglich. 1966 wurde die Stromerzeugung eingestellt, die Anlage wurde noch bis 1973, bis zur Fertigstellung des Umspannwerkes Handelskai, als Umspannwerk betrieben. Dann wurde es abgerissen, das Gelände für die Errichtung von 1200 Gemeindewohnungen bestimmt.
Seit 1863 gab es in der Leopoldstadt auch ein Gaswerk

(»Tabor« oder »Zwischenbrücken« genannt), das von der englischen »Imperial-Continental-Gas-Association« als ihr sechstes – und als das siebente in Wien überhaupt – gebaut wurde. Es befand sich im Bereich Handelskai – Innstraße – Engerthstraße, also schon im heutigen 20. Bezirk. Für viele Leopoldstädter war es wichtig, weil dort am Wochenende Koks relativ billig verkauft wurde. Im Winter gab es lange Schlangen von Menschen, die auch bei bitterster Kälte ausharrten, bis sie einen Sack Koks erwerben und heimschleppen konnten. Nach der Erbauung des kommunalen Gaswerkes Simmering, das ganz Wien versorgen konnte, wurde das Werk Tabor geschlossen.
Bis zum Ersten Weltkrieg entstand noch eine Reihe von Fabriken. Die Garvens-Werke (Pumpen und Motoren) am Handelskai entwickelten sich 1911 zum Großbetrieb, es entstanden die Chemiefabrik »Zander und Gohl« in der Engerthstraße 187 (1883), eine Eisschränkeerzeugung Franzensbrückenstraße 14 (1914), Färbereien, Margarine-, Kerzen- und Lederfabriken, eine Sodawasserfabrik am Czerninplatz, die 1900 aus der Zusammenlegung von 36 Kleinstbetrieben entstand (übersiedelte 1916 nach Obere Augartenstraße 40). In der Leopoldstadt wurden Preßlufthämmer, Ventilatoren und Klaviere erzeugt. Die Waggonfabrik Johann Spiering (Taborstraße 76a und 78) produzierte Eisenbahnwaggons, bis zu 500 Arbeiter wurden beschäftigt. Zum größten Betrieb des Bezirkes entwickelten sich jedoch die Schuckert-Werke nach der 1904 erfolgten Vereinigung mit Siemes & Halske in der jungen Branche der Elektrotechnik.

WOHNVERHÄLTNISSE

Dichtere Verbauung und wirtschaftliche Entwicklung hatten eine starke Zunahme der Einwohnerzahl zur Folge. Im Jahre 1900 war die Leopoldstadt mit 144 365 Einwohnern (102 592 bei der letzten Volkszählung 1971) der zweitgrößte Wiener Bezirk nach Ottakring. Damals gehörte allerdings noch Kaisermühlen zum 2. Bezirk. Es gab 2076 Häuser (heute 2513) mit 28 180 Wohnungen (heute 47 931). Damals wohnten also im Durchschnitt mehr als fünf Personen in einer Wohnung, heute sind es knapp mehr als zwei. 1900 waren noch 13 Prozent der Häuser ebenerdig, 15 Prozent besaßen nur ein Stockwerk, 10 Prozent zwei Stockwerke, 38 Prozent drei Stockwerke, 19 Prozent vier Stockwerke, 4,8 Prozent fünf Stockwerke und 0,2 Prozent sechs Stockwerke.

Ob die Statistik des Jahres 1900 über die Einwohnerzahl stimmt, ist allerdings zweifelhaft. Sicher ist es, daß ein erheblicher Teil der Bevölkerung nicht in ordentlichen Wohnverhältnissen lebte. Der Journalist Emil Kläger hat uns in seinem Buch »Durch die Wiener Quartiere des Elends und des Verbrechens«, erschienen 1908, einen Einblick in die Situation hinterlassen: »In diesen Schilderungen will ich besonders über die irregulären, die polizeilich nicht genehmigten, Massenquartiere berichten, die in den kleinen schmutzigen Winkelgassen der Leopoldstadt zu Dutzenden existieren. Es sind Wohnungen in alten, halbverfallenen Häusern und bestehen gewöhnlich aus drei bis vier Räumen, in denen achtzig und oft auch mehr Personen beiderlei Geschlechtes übernachten. Zum Teile sind sie in Betten untergebracht, doch liegen die meisten auf umgestürzten Kisten oder auf Fetzenwerk am

Boden, ja sogar auf Fensterbrettern. Für solche Lager sind durchschnittlich zwanzig bis dreißig Kreuzer per Nacht zu entrichten. In der Kleinen Schiffgasse befinden sich zwei solche Häuser, in denen fast jedes Stockwerk mehrere solcher Quartiere beherbergt. Das eine ist ein uraltes, einstöckiges Gebäude. Wir müssen über ausgetretene Stufen schmaler und unsicherer Treppen und stehen dann vor einer zerborstenen kleinen Holztür, durch die schwaches, dunstverhülltes Licht dringt. Eintretend empfängt uns schwere, dicke Luft. Gerüche alter Eßwaren, der trockene Hauch modernden Tuchzeuges, schlechter Rauch, mit dem die Luft belastet ist, und die furchtbaren menschlichen Ausdünstungen verbinden sich zu einem Ensemble, das den Lungen Gewalt antut. Wir stehen in einem etwa kabinettgroßen Raum, der offenbar ursprünglich Küche war, und neben drei Bettgehern auch der vierköpfigen Familie des Wohnungsgebers Schlafstätten bietet. Hier ist jedes Stückchen Raum raffiniert ausgebeutet. An den Wänden hängen übereinander Lumpen, Tücher, Geschirr, Körbe. Auf einem staubigen Kasten sahen wir einen halben Hering und zwei Erdäpfel in Schalen liegend, die Überreste einer Mahlzeit ... Im Nebenraume, der von Bettgehern überfüllt war, lag links in einem Bette ein älterer Mensch und ein blutjunges Mädchen. Aus der fremden Höflichkeit, mit der sie miteinander sprachen, konnte man schließen, daß der Zufall ihre nahe Bekanntschaft vermittelt hatte. In einer anderen Ecke waren auf einem quer gelegten Bette zwei Kinder untergebracht, die völlig entkleidet und in Fetzen gehüllt waren ... Heillose Zustände fanden wir in zwei Massenquartieren in der Haidgasse. Das betreffende Haus, das in den unteren Stockwerken ziemlich gepflegt ist, zeigt im dritten Stock, wo sich am

Ende eines langen Ganges ein Massenquartier befindet, eine furchtbare Verwahrlosung. In der aus einem winzigen Vorraum und einem niedrigen Zimmer bestehenden Wohnung nächtigen durchschnittlich fünfzig Personen. Hier gibt es nicht die geringste Einrichtung. Nur in einer Ecke sind Tücher und Fetzen und Fragmente ehemaligen Bettzeuges aufgestapelt, die nachts auf den Boden ausgebreitet werden, und auf denen die Leute kreuz und quer herumliegen. Das andere Quartier besteht gleichfalls aus Zimmer und Küche, die jedoch weit geräumiger sind . . . Einen kurzen Besuch statteten wir auch einem regulären Massenquartier ab, das sich in der Hofenedergasse befindet. In einem hinlänglich großen Saale stehen hier dreißig Betten in entsprechenden Abständen, die einfach, aber reinlich ausgestattet sind. Das Schlafgeld ist ebenso hoch als in den irregulären Quartieren, doch finden hier nur bevorzugte Leute Aufnahme. Das Quartier steht unter der Kontrolle eines schneidigen Aufsehers, der die ganze Nacht über Dienst zu versehen hat.«

Die Menschen in den Massenquartieren waren aber noch nicht die Ärmsten. Diese fand Emil Kläger in den Kanälen:

»Durch die kleine Türe eines Holzverschlages, der von der Stephaniebrücke an die Obere Donaustraße ein Stück hinab begleitet, traten wir nun ein und stiegen hinab über dunkle glitschige Steinstufen zum Donauufer. Drunten stolperten wir über lange Reihen nasser Holzklötze und wandten uns dann zu der von einem Brückenpfeiler und der Stiege gebildeten Nische, in der sich der Eingang zu dem Schachte des Sammelkanals befand . . . Wir öffneten die eiserne Türe zum Kanalschachte, deren zertrümmerte Fenster mit Papier und Werg verstopft waren, und Wellen furchtbarer

Ausdünstungen schlugen uns ins Gesicht. In der Mitte des etwa zimmergroßen Raumes brannte ein qualmendes Holzfeuer, um das ein Dutzend meist junger Burschen herumsaßen oder lagen. Von unserem Eintreten nahmen sie fast keine Notiz. Nur im Hintergrunde meldete sich eine polternde Stimme: ›Ah, no drei Passaschere‹. Mit einem halben ›Guten Abend‹ drückten wir uns in einen Winkel und setzten uns auf die Erde, die teilweise mit schmutzigen Fetzen und Streu bedeckt war. Über uns hingen auf einem Stock verschiedene Fragmente von Kleidungsstücken, die naß waren und von denen stete Tropfen herabfielen. Still waren die Menschen alle.«

Theater und Zirkus

1769 gastierte im Czerninschen Gartenhaus beim Praterstern die Theatertruppe des Matthias Menninger, die sich »Baadner Truppe« nannte, weil sie im Sommer immer in dem aufstrebenden Kurort Baden spielte. Engster Mitarbeiter Menningers war der Schauspieler und Theaterdichter Karl Marinelli, einer der großen Praktiker der österreichischen Theatergeschichte. Und im Ensemble befand sich Johann Laroche, der als »Kasperl« zu den Lieblingen des Wiener Publikums werden sollte.

LEOPOLDSTÄDTER THEATER

Menninger bemühte sich um eine Konzession für ein ständiges Theater. Ein solches Privileg war im Wiener Raum den Hoftheatern vorbehalten. 1776 wurde erstmals von diesem Prinzip abgegangen, das Theater in der Josefstadt wurde genehmigt. 1781 erhielt auch Menninger die erstrebte Genehmigung, in einem festen Haus »alle Arten von Schauspielen und Pantomimen mit Ausnahme des Balletts« aufzuführen. Er kaufte ein halbverfallenes Häuschen in der Jägerzeile (heute Praterstraße 31) von Theresia Reich, die es im Jahr zuvor von ihrem Freund Anton Schreyer geerbt hatte. Das Haus wurde abgerissen und ein zweistöckiges Theater nach Plänen des kaiserlichen Wasserbaudirektors Johann Brequin und des Baumeisters Peter Mollner erbaut. Am 20. Oktober 1781 wurde es mit dem für diesen Anlaß geschriebenen Stück »Aller Anfang ist schwer« von Karl Marinelli und dem Lustspiel »Der Witwer und seine Töchter« (Autor unbekannt) eröffnet. 1783 übergab Menninger wegen seines Alters und seiner Kränklichkeit die Leitung des Theaters an Marinelli. Nun entwickelte sich in der Leopoldstadt ein Theater, das der Theaterwissenschaftler Joseph Gregor »eine der bedeutendsten Volksbühnen der Welt« nannte.

Es waren meist lustige, manchmal aber auch tragische Volksstücke, die hier das Publikum begeisterten, immer aus der Zeit und dem lokalen Milieu bezogen, oft derb und vulgär, aber immer aus der geistigen Grundhaltung, mit der das Wiener Volksstück später durch Raimund und Nestroy seine Hochblüte erlebte.

Marinelli fand großartige Mitarbeiter: den Dichter und Schauspieler Joachim Perinet, den Komiker Anton Hasenhut (der die populäre Figur des »Thaddädl« schuf), den Komponisten und Kapellmeister Wenzel Müller, den Hausdichter Karl Friedrich Hensler (der in den Jahren 1781 bis 1806 mehr als hundert Stücke schrieb, von denen 94 am Leopoldstädter Theater aufgeführt wurden).

Als Marinelli 1803 starb, hinterließ er ein blühendes Theater und ein beachtliches Vermögen. Kurz vor seinem Tod war er sogar geadelt worden. Hensler übernahm die Leitung des Theaters bis 1816. Die Erben Marinellis verkauften es 1814 an den Eisenhändler Leopold Huber, der 1817 auch die Direktion übernahm. Ihm fehlte allerdings die Theaterpraxis, 1821 mußte er Konkurs ansagen. Es kam zu einem langjährigen Rechtsstreit, der erst beendet wurde, als Rudolf Steinkellner 1827 das Theater kaufte.
Der künstlerischen Entwicklung hatte allerdings der Finanzstreit keinen Abbruch getan. 1817 wurde Ferdinand Raimund engagiert, 1821 Therese Krones. Raimund errang als Schauspieler und durch seine Stücke (1821 »Der Barometermacher auf der Zauberinsel«, 1824 »Der Diamant des Geisterkönigs«, 1826 »Das Mädchen aus der Feenwelt«, 1828 »Die gefesselte Phantasie« und »Alpenkönig und Menschenfeind«, 1829 »Die unheilbringende Krone«) ungeheure Popularität.
Therese Krones war die Tochter eines schlesischen Kürschnermeisters, der aus Theaterleidenschaft Haus und Gewerbe verkaufte und eine Wandertruppe gründete. Mit fünf Jahren stand Therese schon auf der Bühne. Raimund sah sie in Ödenburg und holte sie ans Leopoldstädter Theater. Sie wurde in kurzer Zeit zum Publikumsliebling. 1826 lernte sie Graf Severin Jaroszynski aus Polen kennen. Man munkelte bereits von Heirat, als Jaroszinsky während einer Abendgesellschaft, an der auch die Krones teilnahm, verhaftet wurde: Er hatte seinen einstigen Lehrer, den greisen Professor Abbé Johann Konrad Blank brutal ermordet und ihm 60 000 Gulden geraubt. Es stellte sich heraus, daß er in Polen sein Vermögen durchgebracht, seine

Frau mit drei Kindern im Stich gelassen und mit unterschlagenem Geld die Flucht nach Wien angetreten hatte. Als ihm das Geld ausging, verübte er den Raubmord. Am Abend wurde die Krones, als sie die Bühne betrat, mit Johlen und Pfiffen empfangen. Sie brach zusammen und mußte von Kollegen hinausgetragen werden. Die Hinrichtung Jaroszinskys bei der Spinnerin am Kreuz war ein Volksfest. Über Therese Krones wurden Spottlieder gesungen:

Ein Pole kommt daher,
von Stolz und Schulden schwer.
Und wenn er's auch nicht wär',
die Krones macht ihn leer.
Denn mancher ist so dumm,
geht mit der Krones um
und kommt ins Kriminal.
Das ist doch sehr fatal.
O schad um dein Genie
in Spiel und Parodie
Bei einem bessern Streben,
wie glücklich könntest leben.

Nach einem halben Jahr Pause trat die Krones wieder auf. Sie wurde vorerst kühl aufgenommen, konnte aber allmählich die Gunst des Publikums zurückgewinnen. Am 23. Jänner 1830 trat sie zum letzten Mal in der Leopoldstadt auf. Sie verstand sich nicht mit dem neuen Inhaber Steinkellner, von dem man sich erzählte, daß er Choristinnen nur dann engagiere, wenn sie sich von ihm peitschen ließen. Die Krones trat ein Engagement am Theater an der Wien an. Am 28. Februar 1830 brachte sie ein Wagen über den zugefrorenen Donaukanal zu ihrer Wohnung im Weintraubenhaus (Ecke Praterstraße – Weintraubengasse). In der

Nacht brach der Eisstoß, die Wogen schlugen bis zu den Fenstern der Krones-Wohnung im ersten Stock. Sie sah die verzweifelte Situation vieler Menschen ringsum. Sie rief eines der eingesetzten Rettungsboote, belud es mit ihren Lebensmittelvorräten und mit Decken, stieg selbst in das Boot und beteiligte sich an den Hilfsaktionen viele Stunden lang, bis sie völlig durchnäßt und erschöpft nach Hause zurückkehrte. Sie war vorher schon lungenkrank gewesen, diese Anstrengung war zu viel für sie. Wochenlang lag sie krank, im April trat sie noch einmal auf, eine Kur in Marienbad brachte nur vorübergehende Besserung. Am 28. Dezember 1830 starb Therese Krones, knapp 29 Jahre alt, in ihrer Wohnung.
Nicht nur Raimund und die Krones bestimmten im ersten Drittel des vorigen Jahrhunderts Niveau und Erfolg des Leopoldstädter Theaters. 1813 wurde Adolf Bäuerles »Die Bürger von Wien« uraufgeführt. In der Figur des Staberl errang Ignaz Schuster einen außerordentliche Erfolg. Staberl wurde zur stehenden Figur (zur letzten bedeutenden stehenden Figur der Wiener Volkskomödie). Manche seiner Sätze wurden viel zitiert, etwa, wenn er auf den Vorwurf, verrückt zu sein, erwidert: »Ja, um ein Jahrhundert bin ich vorausgerückt, ich kenn alles, weiß alles, begreif alles, beurteil alles – wenn ich nur was davon hätte!«. Und wenn er im Zorn ausruft: »Ich bin ein kleiner Mensch, ich bin ein guter Mensch, wenn ich aber anfang, so bin ich ein Vieh!«.
1817 wurde Grillparzers »Ahnfrau« in der Leopoldstadt uraufgeführt. Auch Goethe (»Götz von Berlichingen«) und Schiller (»Die Räuber«, »Wilhelm Tell«) wurden gespielt. Es dominierten allerdings Possen, Geister-, Zauber- und Ritterspiele. Daneben gewannen die Pa-

rodien großer Tragödien und Opern, die an den Hoftheatern gezeigt wurden, wachsende Beliebtheit.
Die finanziellen Schwierigkeiten blieben dem Theater allerdings treu. Steinkellner flüchtete aus Wien, Franz von Marinelli, der jüngere Sohn Karls, übernahm das Theater, geriet jedoch in immer tiefere Schulden. Der Pächter und Direktor des Theaters an der Wien, Karl von Bernbrunn, der sich Karl Carl nannte, kaufte heimlich die Schuldscheine auf und schließlich war Marinelli heilfroh, als sich Carl 1838 bereit erklärte, das Theater zu kaufen.

DAS CARL-THEATER

Das Leopoldstädter Theater war damals noch genau so primitiv, wie zu den Zeiten seiner Erbauung. An ein kleines Vestibül mit der Kassa schloß sich eine einfache Bierschank, im Hof befand sich ein Pumpbrunnen. Carl ließ das Theater renovieren, Gasbeleuchtung einleiten, die Bühne modernisieren.
Er vereinigte die Ensembles der beiden Bühnen, so kamen Johann Nestroy und Wenzel Scholz in die Leopoldstadt. Auf der größeren Bühne des Theaters an der Wien spielte er vorwiegend Ausstattungs- und Spektakelstücke, in der Leopoldstadt Volksstücke und Possen. 1845 verkaufte Carl das Theater an der Wien und kündigte an, daß er ein neues Haus in der Praterstraße erbauen werde.
Am 10. Dezember 1847 wurde das neue Haus, das nun Carl-Theater hieß, eröffnet. Die Architekten Eduard van der Nüll und August Sicard von Sicardsburg, die später auch die Staatsoper am Ring gebaut haben, schufen die Pläne, fünf allegorische Figuren von Hans Gasser schmückten die Vorderfront. Zur Eröffnung

wurden – gleichsam als programmatische Vorschau – nach einer Festouvertüre und einer Ansprache Carls drei Einakter gespielt, das Lustspiel »Eigensinn« von Roderich Julius Benedix, das Singspiel »Die Müllerin von Marly« von Ludwig Schneider und die Lokalposse »Die schlimmen Buben in der Schule« von Johann Nestroy.

Carl war ein ebenso erfolgreicher wie rücksichtsloser Geschäftsmann. Es kümmerte ihn nicht, daß die Mehrzahl seiner Schauspieler während des Theaterneubaus ohne Einkommen war, Not litt und sich nur mit hohen Schulden knapp ernähren konnte. Im Revolutionsjahr stellte er an seinem Theater eine eigene Nationalgarde auf. Unter den Kommandanten waren die Schauspieler Johann Nestroy und Heinrich Strampfer, der auf der Barrikade in der Rotensterngasse im Oktober fiel. Der Revolutionär Carl zögerte aber nicht, kurz nach der Revolution den Mietzins in den Häusern, die er besaß, kräftig zu erhöhen. Als Mieter dagegen protestierten, ließ er seine Garde antreten und kommandierte sie mit den Worten »Vorwärts! Entweder Sieg oder Tod!« gegen die empörten Mieter. Am Abend brachten vor dem Theater 20 000 Menschen ihren Unmut gegen Carl zum Ausdruck, sie brachten ihm eine »Katzenmusik« dar (ein scheußliches Klangwirrwarr, mit Pfeifen, Topfdeckeln, falsch geblasenen Trompeten usw. erzeugt) und Carl erklärte öffentlich seinen Rücktritt als Theaterdirektor, »vergaß« aber dann diese Ankündigung . . .

Am 1. Juli 1848 wurde Nestroys »Freiheit in Krähwinkel« aufgeführt, eine revolutionäre Posse, die umjubelt (und nach der Niederwerfung der Revolution prompt verboten) wurde. In ihr stehen Sentenzen wie: »Wir haben sogar Gedankenfreiheit g'habt, insofern wir die

Gedanken bei uns behalten haben. Es war nämlich für die Gedanken eine Art Hundsverordnung. Man hats haben dürfen, aber am Schnürl führen!«
Beim Beginn des Angriffs auf das revolutionäre Wien mußte das Carl-Theater geschlossen werden, am 13. November wurde es mit der 70. Aufführung von Nestroys »Unverhofft« wieder eröffnet.
1854 starb Carl unter Hinterlassung eines Vermögens von zwei Millionen Gulden, ein halbes Jahr später wurde Johann Nestroy Direktor des Theaters. Seine Eröffnungsvorstellung war einer seiner größten Erfolge, »Das Mädl aus der Vorstadt«. In den folgenden Jahren forcierte Nestroy aber nicht seine eigenen Stücke und überhaupt die Wiener Lokalposse, sondern ein neues, aus Paris kommendes Genre, die von Jacques Offenbach begründete Operette. Der größte Erfolg seiner Direktionszeit wurde 1859 Offenbachs »Orpheus in der Unterwelt« mit 53 fast immer ausverkauften Vorstellungen. Von Nestroy gingen also wesentliche Impulse dazu aus, daß die Operette in Wien heimisch wurde.
Nestroy wurde müde. Am 31. Oktober 1860 gab er vor vollem Haus seine Abschiedsvorstellung, bei der Szenen aus seinen Werken gespielt wurden. Fünfzigmal rief ihn das Publikum vor den Vorhang. Dann zog er sich als Pensionist nach Graz zurück, wo er 1862 starb. Der Leichnam wurde nach Wien gebracht, Tausende nahmen am 2. Juni an der Trauerfeier vor dem Carl-Theater teil, von denen viele den Sarg zur Beisetzung auf dem Währinger Friedhof begleiteten.
Zwei Jahre lang führte Gustav Brauer mit geringem Erfolg das Theater, sein Nachfolger Max Lehmann hatte noch weniger Glück. Am 11. Mai 1863 wurde das Theater geschlossen. Doch noch im gleichen Jahr, am

19. August, wurde es wieder eröffnet. Karl Treumann war nun der Leiter, einer der glänzendsten Schauspieler seiner Zeit, der schon unter Nestroy in der Leopoldstadt gespielt hatte, dann ein eigenes Theater am Franz Josefs-Kai einrichtete, das jedoch nach drei Jahren abbrannte. Treumann bildete am Carl-Theater ein glänzendes Ensemble mit der gefeierten Josefine Gallmayer und dem Kapellmeister Franz von Suppé. Nun dominierte bereits die Wiener Operette, Suppés »Die schöne Galathée« und »Leichte Kavallerie« wurden die größten Erfolge.
Mit dem Kriegsjahr 1866 begannen neue große Probleme, es kamen nur wenige Zuschauer. Treumann trat zurück, mehrere Direktoren folgten in raschem Wechsel. Das künstlerische Niveau konnte gehalten werden, mehrmals dirigierte Offenbach eigene Werke. Eine neue Glanzzeit brachte die Direktion Franz Jauners (1872–1878). Ausstattungsstücke wie »Die Reise um die Erde in 80 Tagen« und »Die Reise nach dem Mond« nach Jules Verne hatten ebenso großen Erfolg wie die Operetten »Fatinitza« von Suppé und »Prinz Methusalem« von Johann Strauß, deren Erstaufführung am 3. Jänner 1877 der Komponist selbst dirigierte.
Ab 1875 leitete Jauner zugleich auch, allerdings nur provisorisch, das Burgtheater. Als er diesen Posten 1878 definitiv erhielt, legte er die Direktion des Carl-Theaters zurück. Es kam wieder eine schwierige Zeit mit häufig wechselnden Direktoren, zeitweise führte ein gewähltes Schauspieler-Komitee das Theater. Die Vielfalt des Programms – an einem Abend »s'Nullerl«, am nächsten »Kabale und Liebe«, dann eine Operette – verhinderte die Bildung eines Stammpublikums. 1889–1895 führte der Schauspieler Karl Blasel das Theater, hatte mit Possen wie »Pension Schöller« und

»Charleys Tante« großen Erfolg, brachte aber auch Gastspiele der Comédie Française und der größten Schauspieler der Zeit, wie der legendären Künstlerinnen Eleonore Duse und Sarah Bernhard.
1895 übernahm nochmals Jauner für fünf Jahre das Carl-Theater. Er ließ das Theater umbauen, die vierte Galerie entfernen und elektrisches Licht einleiten. Die großen Erfolge stellten sich nicht mehr ein. Ab 1900 wurde das Carl-Theater zur Operettenbühne, vor allem wurden Werke von Franz Lehár, Edmund Eysler und Oscar Straus gespielt. Die Not nach dem Ersten Weltkrieg traf auch die Theater hart. 1924 wurde das Carl-Theater geschlossen, es gab nur mehr fallweise Gastspiele. 1928 versuchte es Direktor Berisch auf radikal andere Weise: Er spielte die Revolutionstragödie »Lenin« von Ernst Fischer. Das Publikumsinteresse war gering, 1929 wurde das Theater endgültig geschlossen. 1944 wurde es durch Bombentreffer schwer beschädigt, 1951 die Ruine abgetragen. Fritz Eckhardt versuchte 1945 nochmals, das Leopoldstädter Theater im alten Geist zu beleben. Er spielte im Theatersaal Praterstraße 25, wo vorher bis zur Theatersperre 1944 die Exl-Bühne gastiert hatte, unter anderem seine eigene Lokalposse »Pratermelodie«, deren Schauplatz der zerstörte Prater war.

FÜRSTTHEATER

Wo heute das Lustspiel-Kino im Prater steht, befand sich am Beginn des vorigen Jahrhunderts eine kleine Hütte, »Beim Mohrenkönig« genannt, in der mechanische Spiele vorgeführt wurden. 1845 kaufte sie der Menageriebesitzer Heinrich Schreyer und baute sie zu einem Affentheater um, das er 1847 eröffnete und mit großem Publikumserfolg führte. 1861 erwarb der Volkssänger Johann Fürst das Haus. Er war ein Vollblutschauspieler, der seinem Publikum meist selbst geschriebene oder bearbeitete Possen zeigte. Vorerst durfte er nur eine einfache Dekoration verwenden, erst nach einem Ausbau 1865 besaß er ein vollwertiges Theater.

Viele Stücke, die Fürst spielte, hatten direkten Bezug zu Tagesereignissen, der Humor war meist derb und oft zotig. Fürst verstand es, ein Ensemble zu bilden, das diesem Genre entsprach. Der Publikumserfolg war anhaltend.

1872 wurde das Theater nach Plänen von Lothar Abel umgebaut. Nach Fürsts Tod, 1882, wurde es in seinem Sinne weitergeführt, bis es 1892 Heinrich Jantsch übernahm. Er forcierte das Volksstück, spielte unter anderem Raimund und sein eigenes Werk »Josef II und die Schusterstochter«, und revueartige Ausstattungskomödien. 1898 ließ Jantsch das Theater von Alfred Bayer umbauen und eine Heizung einbauen, die einen ganzjährigen Betrieb ermöglichte. Zur allgemeinen Überraschung stellte er auf klassisches Repertoire um und begann mit Shakespeares »Julius Cäsar«. 1899 starb Jantsch. Seine Nachfolger kehrten zu den Possen zurück.

1905 übernahm Josef Jarno die Bühne. Er zeigte als erstes »Die Trutzige« von Ludwig Anzengruber mit Hansi Niese. Er bot in buntem Wechsel große Literatur, wie Moliére und Strindberg, Possen und Revuen. Er holte auch große Schauspieler wie Max Pallenberg und Gisela Werbezirk. Ab 1918 gab es verschiedene Direktionen, 1922 benützte die »Freie Jüdische Volksbühne« das Haus, dann versuchte sich die populäre Soubrette Mitzi Zwerenz als Theaterleiterin, im Okto-

ber 1923 übernahm wieder Jarno die Direktion. Revuen und französische Lustspiele beherrschten das Programm.
1927 wurde das Theater geschlossen und in ein Kino umgebaut, das am 1. Dezember eröffnet wurde. Außer dem Riesenrad war es das einzige größere Bauwerk im Prater, das beim großen Brand 1945 nicht vernichtet wurde. Am 11. November 1949 wurde es wieder eröffnet.

VARIETÉ LEICHT

Unter vielen Varietés und ähnlichen Einrichtungen, die es im Prater gegeben hat, nimmt das Varieté Leicht eine Sonderstellung ein.
Auf dem Platz, wo sich heute die Gaststätte »Zum schwarzen Bären« befindet, gab es schon im 18. Jahrhundert eine Gaststätte »Zum schwarzen Tor«, in der eine türkische Musikkapelle lautstark aufspielte. 1855 wurde daraus eine Kegelbahn, 1895 kauften die Brüder Ferdinand und Wilhelm Leicht – Söhne von Ferdinand Leicht, der 1882 als wandernder Varietékünstler in den Prater kam und 1888 das Restaurant »Zur weißen Gans« erwarb, wo er Varietévorstellungen gab – das Gebäude.
Die Brüder Leicht verstanden es, die prominentesten Wiener Künstler zu engagieren, von Alexander Girardi bis Raoul Aslan, von Paula Wessely bis Pepi Kramer-Glöckner, Fritz Grünbaum und Ferdinand Exl, Turl Wiener und Ralph Benatzky. Auf der langen Holzplanke, die das Varieté umgab, hinterließen die Prominenten ihr Autogramm. Das Publikum saß auf einfachen Holzbänken, dicht gedrängt, und aß, wie damals beim Heurigen, das Mitgebrachte.

Es gab Varietévorstellungen mit Komikern in Solonummern und Dichterlesungen, Operetten und Possen, klassische und zeitgenössische Literatur. Ferdinand Leicht starb 1922. Wilhelm führte allein das Unternehmen weiter. Er war auch ein erfolgreicher Schauspieler und spielte Hauptrollen im Volkstheater.
1945 wurde das Varieté Leicht beim Praterbrand vernichtet. Wilhelm Leicht starb am 8. April 1946.

ZIRKUS

Zirkusvorführungen gab es in der Leopoldstadt schon im 17. Jahrhundert auf den Jahrmärkten. Der erste Großzirkus war der »Circus Gymnasticus«, der 1802 im Prater nachweisbar ist. Seine Attraktion waren die Kunstreiter. 1808 eröffnete der Zirkus ein festes Amphitheater auf der Zirkuswiese, das Joseph Kornhäusel entworfen hat. Es bestand bis 1852.
In den folgenden Jahren wurde vor allem die Feuerwerkswiese der Schauplatz vieler Zirkusgastspiele, zeitweise waren drei Zirkusse gleichzeitig im Prater.
1853 wurde Zirkusgasse 44 ein Gebäude für den Zirkus Renz erbaut, das 1883 nach Plänen von Oskar Lange großzügig ausgebaut wurde. Es enthielt 3559 Sitzplätze. 1938 übernahm der Zirkus Hagenbeck das Gebäude, das 1945 vernichtet wurde. An seiner Stelle steht heute ein Wohnhaus.
1892 wurde ein Ausstellungsgebäude am Beginn der Ausstellungsstraße für den Zikus Busch eingerichtet. Das Haus faßte 2600 Zuschauer. Vor dem Ersten Weltkrieg inszenierte hier Max Reinhardt »Ödipus« von Sophokles und »Jedermann« von Hugo von Hofmannsthal. 1920 wurde das Gebäude in ein Kino

umgebaut, 1945 wurde es schwer beschädigt und schließlich abgetragen.
Ebenfalls in der Ausstellungsstraße erbaute zur Weltausstellung 1873 der Zirkus Carré ein hölzernes Zirkusgebäude, das 1904 in ein Hippodrom umgebaut und 1908 abgerissen wurde.
Gegenüber dem Zirkus Busch, im Kaisergarten, siedelte sich 1919 der Zirkus Zentral an. Er benützte die Bauten der Trophäenhalle der Kriegsausstellung, die 1914 bis 1918 bestand. 1934–1936 war hier eine Liliputanerstadt untergebracht, in der wegen des Kontrastes auch der 2,56 Meter große »Riese« Myllyrinne auftrat. Wiederholt gastierten Zirkusse in und bei der Rotunde. Nach dem Ersten Weltkrieg waren die Wildwest-Shows besonders beliebt, nachdem schon 1890 ein Gastspiel des berühmten Bufallo Bill mit 200 Indianern großen Erfolg hatte.
1927 und 1930 schlug der Zirkus Krone sein 5000 Zuschauer fassendes Zelt mit drei Manegen bei der Rotunde auf. 1931 gastierte Hagenbeck an der gleichen Stelle; am 22. Juni riß ein Orkan das Riesenzelt um und zerstörte es völlig.
Die letzte circensische Aktivität im Zweiten Weltkrieg war 1942 ein Gastspiel des Zirkus Medrano auf der Jesuitenwiese. Erst ab 1947 gastierten wieder kleine Zirkusse beim Riesenrad. Ab 1954 gab es wieder größere Zirkus-Gastspiele im Prater, vor allem auf dem Messegelände und auf dem Messeparkplatz.

Vergnügungen

Die Leopoldstadt war schon vor der Öffnung des Praters der Standort vieler Gaststätten, Kaffeehäuser und Vergnügungseinrichtungen, von denen das bereits erwähnte Hetztheater (im Kapitel »Gründung der Leopoldstadt«) besonders viele Menschen anzog, weitere wurden im Kapitel »Theater und Zirkus« behandelt.
Ein Vorläufer des Wurstlpraters befand sich im sogenannten Stadtgut, einem der Stadt Wien gehörenden Gut im Bereich Taborstraße – Novaragasse – Nordbahngelände. Der ursprünglich bestehende Gutshof dürfte 1529 von den Türken zerstört worden sein. Später gibt es hier nur einen Wald mit einem kleinen Forsthaus. Im 17. Jahrhundert beginnt die Rodung dieses Waldes, es entstehen – unterbrochen durch einen Rückschlag infolge der Türkenbelagerung 1683 – mehrere Gasthäuser und im 18. Jahrhundert Kegelbahnen, Ringelspiele, Schaukeln, Haspeln und verschiedene Schaubuden. Artisten, Messer- und Feuerschlucker, Zauberer, Clowns (Bojaza genannt) zeigen ihr Können, dressierte Pferde, Bären und andere Tiere werden vorgeführt, manchmal gastiert eine Theatertruppe. Nach der Öffnung des Praters übersiedelten die Attraktionen des Stadtgutes in den Wurstlprater.
Zahlreiche Vergnügungseinrichtungen entwickelten sich später zwischen Prater und Donaukanal, darunter die Dianasäle (siehe Kapitel »Bäder«) und der Kettenbrückensaal (siehe Kapitel »Brücken« und im Straßenverzeichnis »Schoellerhofgasse«), die vor allem im Fasching der Schauplatz rauschender Feste waren.
Daneben blühte – bis heute – natürlich auch der

Vergnügungsbetrieb, der eher das Licht der Öffentlichkeit meidet. Die Leopoldstadt ist seit mehr als hundert Jahren das Zentrum der Prostitution und des verbotenen Glücksspiels in Wien, hier gab und gibt es sowohl seriöse wie auch anrüchige Nachtlokale. Für die Sicherheit ergaben sich daraus immer besondere Probleme, wie sie in solcher Konzentration in keinem anderen Wiener Bezirk auftreten. In den letzten Jahren konnte die Situation allerdings wesentlich verbessert werden, wobei der verstärkte Polizeieinsatz auf den Straßen, die systematischen polizeilichen Großaktionen unter der Parole »Planquadrat« und die Eindämmung der Straßenprostitution eine wesentliche Rolle spielen.

Große Vergnügungszentren, wie sie im vorigen Jahrhundert im Bereich Wiens bestanden, existieren heute nicht mehr, weil sich der Lebensstil und die Art der bevorzugten Vergnügungen verändert haben. Drei von ihnen gab es in der Leopoldstadt: Sperl, Odeon und Venedig in Wien.

DER SPERL

1607 kaufte Eva Sperlbauer, Tochter des Fischhändlers Thoman Sperlbauer, den »Spittlgarten« des Wiener Bürgerspitals (Kleine Sperlgasse 2c), vermutlich als Vormund ihres minderjährigen Bruders Johann Georg Sperlbauer. Dieser wird kaiserlicher Jäger, dann Forstmeister in Wolkersdorf. Das Haus, allgemein »Zum Sperlbauer« genannt, erbt sein Sohn, der gleichfalls Johann Georg heißt und Jäger ist. Seit 1671 gab es in dem Gebäude einen Wirtshausbetrieb.

Eine Tochter des zweiten Johann Georg Sperlbauer heiratete Johann Georg Scherzer, der auch eine Reihe

benachbarter Grundstücke erwarb (Kleine Sperlgasse 2a und 2b, Hollandstraße 12 und 14). Er ließ ein Gasthaus mit einem Tanzsaal und einem großen Gastgarten anlegen. Die 1807 eröffnete Lokalität galt schon zur Zeit des Wiener Kongresses als eine der vornehmsten und schönsten von Wien. Die Gaststätte »Zum Sperlbauer« wurde bald nur mehr »Zum Sperl« genannt und erhielt 1837 auch offiziell diesen Namen.
Heinrich Laube berichtet in seinen »Erinnerungen von 1810 bis 1840«: »Der ganze Garten Sperls draußen in der Leopoldstadt brennt in tausend Lampen, alle Säle sind geöffnet, Strauß dirigiert die Tanzmusik. Leuchtkugeln fliegen, alle Sträucher werden lebendig. Was ein wienerisches Herz hat, steuert des Abends hinaus . . .«
Johann Strauß Vater hat hier oft dirigiert, zuletzt am 19. September 1848, sechs Tage vor seinem Tod. Er widmete dem Lokal 1830 den »Sperlwalzer«, 1839 die »Sperlpolka«. Im Fasching fanden jährlich 20 bis 30 Elitebälle statt.
1858 wurde das Etablissement modernisiert, verlor aber um diese Zeit seinen guten Ruf. Plakate mit dem Werbespruch »Ob schön, ob Regen – jeder Fremde geht zum Sperl« halfen nicht viel. Verschiedenste Zwischenfälle, häufige Raufereien, manche Messerstechereien, hielten das Publikum ab, die Wirtschaftskrise im Weltausstellungsjahr 1873, das die letzte Hoffnung auf mehr Besucher war, gab dem Lokal den Rest. Es wurde noch im gleichen Jahr geschlossen und danach abgebrochen. 1875–1877 entstanden an seiner Stelle Schulbauten.

ODEON

1844 kaufte der Blechwarenfabrikant Paul Fischer das Grundstück Odeongasse 2a–10 und ließ dort den größten Tanzsaal Wiens bauen, das Odeon. 10 000 Besucher fanden Platz, die Tanzfläche war 4641 Quadratmeter groß, der Saal 15 Meter hoch. Der Saal war kirschrot tapeziert, bei der Eröffnung am 8. Jänner 1845 spielte die Straußkapelle den »Odeonwalzer«. Zum Etablissement gehörte auch ein kleiner Theatersaal, in dem Karl Carl mit einigen seiner Schauspieler während des Umbaus des Leopoldstädter Theaters im Jahre 1847 Vorstellungen gab. Im Odeon gab es außer großen Theaterveranstaltungen auch Konzerte des Wiener Männergesangsvereins.
Während der Kämpfe im Oktober 1848 wurde im Odeon ein Notspital für die verwundeten Verteidiger Wiens eingerichtet. Am 28. Oktober abends wurde das Gebäude von den angreifenden kaiserlichen Truppen in Brand geschossen und brannte völlig nieder. Es wurde nicht wieder aufgebaut.

VENEDIG IN WIEN

Zwei Grundstücke am Beginn des Praters blieben auch nach der Öffnung des Praters für die Allgemeinheit unzugänglich. Es waren ein dem Hof vorbehaltenes Waldstück, das Kaisergarten genannt wurde, und ein benachbartes kaiserliches Forsthaus mit einem Waldstück. Der russische Botschafter Demeter von Gallitzin (nach dem der Gallitzinberg benannt ist, auf dem er ein Schloß besaß) kaufte 1766 das Forsthaus und ließ es zu einem Gartenhaus umbauen, das 1790 vom Hof zurückgekauft und mit dem Kaisergarten vereint wurde.

Der Hof verlor das Interesse an einer Grünanlage, die einem allgemeinen Vergnügungszentrum so nahe lag. 1891 wurde der Kaisergarten an eine englische Gesellschaft verkauft, die nun eine Fortsetzung des Wurstlpraters einrichtete: Schuhplattler, Seiltänzer, dressierte Wölfe traten hier auf.
1895 übernahm eine Kapitalgruppe mit dem Exponenten Gabor Steiner den Kaisergarten und richtete ein großangelegtes Vergnügungszentrum mit dem Titel »Venedig in Wien« ein. Es gab künstliche Kanäle zwischen Kulissen venezianischer Palazzi, auf denen Gondelfahrten veranstaltet wurden, Gondolieri und Ringkämpfer aus Venedig und ein italienisches Restaurant. Der anfängliche Erfolg ließ bald nach. Man versuchte es mit zusätzlichen Attraktionen, einer Operettenbühne, Kaffeehäusern, Verkaufsbuden. Musik und Tanz aus vielen Ländern und Kulissen bedeutender Bauwerke Europas bot die »Internationale Stadt« 1901. Es folgten 1902 die »Blumenstadt«, 1903 die »Elektrische Stadt«. Trotz beachtlichen Publikumserfolges konnte der enorme Aufwand nicht gedeckt werden. 1914 versuchte man es nochmals in großem Stil mit »Alt-Wien«: Die Kulissen zeigten die Basteien und Stadttore, alles war im Biedermeierstil gehalten. 1916 wurde die Anlage in eine große Kriegsausstellung umgewandelt. Nach dem Ersten Weltkrieg entstanden auf dem Gelände verschiedene Einzelattraktionen, wie der Zirkus Zentral und die Liliputstadt.
Zum ursprünglichen Bereich des Kaisergartens gehört auch der Standort des Riesenrads. Auch die 1909 erbaute Hochschaubahn, die am 22. September 1944 infolge eines Kurzschlusses abbrannte, war ein Teil der Kaisergartenanlage.

Die Leopoldstadt 1914–1945

Vom Ersten Weltkrieg (1914–1918) merkte man in der Leopoldstadt anfangs vor allem drei Dinge: Die meisten jüngeren Männer mußten einrücken und wurden irgendwohin ins Ungewisse abtransportiert, in den Geschäften und auf den Märkten kaufte man Vorräte ein und die Preise stiegen sprunghaft – und ab Ende August trafen auf dem Nordbahnhof fast täglich in den Abendstunden die Verwundetentransporte ein. Die Bahren mit den Verwundeten wurden zwischen Praterstern und Praterbeginn (beim damaligen Zirkus Busch) abgestellt und von dort mit der Straßenbahn zu den Spitälern und Lazaretten in ganz Wien gebracht.

Fast die Hälfte der Schulen wurde für militärische Zwecke, vor allem für die Einrichtung von Lazaretten und für die Unterbringung von Soldaten beschlagnahmt, die Schüler wurden in den restlichen Schulen zusammengepfercht. Auch im Augartenpalais und in der Rotunde wurden Verwundete untergebracht, im Prater entstanden riesige Zeltlager für das Militär. Brücken und Bahnhöfe wurden mit Stacheldrahtverhauen abgeschirmt.

Die wichtigsten Nahrungsmittel mußten rationiert werden, zugleich verschlechterte sich ihre Qualität wesentlich, es gab nur mehr Mehl und Brot mit Beimischung von Gerste und Mais, nur mehr wenig Milch und Fleisch. Da der Wohnungsbau fast völlig eingestellt wurde, stiegen die Mieten. Die Familien der eingerückten Männer, die vor dem Krieg 25 bis 30 Prozent eines Durchschnittseinkommen für die Wohnungsmiete aufbringen mußten und nun mit wesentlich verringertem Einkommen wesentlich höhere Mieten bezahlen sollten, kamen in eine furchtbare Notlage; deshalb wurde 1917 der Mieterschutz eingeführt, der die Höhe der Mieten begrenzte und die Mieter vor willkürlicher Kündigung schützte.

OSTJUDEN

Aus den vom Krieg unmittelbar betroffenen Gebieten kamen Zehntausende Flüchtlinge nach Wien. Die größte Gruppe unter ihnen waren Juden aus Polen und den angrenzenden Teilen Weißrußlands und der Ukraine, die schweren Verfolgungen durch die russischen Truppen ausgesetzt waren. Eine zweite solche Flüchtlingswelle gab es nach dem Ende des Ersten Weltkrieges. Der große Schriftsteller Joseph Roth (»Radetzkymarsch«) hat in seinem Buch »Juden auf der Wanderschaft« über diese Menschen geschrieben: »Der Ostjude weiß in seiner Heimat nichts von der sozialen Ungerechtigkeit des Westens, nichts von der Herrschaft des Vorurteils, nichts von dem Haß. Er sieht mit einer Sehnsucht nach dem Westen, die dieser keinesfalls verdient. Ihm bedeutet der Westen Freiheit, die Möglichkeit, zu arbeiten und seine Talente zu entfalten, Gerechtigkeit und autonome Herrschaft des Geistes. Man verbot dem Ostjuden, in Dörfern zu leben, aber auch in großen Städten. In schmutzigen Straßen, in verfallenen Häusern leben die Juden. Der christliche Nachbar bedroht sie. Der Herr schlägt sie. Der Beamte läßt sie einsperren. Der Offizier schießt auf sie, ohne bestraft zu werden. Der Hund verbellt sie, wenn sie in einer Tracht erscheinen, die Tiere, ebenso wie primitive Menschen, reizt . . . Und die Juden widerlegten das Sprichwort, das da sagt, der Dritte gewänne, wenn zwei sich stritten. Die Juden waren der Dritte, der immer verlor ... Die Ostjuden, die nach Wien kommen, siedeln sich in der Leopoldstadt an. Sie sind dort in der Nähe des Praters und des Nordbahnhofs. Im Prater können Hausierer leben. Am Nordbahnhof sind alle angekommen, durch seine Hallen weht noch das Aroma der Heimat, und er ist das offene Tor zum Rückweg. Die Leopoldstadt ist ein freiwilliges Getto. Die Söhne und Töchter der Ostjuden sind produktiv. Mögen die Eltern schachern und hausieren. Die Jungen sind die begabtesten Anwälte, Mediziner, Bankbeamten, Journalisten, Schauspieler. Die Leopoldstadt ist ein armer Bezirk. Es gibt kleine Wohnungen, in denen sechsköpfige Familien wohnen. Es gibt kleine Herbergen, in denen fünfzig, sechzig Leute auf dem Fußboden übernachten. Im Prater schlafen die Obdachlosen. In der Nähe der Bahnhöfe wohnen die ärmsten aller Arbeiter. Die Ostjuden leben nicht besser als die christlichen Bewohner dieses Stadtteils. Niemand nimmt sich ihrer an. Ihre Vettern und Glaubensgenossen, die im ersten Bezirk in den Redaktionen sitzen, sind ›schon‹ Wiener, und wollen nicht mit den Ostjuden verwandt sein oder gar verwechselt werden ... Es ist furchtbar schwer, ein Ostjude zu sein; es gibt kein schwereres Los als das eines fremden Ostjuden in Wien.«

ZUSAMMENBRUCH

Besonders hart wurde der Winter 1917/1918 für die Menschen. Rüben und Dörrgemüse bildeten die wichtigsten Nahrungsmittel, dem Brotmehl wurde Baumrinde beigemengt. Es gab kaum Heizmaterial. Es fiel ungemein viel Schnee, die Schuljugend wurde zum Schneeräumen eingesetzt. Kleidung und die anderen

Dinge des täglichen Bedarfs gab es nicht mehr zu kaufen. Der »Schleichhandel« mit verschobenen und gestohlenen Waren blühte, einige wenige wurden damit reich und lebten gut, die meisten hungerten und darbten. Dazu kam eine schwere Grippeepidemie, der auch in der Leopoldstadt Hunderte Menschen zum Opfer fielen. Und von der Front häuften sich die Meldungen: verwundet, vermißt, gefallen . . .
1918 brach die österreichisch-ungarische Monarchie zusammen, der Krieg war zu Ende, die Not blieb. Wo freie Flächen waren, vor allem an Rande des Praters, schufen sich die Menschen kleine Gärten, um ein paar Nahrungsmittel zu gewinnen. Tausende Bäume im Prater wurden gefällt, um Brennmaterial für die Küchenherde und für die Öfen zu gewinnen.
Hilfsaktionen, die von Schweden und der Schweiz, Holland und den USA und vielen anderen Ländern organisiert werden, retten vor allem die Kinder vor dem Hungertod.

GEMEINDEBAUTEN

1919 wird zum ersten Mal ein Wiener Gemeinderat im allgemeinen, gleichen und freien Wahlrecht gewählt. Die Sozialdemokraten erreichen mehr als die Hälfte der Mandate. Jakob Reumann wird Bürgermeister, 1923 folgt ihm Karl Seitz. Finanzstadtrat Hugo Breitner und Sozialstadtrat Prof. Julius Tandler sind die maßgeblichen Männer für zwei wesentliche Neuerungen: mit dem 1923 beschlossenen ersten Wohnbauprogramm der Stadt Wien wird durch die Errichtung von Gemeindebauten ein völlig neuer Weg beschritten, der ebenso weltweit Beachtung und Nachahmung findet wie die neue Sozialpolitik, die dem revolutionären

Grundsatz folgt, daß die Gemeinschaft jedem helfen soll, der Hilfe braucht.
Zwischen 1923 und 1934 werden in der Leopoldstadt von der Gemeinde Wien 2398 Wohnungen gebaut. Die größten Gemeindebauten dieser Zeit sind Engerthstraße 230 mit 350, Lassallestraße 40 mit 294, Schüttelstraße 9 mit 227, Obere Augartenstraße 12–24 mit 217 und Radingerstraße 9 mit 213 Wohnungen.
Die allgemeine wirtschaftliche Lage besserte sich allerdings nur langsam. Die Versorgung bleibt schlecht. Tausende sind arbeitslos. Die Inflation beginnt zu galoppieren. Ein Straßenbahnfahrschein kostet 1918 –,40 Kronen, 1920 3,50 Kronen, Jänner 1921 5 Kronen, Jänner 1922 60 Kronen, Jänner 1923 1500 Kronen, Jänner 1925 2000 Kronen. Im gleichen Zeitraum, von 1918 bis Ende 1924, stieg der Preis für eine einfache Mahlzeit in einem Gasthaus, etwa ein Gulasch mit einer Semmel, von 80 Kreuzer oder höchstens einer Krone auf 30 000 bis 45 000 Kronen. Dann wird die abgewertete Krone durch die neue, stabilere Schillingwährung ersetzt.
Im Dezember 1921 kommt es in der Leopoldstadt zu einer heftigen Demonstration gegen die allgemeine Not, in der Taborstraße werden Geschäfte, Gaststätten und Kaffeehäuser geplündert. 1923 und 1924 kommt es zu großen Streikaktionen, unter anderem der Eisenbahner, Postler und Metallarbeiter.
Die langsame wirtschaftliche Besserung wurde 1929 durch den Ausbruch der Weltwirtschaftskrise jäh unterbrochen. Die Arbeitslosigkeit erreichte Rekordhöhen.

ENDE DER DEMOKRATIE

Die politischen Gegensätze verschärfen sich. Rechtsstehende Politiker erklären offen, daß sie die Demokratie zerstören wollen. Am 12. Februar 1934 kommt es zum Bürgerkrieg. Die bewaffnete Organisation der politischen Rechtskräfte, die »Heimwehr«, kämpft mit Unterstützung der Polizei und des Bundesheeres gegen den »Republikanischen Schutzbund«, die bewaffnete Organisation der Sozialdemokraten.
In der Leopoldstadt kam es vor allem im Bereich der Albrechtskaserne zu Kämpfen. Heimwehr stürmte unter dem Feuerschutz des Bundesheeres die Gemeindebauten. Die Schutzbündler zogen sich aus der Leopoldstadt nach Kaisermühlen zurück, andere, die nicht mehr über die Reichsbrücke kamen, wandten sich nach Favoriten, wo besonders heftig gekämpft wurde. Das Bundesheer stellte auf dem Mexikoplatz Kanonen auf, mit denen der Goethehof beschossen und schließlich der Widerstand in Kaisermühlen gebrochen wurde. Der Kampf mit ein paar Gewehren gegen Kanonen und Maschinengewehre war aussichtslos.
Die Demokratie wurde zerschlagen, die freien Gewerkschaften und alle Parteien verboten. In der Leopoldstadt wurden Tausende Menschen verhaftet, viele von ihnen zu Zuchthausstrafen verurteilt oder ins Konzentrationslager Wöllersdorf verschleppt, der 21jährige Josef Gerl wurde hingerichtet.
Josef Gerl hatte nach den Kämpfen ein Signal der Donauuferbahn gesprengt, um ein Zeichen für den weiteren Widerstand zu geben. Im Verhandlungsprotokoll vom 24. Juli 1934 heißt es:
»Der Angeklagte Josef Gerl gibt sohin an: Ich besuchte 5 Klassen Volksschule und 3 Klassen Fortbildungs-

schule. Nach meiner Schulentlassung habe ich bei einem Juwelier das Goldschmiedgewerbe erlernt, doch wurde ich von demselben schon drei Monate nach meiner Auslehre entlassen. Seit dieser Zeit bin ich ohne Arbeit. Meine Mutter mußte sich selbst erhalten und brachte sich durch Waschen und Bedienungen fort. Ich selbst wohnte meist bei meiner Mutter und wurde auch hauptsächlich von ihr erhalten, da ich nur Gelegenheitsarbeiten finden konnte ... Über Vorhalt, daß Angekl. im Besitze einer Pistole angetroffen wurde: Angeklagter: Meine polizeiliche Angabe, daß ich die Pistole anläßlich der Februarunruhen erhalten hätte, wurde mir durch Folterung erpreßt. Ich wurde nämlich von der Polizei an den Händen aufgezogen und dann auf den Kopf geschlagen ... Was das Sprengstoffattentat betrifft, so habe ich dasselbe verübt ... Staatsanwalt: Haben Sie sich denn gar keine Gedanken gemacht? Sie sind doch noch ein junger Mensch! Angeklagter: Ich habe das Leben in dieser Art nicht mehr ertragen. Es ist unwürdig, in einem solchen Staate zu leben, wo man unterdrückt wird. Verteidiger: Wußen Sie, daß auf solche Verbrechen der Tod steht? Angeklagter: Ja. Verteidiger: Wie konnten Sie sich trotzdem entschließen, Ihr Leben zu riskieren? Angeklagter: Ich hatte es mir in den Kopf gesetzt und mein Ideal stand mir höher als mein Leben.«

Gerl wurde nach wenigen Stunden Verhandlung zum Tode verurteilt und wenige Tage später hingerichtet. Er wurde zu einem Symbol des Widerstandes gegen das autoritäre Regime. 1935 erschien in der Tschechoslowakei eine von Ernst Papanek verfaßte Broschüre über Gerl mit dem Titel »Die Idee steht mir höher als das Leben. Ein Buch über Josef Gerl und seine Freunde.« Im August 1936 wurden Zehntausende

rote Flugblätter mit Gerls Ausspruch »Mein Ideal steht mir höher als mein Leben« gestreut, vor allem auf dem Praterstern, in der Lassallestraße, in der Oberen Augartenstraße und weiter in der Brigittenau und in Floridsdorf. Es gab wieder zahlreiche Verhaftungen. Im August 1937 wurden die Aktionen wiederholt, wobei die Flugblätter mit drei Pfeilen, dem Zeichen der verbotenen Sozialdemokraten, bedruckt wurden. In mehreren Betrieben kam es zum Gedenken an Josef Gerl zu illegalen Arbeitsniederlegungen. Besonders umfangreich war die Flugblattaktion in den stark frequentierten Erholungsgebieten der Lobau.
Zugleich begannen sich allerdings bereits die Nationalsozialisten bemerkbar zu machen. Ihre erste Aktion in der Leopoldstadt erfolgte am 7. Jänner 1931: Sie stürmten das »Schweden-Kino«, Taborstraße 1, weil dort der Antikriegsfilm »Im Westen nichts Neues« gespielt wurde. In den folgenden Jahren sprengten sie mehrere Telefonzellen in der Leopoldstadt.
Das autoritäre Regime bringt keine Besserung der wirtschaftlichen Lage, im Gegenteil, die Hoffnungslosigkeit der Arbeitslosen und vor allem der Jugend wird immer größer. Infolge der ständig sinkenden Geburtenzahlen sinkt auch die Einwohnerzahl der Leopoldstadt: 1923 wurden noch 155.360 Leopoldstädter gezählt, 1934 sind es 149.860, 1938 nur mehr 120.200.

NATIONALSOZIALISMUS

Das autoritäre, wirtschaftlich völlig zerrüttete Österreich wird im März 1938 zur leichten Beute des deutschen Nationalsozialismus unter Adolf Hitler. In den Morgenstunden des 12. März marschieren deutsche Truppen in Österreich ein, am 13. März wird der »An-

schluß« Österreichs an das Deutsche Reich verkündet. Das furchtbarste Terrorregime der Geschichte tritt die Macht an. Im Jahr darauf beginnt mit dem Überfall auf Polen der Zweite Weltkrieg, unter dem Wien und besonders die Leopoldstadt mehr zu leiden haben als unter allen früheren Kriegen.
Fast 7000 Bewohner unseres Bezirkes kamen als Angehörige der Deutschen Wehrmacht ums Leben, mehr als tausend Zivilisten bei Fliegerangriffen und während der Kämpfe im April 1945. 297 Häuser wurden völlig zerstört, 1889 schwer beschädigt, 8516 Wohnungen waren unbenützbar geworden. 15 Schulen waren unbenützbar, der Prater war verwüstet.
Der Schlußpunkt dieser Tragödie wurde gesetzt, als die Front Wien erreichte. Die sowjetischen Truppen griffen nicht, wie erwartet, von Süden an, sondern umgingen die deutsche Verteidigungslinie und überschritten am 7. April 1945 vom Wienerwald her die Westgrenze Wiens. Am 8. April erreichten sie den Gürtel, am 10. April wurde die Innere Stadt besetzt. Am gleichen Tag eroberten sie auch den Prater, am 11. April konnten sie die Reichsbrücke, die infolge von Aktionen österreichischer Widerstandskämpfer nicht gesprengt wurde, als einzige unversehrte Donaubrücke in Besitz nehmen.
Am Donaukanal konnten deutsche Truppen zwei Tage lang die Angreifer stoppen. Bei diesen Kämpfen wurde ein großer Teil der Gebäude am Donaukanal zerstört, auf beiden Seiten gab es bei diesem sinnlosen Versuch, die sowjetischen Truppen noch aufzuhalten, Tausende Tote. Am 13. April wurden die Leopoldstadt und der Großteil Floridsdorfs von sowjetischen Truppen besetzt, am 14. April die Brigittenau und der Rest von Floridsdorf. Damit war Wien vom Nationalsozialismus

befreit – aber mit furchtbaren Wunden. Die Leopoldstadt war nach Favoriten der am zweitärgsten betroffene Bezirk Wiens, fast jede vierte Wohnung war zerstört. Am furchtbarsten waren von dieser Zeit die Leopoldstädter betroffen, die sich zum jüdischen Glauben bekannten oder von Menschen jüdischen Glaubens abstammten. Es waren im Jahre 1938 rund 50 000, 1945 waren es etwa 500, jetzt gibt es (Volkszählung 1971) 1291 Juden in der Leopoldstadt.

Gleich im März 1938 setzte der Druck auf die Juden ein, auszuwandern. Zur Verstärkung dieses Druckes wurde den Juden die Ausübung qualifizierter Berufe verboten, wurde ihnen das Betreten von Gaststätten, Parks und Kinos verboten, wurden Firmen in jüdischem Besitz enteignet und Geschäfte in jüdischem Besitz geplündert und die Einrichtung zertrümmert, wurde den Kindern der Juden der Schulbesuch verboten, wurden die jüdischen Tempel und Bethäuser in der »Kristallnacht« vom 9. bis 10. November 1938 zerstört. Schließlich wurden die Juden gezwungen, jederzeit deutlich sichtbar an ihrer Kleidung einen gelben Stern mit der Aufschrift »Jude« zu tragen. Nach Kriegsbeginn erhielten sie besondere Lebensmittelkarten mit dem Aufdruck »J«, die im Gasthaus Taborstraße 24 ausgegeben wurden; auf diese Karten gab es nur kleinste Mengen minderwertiger Lebensmittel, vor allem kein Fleisch, keine Milch, keine Butter, kein Gemüse und Obst.

Es wurde versucht, Teile der Leopoldstadt wieder zum Getto zu machen. Aus allen anderen Wiener Bezirken wurden Juden in die Wohnungen von Leopoldstädter Juden eingewiesen, oft zwanzig und mehr Personen in eine Kleinwohnung, vor allem in den Nebengassen der Taborstraße.

Unter diesem ungeheuren Druck verließen etwa zwei Drittel der Wiener Juden ihre Heimat. Sie fanden vor allem in England, Frankreich, Holland, Belgien, der Schweiz, Portugal, Palästina, Ägypten, China und den Staaten Nord- und Südamerikas Aufnahme. Die letzte Emigrantengruppe konnte am 2. November 1941 nach Portugal ausreisen. Ihr Hab und Gut mußten die Juden zurücklassen.
Im Jahre 1942 begann die Deportation der verbliebenen Juden. Wöchentlich wurden etwa 1000 Juden abtransportiert, vorerst meist in Sammellager (Theresienstadt, Lodz – damals Litzmannstadt –, Minsk usw.) und von dort in die Vernichtungslager. Nur einzelne von ihnen haben den Massenmord überlebt. Die Sammellager für die Transporte aus Wien befanden sich Castellezgasse 35, Kleine Sperlgasse 2a und Malzgasse 16.
Die Vernichtung dauerte bis zum letzten Tag. Am 12. April 1945 wurden neun Juden, die in einem Haus in der Förstergasse alle Schrecken überlebt hatten und der Deportation wegen des Zusammenbruchs des deutschen Eisenbahnnetzes entgangen waren, von einem Hausbewohner an die SS (Abkürzung für »Schutzstaffel«, die Terrororganisation der Nationalsozialisten) verraten. SS-Leute trieben die Wehrlosen in einen Bombentrichter in der Förstergasse und erschossen sie dort, wenige Stunden, bevor sie selbst aus Wien flohen. Eine Gedenktafel am Hause Förstergasse 7 erinnert an diese feigen Morde.

Die Zweite Republik

Am 22. April 1945 wurde eine provisorische Wiener Gemeindeverwaltung unter Bürgermeister Theodor Körner gebildet, am 27. April im Roten Salon des Wiener Rathauses eine provisorische Staatsregierung mit Staatskanzler Dr. Karl Renner an der Spitze. Sie proklamierte mit der Unabhängigkeitserklärung das Wiedererstehen eines freien, demokratischen Österreichs. Der Großteil Österreichs war noch in der Hand der Nationalsozialisten, die Front verlief im Grenzbereich von Niederösterreich und Oberösterreich und quer durch die Steiermark. Am 2. Mai war der Kampf um Berlin zu Ende, am 3. Mai waren Innsbruck und Salzburg frei, Graz und Linz wurden es erst nach der deutschen Kapitulation am 7. Mai.

Die Geschichte der Zweiten Republik begann mit Hunger, Not und Elend. In der Leopoldstadt wurden bis 20. April 250 Gramm Brot pro Person ausgegeben, dann bis 1. Mai weitere 500 Gramm, für Schwerarbeiter noch zusätzliche 500 Gramm. Dann erst gab es wieder einen allgemeinen Lebensmittelaufruf für Wien: Pro Tag 250 Gramm Brot, 30 Gramm Grütze, 20 Gramm Fleisch, 7 Gramm Fett und 15 Gramm Zucker. Wer überleben wollte, mußte sich im Schleichhandel versorgen.

Im Kraftwerk Engerthstraße waren bei sieben Luftangriffen 45 Bomben gefallen. Dem Einsatz und der Improvisationskunst der Männer vom E-Werk war es zu verdanken, daß schon im Mai wieder Strom erzeugt werden konnte. Schrittweise wurden auch die Leitungen wiederhergestellt. Die Erzeugung blieb wegen des Rohstoffmangels gering. Noch im Jänner 1947 mußte

der Stromverbrauch auf 0,5 Kilowattstunden pro Tag und Haushalt reduziert werden. Das bedeutete, daß man fünf Stunden lang eine 100-Watt-Lampe einschalten durfte.
Alle Gasleitungen über den Donaukanal und die Donau waren unterbrochen. Im Oktober und November 1945 gab es wieder Gas in der Leopoldstadt.
Für die Wasserversorgung wurden alte Hausbrunnen wieder aktiviert. Waschwasser holte man auch aus dem Donaukanal und der Donau. Im Herbst 1945 funktionierte auch die Wasserversorgung wieder halbwegs.
Am 19. August 1945 fuhr zum ersten Mal wieder eine Straßenbahn durch die Leopoldstadt, auf der Strecke Aspernbrückengasse – Praterstraße – Lassallestraße. Erst am 5. Jänner 1946 konnte die Straßenbahn wieder über die Reichsbrücke fahren, am 13. Jänner durch die Wehlistraße und die Engerthstraße, ab 18. März gab es die Linie 5 wieder, am 13. Mai konnte auf der Schwedenbrücke die erste Straßenbahn wieder über den Donaukanal fahren. Erst am 12. November 1956 konnte in der Heinestraße der Wiederaufbau des Straßenbahnnetzes abgeschlossen werden.
Zu allen Problemen kam, daß die Leopoldstadt von sowjetischen Truppen besetzt war und zusammen mit den Bezirken 4, 10, 20, 21 und 22 auch nach der Aufteilung Wiens in vier Besatzungszonen zur sowjetischen Zone gehörte.
Die Wohnungsnot war drückend. Mehr als 8500 Wohnungen waren unbenützbar, die meisten übrigen beschädigt, fast alle Fensterscheiben waren kaputt. Es gab vorerst fast kein Baumaterial. 1947 gelang es einigen tüchtigen Technikern mit schwedischer Materialhilfe eine Anlage zu konstruieren, die aus Schutt

Ziegel herstellte. Sie stand auf dem Schwedenplatz. Schutt gab es genug. In einer großen Aktion, an der sich fast alle Wienerinnen und Wiener beteiligten, wurden bis 1947 die Straßen vom Schutt befreit.
Die Ruinen gehörten allerdings noch lange zum Stadtbild. Besonders trist war der Anblick der Häuserfront am Donaukanal, eine ausgebrannte Ruine neben der andern. Erst in den sechziger Jahren gelang es, die Spuren des Zweiten Weltkrieges zu beseitigen. Damals entstand, vor allem auf Initiative der Wiener Städtischen Versicherung, das Dianazentrum mit dem IBM-Zentrum (Architekt Georg Lippert, bezogen 1970) und dem Gebäude, in dem seit 1977 eine der wichtigsten internationalen Organisationen, die OPEC (Organisation erdölproduzierender Länder), ihren Sitz hat.
Der Wiederaufbau begann 1948 mit einigen kleineren Häusern im Bereich beiderseits der Taborstraße. Aus diesem bescheidenen Beginn entwickelte sich eine imponierende Leistung. Seit 1948 wurden in der Leopoldstadt mehr als 7000 neue Wohnungen gebaut, rund zwei Drittel davon von der Gemeinde Wien. Derzeit sind zwei große Wohnanlagen auf ehemaligem Fabriksgelände im Entstehen, auf den Siemensgründen in der Engerthstraße 550 Wohnungen und auf den E-Werks-Gründen in der Engerthstraße 1200 Wohnungen.
Neben dem Wiederaufbau der zerstörten Schulen und Kindergärten wurden seit 1948 vier Schulen und zwölf Kindergärten neu gebaut, eine Schule und ein Kindergarten sind im Bau.
Bei der letzten Zählung im Jahre 1971 gab es in der Leopoldstadt 2266 Häuser mit 47 931 Wohnungen. Gegenüber 1951, als es noch viele Ruinen und Baulükken gab, bedeutet dies eine Zunahme der Wohnungen

um fast 30 Prozent. Da die durchschnittliche Bewohnerzahl pro Wohnung gesunken ist, ergab sich trotz der steigenden Zahl von Wohnungen seit 1961 eine sinkende Einwohnerzahl. 1951 hatte die Leopoldstadt 106 809 Einwohner, 1961 waren es 108 144, 1971 nur mehr 102 592.

Die Leopoldstadt gehört zu den Bezirken mit einem besonders großen Anteil an Grünflächen, die rund 40 Prozent der Gesamtfläche ausmachen. Das ist natürlich vor allem dem Prater zu verdanken. Rund 20 Prozent der Fläche sind verbaut, mehr als 23 Prozent sind Gewässer – Donau, Donaukanal und die Reste der einstigen Donauarme im Prater. Mit 16 Prozent ist der Anteil der Verkehrsfläche sehr hoch, vor allem wegen der Eisenbahnanlagen.

An der Gesamtfläche Wiens hat die Leopoldstadt einen Anteil von 4,7 Prozent, an der Einwohnerzahl von 6,4 Prozent.

Von den Leopoldstädtern sind 26 Prozent über 60 Jahre, 21 Prozent unter 20 Jahren. Das entspricht ungefähr dem Wiener Durchschnitt. Auch die Verteilung zwischen den Geschlechtern, etwa 55 Prozent Frauen und 45 Prozent Männer, entspricht dem Wiener Durchschnitt.

Von 46 064 Männern sind 26 891 berufstätig, von 56 528 Frauen sind es 20 759. Von den insgesamt 47 650 berufstätigen Leopoldstädtern sind fast 90 Prozent unselbständig tätig, davon rund die Hälfte als Angestellte oder Beamte. Der Anteil der unqualifizierten Arbeiter macht bei den Männern 19,7, bei den Frauen hingegen 31,1 Prozent aus.

Mehr als zwei Drittel der berufstätigen Leopoldstädter arbeiten nicht im eigenen Bezirk. Fast 9000 Leopoldstädter arbeiten im 1. Bezirk, mehr als 3000 im 3. Be-

zirk, mehr als 2000 im 9. Bezirk, mehr als je 1000 in den Bezirken 4, 6, 7, 10, 20 und 21 und in Niederösterreich. Dem steht gegenüber, daß etwa 21 000 Bewohner anderer Bezirke und fast 5000 aus anderen Bundesländern, vor allem aus Niederösterreich und dem Burgenland, in der Leopoldstadt arbeiten.
Insgesamt gibt es in der Leopoldstadt rund 40 000 Arbeitsplätze, das sind etwa 5 Prozent aller Wiener Arbeitsplätze.
Für die topographische Situation der Leopoldstadt ist charakteristisch, daß sie neben der Brigittenau der flachste Bezirk Wiens ist. Der höchste Punkt befindet sich mit 165,2 Meter über der Adria bei der Rotundenbrücke, der tiefste Punkt beim Lusthaus mit 158,1 Meter liegt nur wenig über dem tiefsten Punkt Wiens (Aspern, Heldenplatz, 157 Meter).

Blick in die Zukunft

»Wir sind in eine neue Phase der Entwicklung der Leopoldstadt eingetreten,« betont Bezirksvorsteher Rudolf Bednar. »Nach den schweren Zerstörungen im Krieg kam der Wiederaufbau, dem die großangelegte Neuplanung folgte, die wir jetzt realisieren und weiter entwickeln.«
Diese neue Phase umfaßt zahlreiche große und kleine Projekte: umfangreiche Wohnbauten, den U-Bahn-Bau, den Ausbau des Hafens mit den daraus resultierenden wirtschaftlichen Perspektiven, die Erweiterung des City-Gebietes, die Regelung für die ausgedehnten Bahnbereiche, die Verbesserung der Verkehrssituation, den weiteren Ausbau der Infrastruktur-, Sozial-

und Bildungseinrichtungen, die Restaurierung des Augartens, die Sicherung einer geordneten Entwicklung des Praters usw.
Schaltstelle für diese Arbeiten ist der Sitz des Bezirksvorstehers, das Amtshaus Karmelitergasse 9. Ursprünglich diente als Amtshaus das Wohnhaus des jeweiligen Ortsrichters. 1824 wurde in der Kleinen Sperlgasse 10 nach Plänen von Josef Kornhäusel das erste Amtshaus der Leopoldstadt erbaut. Es wurde mehrmals ausgebaut, beherbergte 1860–1877 auch eine Volksschule und 1862–1926, bis zur Einrichtung der Berufsfeuerwache in der Lassallestraße, die freiwillige Feuerwehr; 1936 wurde es in ein Privathaus umgebaut, alle Bezirksstellen wurden im jetzigen Amtshaus, das 1906–1907 nach Plänen von Josef Pürzl errichtet wurde, konzentriert. Ständige Modernisierungen verbessern das Gebäude als Servicestelle für die Bevölkerung.
Fast 28 Jahre lang, von Dezember 1949 bis Jänner 1977, amtierte hier Hubert Hladej als Bezirksvorsteher, länger als irgendein anderer Bezirksvorsteher in der Geschichte Wiens. In diesen 28 Jahren wurde in der Leopoldstadt mehr gebaut und verändert als jemals zuvor in einem solchen Zeitraum. Am 17. Jänner 1977 übergab Hubert Hladej sein Amt in jüngere Hände. Fünf Monate später, am 28. Mai 1977, starb der von allen Leopoldstädtern hochgeschätzte Hubert Hladej.
Sein Nachfolger Rudolf Bednar ist gebürtiger Leopoldstädter, geboren 1920 in der Engerthstraße. Nach dem Besuch der Schule auf dem damaligen Sterneckplatz, der heute den Namen von Max Winter trägt, lernte er den Beruf eines Drogisten, wurde Filialleiter und mußte dann einrücken. Bei der Invasion Frankreichs wurde der Angehörige der Luftnachrichtengruppe

kriegsgefangen. Im Oktober 1945 konnte er in seine Heimatstadt zurückkehren. Nach kurzer Tätigkeit als Drogist übersiedelte er in die Papier- und Büromaschinenbranche und wurde dann wissenschaftlicher Mitarbeiter eines großen Konzerns mit dem Spezialgebiet der Ärzte- und Spitalsberatung für diätetische Produkte. In seiner Freizeit widmete er sich der Arbeit für die Sozialistische Partei und erwarb dabei so viel Vertrauen, daß er 1961 in den Wiener Landtag und Gemeinderat gewählt wurde. Dieser Körperschaft gehörte er bis zu seiner Wahl zum Bezirksvorsteher an. 1960–1977 war er Bezirkssekretär der Leopoldstädter Sozialisten.

»In der Leopoldstadt müssen wir ständig große Aufgaben bewältigen, die weit über den Bezirk hinausreichen«, betont Bednar. »Zu uns gehören das größte Unterhaltungszentrum und die größten Sportanlagen Österreichs, der Wiener Hafen und das Messegelände. Verkehrsmäßig ist der 2. Bezirk ein Durchzugsbezirk erstrangiger Bedeutung für den innerstädtischen, den regionalen und den internationalen Verkehr. Der Bau der U-Bahn betont diese Funktion. Wir sind ein Bezirk der Schiffahrt, der Eisenbahn und der Brücken, ein wesentlicher Teil des in Umgestaltung befindlichen Donaubereichs und zugleich einer der größten Wohnbezirke Wiens. Immer stärker drängt die Wiener City über den Donaukanal in die Leopoldstadt. Die Skyline am Donaukanal, die wachsende Zahl von Einrichtungen der Geldinstitute und der Versicherungen sowie der Neubau des Hauptgebäudes der Pensionsversicherungsanstalt der Angestellten zeigen dies deutlich. Hand in Hand damit geht traditioneller Wohnraum verloren, die Einwohnerzahl ist deshalb gesunken. Mit neuen Wohnbauten, vor allem auf aufgelassenen Industriegründen (E-Werks- und Siemens-Gründe) gleichen wir das jetzt wieder aus. Sehr intensiv bemühen wir uns um die Erneuerung der veralteten Wohngebiete. Dazu gehört auch das Bemühen, das Erhaltenswerte zu schützen und zu restaurieren, um den speziellen Charakter unseres Bezirkes zu erhalten. In den letzten fünf Jahren wurden für mehr als fünfzig historisch wertvolle Leopoldstädter Häuser Mittel aus dem Kulturschilling, dem Altstadterhaltungsfonds und der Altfassadenaktion zur Verfügung gestellt.«

Neue Entwicklungsmöglichkeiten zeichnen sich ab. Nach Beginn des U-Bahn-Verkehrs brauchen die Verkehrsbetriebe den großen Bahnhof Vorgarten nicht mehr. Das ausgedehnte Gelände eröffnet neue Chancen für den Wohnbau und auch für Betriebsansiedlungen, wobei die Anbindung an die U-Bahn das Gebiet aufwertet.

Der planmäßige Ausbau des Hafens im Hinblick auf den Rhein-Main-Donau-Kanal eröffnet Perspektiven für weitere Betriebsansiedlungen. Als östlichster Hafen des westeuropäischen Wirtschaftsraums wird die Freudenau eine besonders wichtige Funktion im Ost-West-Handel nicht nur behaupten, sondern weiter ausbauen können. (»Mir liegt dieses Thema besonders am Herzen«, sagte Bednar, »weil ich viele Jahre lang Vorsitzender des Aufsichtsrates der Hafenbetriebsgesellschaft war.«)

Der U-Bahn-Bau und die sich daraus ergebende Auflassung von Straßenbahnlinien eröffnet auch städtebauliche Chancen. Mit dem Endausbau des Bereiches Praterstraße – Praterstern – Lassallestraße wird begonnen, sobald 1981 die Schienen entfernt werden können. Auch die anderen wichtigen Straßen sollen neu gestaltet werden.

Die Versorgung der Bevölkerung, etwa mit Einkaufsmöglichkeiten, ist zufriedenstellend und liegt sogar über dem Wiener Durchschnitt. Es gibt in der Leopoldstadt 53 Kindertagesheime mit 120 Gruppen, damit liegt der 2. Bezirk an erster Stelle in Wien; nur Krippenplätze fehlen noch. Zugleich mit den neuen Wohnbauten entstehen auch neue Kindergärten.
»Wir legen überhaupt besonderen Wert darauf, daß bei neuen Wohnbauten auch die Infrastruktureinrichtungen von Anfang an vorhanden sind,« betont Bednar. Auf den E-Werks-Gründen am Handelskai wurde das beispielhaft durchgezogen: Wenn die ersten Mieter einziehen, sind auch der Kindergarten, der Pensionistenklub, das Jugendzentrum, die Schule, die Garagen und die Einkaufsmöglichkeiten fertig.
Das Pensionistenheim Augarten ist als eines der schönsten Wiens anerkannt, es zählt deshalb auch zu den begehrtesten. Um dieser großen Nachfrage entsprechen zu können, wird bereits ein zweites Pensionistenheim geplant, das ebenfalls im Verbindungsbereich zwischen den Grüngebieten der Leopoldstadt und dem dichtverbauten Bereich liegen soll. Es gibt 15 Pensionistenklubs in der Leopoldstadt, mehr als in irgendeinem anderen Wiener Bezirk.
Eine besonders wichtige Aufgabe ist natürlich die Erhaltung der Praterlandschaft. »Wir sind striktest gegen jeden Verbauungsplan im Prater,« betont Bednar, »wir wollen im Gegenteil soweit wie möglich Aussiedlungen erreichen. Ein Beispiel dafür ist der Konstantinhügel, wo kein neues Kaffeehaus mehr errichtet wird, weil es im Prater genug derartige Einrichtungen gibt. Das Gelände wird parkartig gestaltet.«
Geklärt wurde auch, daß die Kleingärten am Rande des Praters, die nach den beiden Weltkriegen entstanden

sind (Wasserwiese, Sonnenland, Grünland 1 und 2), als Teil des Grünbereiches erhalten bleiben. Sie wurden 1978 durch Dauerwidmung in ihrem Bestand gesichert und damit auch die Voraussetzungen für eine zweckmäßige Gestaltung geschaffen.
Die Leopoldstadt hat sich in den letzten drei Jahrzehnten stark verändert. Auch die Bevölkerungsstruktur hat sich infolge des unmenschlichen Vernichtungsfeldzuges gegen die jüdischen Mitbürger gewandelt, ein wesentliches Element des geistigen und wirtschaftlichen Lebens der Leopoldstadt ist damit fast völlig verlorengegangen.
Alle Arbeiten der letzten Jahrzehnte und der Zukunft haben vor allem zwei Ziele – die Wohn- und Lebensverhältnisse weiter zu verbessern und gleichzeitig die Arbeitsplätze und den weiteren Anstieg des allgemeinen Lebensstandards zu sichern.
»Wir haben gerade in einem so alten Bezirk, in dem es einst so viel Not und Elend gegeben hat, wovon natürlich auch das äußere Bild geprägt wurde, noch viel zu tun«, sagte Bednar. »Aber im Rückblick erkennen wir, daß wir auf dem richtigen Weg sind.«

Die Bezirksvertretung

Die seit 1945 durchgeführten Wahlen in die Bezirksvertretung der Leopoldstadt brachten folgende Ergebnisse:

	SPÖ	ÖVP	FPÖ	KPÖ	Sonstige
1945	26 804	16 388	–	5285	–
1949	33 253	23 418	5119	7407	385
1954	34 417	19 944	3815	7942	1013

	SPÖ	ÖVP	FPÖ	KPÖ	Sonstige
1959	33 384	19 312	5287	4611	–
1964	35 015	20 814	5983	4395	656
1969	32 881	15 143	4430	2244	3419
1973	33 541	15 791	4456	1702	207

MANDATSVERTEILUNG

	SPÖ	ÖVP	FPÖ	KPÖ	Sonstige
1945	17	10	–	3	–
1949	15	10	2	3	–
1954	17	9	1	3	–
1959	17	9	2	2	–
1964	17	10	2	1	–
1969	18	8	2	1	1
1973	19	9	2	–	–

SPÖ = Sozialistische Partei Österreichs

ÖVP = Österreichische Volkspartei

FPÖ = 1945 noch nicht kandidiert, 1949 und 1954 Wahlpartei der Unabhängigen, seither Freiheitliche Partei Österreichs

KPÖ = Kommunistische Partei Österreichs, 1949 Linksblock, 1954 Volksopposition, 1959 und 1964 Kommunisten und Linkssozialisten

Sonstige = 1949 Demokratische Union (176 Stimmen) und Vierte Partei (209 Stimmen), 1954 Freiheitliche Sammlung Österreichs, 1965 Europäische Föderalistische Partei, 1969 und 1973 Demokratische Fortschrittliche Partei.

BEZIRKSVORSTEHER

Im April 1945 wurde Ing. Heinrich Hackenberg von der sowjetischen Besatzungsmacht provisorisch als Be-

zirksbürgermeister eingesetzt. Am 23. Juli wurden von der provisorischen Gemeindeverwaltung im Einvernehmen mit der sowjetischen Besatzungsmacht berufen: Josef Vunetich (SPÖ) als Bezirksvorsteher, Adolf Katzer (KPÖ) als 1. Stellvertreter, Anton Chytil (ÖVP) als 2. Stellvertreter.
Seit 16. April 1946 gibt es wieder demokratisch gewählte Bezirksvorsteher und Stellvertreter:

Bezirksvorsteher:
16. April 1946 Emil Mayer (SPÖ).
6. Dezember 1949: Hubert Hladej (SPÖ).
17. Jänner 1977: Rudolf Bednar (SPÖ).

Bezirksvorsteher-Stellvertreter:
16. April 1946: Wilhelm Pink (ÖVP).
2. Oktober 1948: Peter Bucher (ÖVP).
4. Mai 1950: Anton Chytil (ÖVP).
16. Dezember 1959: Leopold Wiltschnig (ÖVP).
17. November 1964: Kommerzialrat Rudolf Koblischke (ÖVP).
28. Mai 1969: Heinrich Maxa (ÖVP).
27. November 1973: Ing. Johann Tyl (ÖVP).
6. Dezember 1976: Regierungsrat Oswald Bayer (ÖVP).

Kirchen in der Leopoldstadt

Am Tabor (Hochstettergasse 1): »Unser Pfarrbuch«, das 1940 von der Tabor-Pfarrkirche herausgegeben wurde, schildert das Gebiet Am Tabor im Jahre 1932 als »abgelegen von der Kirche – abgelegen vom kirchlichen Leben – abgelegen waren die Seelen«. Das

Gebiet gehörte zur Pfarre St. Leopold, an der fünf Priester rund 43 000 Katholiken betreuten. 1932 gelang es dem »Presseapostolat-Verein Feldkirch«, ein altes Fabriksgebäude in der Rueppgasse 33–35 zu erwerben. 1890 war dort eine Fabrik für die Erzeugung von Hufnägeln gebaut worden, die um die Jahrhundertwende auf die Bearbeitung von Schafpelzen umgestellt wurde. In der Weltwirtschaftskrise wurde die Fabrik geschlossen. Das Gebäude wurde für die Einrichtung einer Kirche bestimmt, Clemens Holzmeister entwarf unentgeltlich die Pläne für den Umbau. 1935 wurde die Kirche »Zur Verklärung Christi« geweiht. Den 500 Personen fassenden schlichten Kirchenraum beherrschte ein Kreuz des Tirolers Peter Sellemond. Durch Öffnung der Wände zu einem angrenzenden Saal konnte der Fassungsraum auf 1000 Personen vergrößert werden. 1938 wurde die Kirche um eine Lourdesgrotte erweitert, 1939 wurde sie zur Pfarre erhoben. Am 2. Dezember 1944 wurde sie durch Bombentreffer schwer beschädigt: Dächer, Türen, Fenster und Innenmauern wurden zerstört, die Lourdes-Grotte durch einen Volltreffer ebenso wie die Orgel völlig zertrümmert, überall lagen Schutthaufen. Im Frühjahr 1945 waren in der notdürftig geräumten und gegen Witterung geschützten Ruine sowjetische Soldaten untergebracht. 1946 wurde mit dem Wiederaufbau begonnen, der 1954 abgeschlossen war. Schon während des Wiederaufbaus faßte der Gedanke Fuß, statt dieser unzulänglichen Kirche eine neue zu bauen. Pfarrer Leo Hesler schrieb in der Festschrift anläßlich der Wiederherstellung der Pfarre 1954: »Die Geduld ist nahezu erschöpft. Im Kirchenraum kein Platz, zu wenig Sitze, dicke Luft und Hitze usw., die Reihe der Mängel könnte man uneingeschränkt fortsetzen.« 1956 konnte

Wiener Praterstadion 1977, im Hintergrund das im gleichen Jahr eröffnete Hallenstadion.

Der Sprungturm im Stadionbad.

Südportal der Rotunde, der Haupteingang des Ausstellungs- und Messezentrums.

Eingang zum Messegelände im Prater nach der Neugestaltung 1974.

Die Rotunde, bis zu ihrem Brand neben dem Riesenrad das Wahrzeichen des Wiener Praters.

Calafatti, der »große Chineser« (Aufnahme 1927), Rendezvous-Platzerl beim Riesenrad (Aufnahme bei der Eröffnung 1966).

Johann Strauß Sohn mit Noten des »Revolutionsmarsches« von 1848, Mitzi Zwerenz mit Partner Josef König.

Die Liliputbahn im Prater, aufgenommen im Jahre 1929.

Lusthaus um 1800, Praterspaziergang um 1900.

Zirkus-Busch-Kino und Grottenbahn, 1936.

Das älteste Ringelspiel im Wurstlprater.

Älteste Haspel und Schaukel im Wurstlprater.

Tegetthoff-Denkmal auf dem Praterstern um 1910.

von der Post- und Telegraphenverwaltung ein Kabellagerplatz an der Ecke Hochstettergasse – Am Tabor erworben werden. Dr. Ladislaus Hruska, der schon den Wiederaufbau der alten Kirche geleitet hatte, schuf die Pläne für den Neubau. Erst das achte Projekt fand 1967 die kirchenbehördliche Genehmigung. Dann konnte mit dem Bau begonnen werden, 1971 wurde die Kirche von Kardinal Dr. Franz König der Auferstehung Christi geweiht. Sie enthält Reliquien des heiligen Leopold und des heiligen Klemens Maria Hofbauer. Aus der alten Kirche, die 1972 abgerissen wurde, stammen das Kreuz von Sellemond, die Armeseelen-Glocke, die als einzige im Krieg nicht eingeschmolzen wurde, und das Marienmosaik. Zur neuen Ausstattung gehören der Kreuzweg und der Taufstein von Georg Zauner (Hallstatt) sowie der Tabernakelstein und das Portal von Günther Kraus (Wien).

Am Schüttel, (Böcklinstraße 31): Im August 1914 wurde in Favoriten für verwundete Soldaten das Kriegsspital II mit 2400 Betten in 48 Holzbaracken errichtet, zu dem eine Holzkirche gehörte, deren seitlicher Turm auch der Lagerfeuerwehr als Ausguck diente. 1926 wurde das Lager abgerissen. Dabei genehmigte die Gemeinde Wien die Wiederaufstellung des Kirchleins in der Rustenschacherallee, verlangte allerdings aus feuerpolizeilichen Gründen die Ausführung der tragenden Mauern in Beton. Stadtbaumeister Friedrich Peschel führte den Umbau durch. Noch im gleichen Jahr wurde das Kirchlein »Zum heiligen Erlöser« geweiht, 1946 wurde es Pfarre. 1962 berichtet das »Wiener Kirchenblatt«, das Gotteshaus sei bei Messen »so überfüllt, daß die Leute bis auf die Stufen und auf die Straße stehen müssen«. Zu diesem Zeitpunkt wurde es allerdings schon vom Neubau überragt, der 1960 begonnen hatte. Prof. Karl Raimund Lorenz schuf die Pläne, Erzbischof-Koadjutor Dr. Franz Jachym weihte den Neubau 1962 »Zum heiligen Erlöser«. Er enthält Reliquien von der heiligen Valeria und vom heiligen Theodor. Zur Ausgestaltung gehören der Glasfenster-Kreuzweg von Franz Deed, andere Glasfenster von Max Heilmann, ein Altarkreuz von Gertrude Stöhr und eine Marienstatue von Paul Peschke. Das alte Kirchlein wurde 1963 abgerissen.

Barmherzige Brüder (Taborstraße 16): Der 1614 gegründete Konvent (siehe Kapitel »Spital der Barmherzigen Brüder«) konnte erst 1622 an den Bau einer eigenen Kirche schreiten, als ihm Kaiser Ferdinand II. einen von Wolf Sinnich erworbenen Garten mit kleinem Häuschen auf dem Grundstück neben dem Spital schenkte. Außerdem schenkte der Kaiser den Barmherzigen Brüdern eine silberne Monstranz, eine Korporalientasche und einige Kelchtücher aus einer durch Hochwasser zerstörten Kapelle Am Tabor. Über die erste Kirche blieben keine Unterlagen erhalten, sie wurde am 21. Mai 1655 durch einen Brand zerstört. Dabei wurde auch ein damals berühmtes Kirchenmusik-Archiv vernichtet, ebenso wie die Glocken, die Orgel und die Altäre. Kaiser Ferdinand III. und eine Spendensammlung unter den Bürgern Wiens ermöglichten es, daß schon 1656 eine neue Kirche geweiht werden konnte. 1677 erhielt die Kirche aus der kaiserlichen Hofburg das Votivbild »Jesus, Maria und Josef«, das vor allem in Pestzeiten um Hilfe angefleht wurde. 1676–82 wurde die Kirche erneuert und ausgebaut, doch schon ein Jahr nach der Fertigstellung, bei der zweiten Türkenbelagerung Wiens, schwer beschädigt: Die Belagerer benützten sie als Pferdestall, sie nahmen u. a. die Glocken mit. Die Kirche wurde bis 1694 größer wieder aufgebaut. Sie erhielt drei neue Glocken. Die größte davon, 12 Zentner schwer, wurde aus erbeuteten Türkenkanonen gegossen. 1697 wurde der Turm an der Taborstraße erbaut und mit einer Uhr versehen, die sich, seit der Anbringung einer modernen Uhr im Jahre 1914, im Uhrenmuseum der Stadt Wien befindet. 1708 litt die Kirche unter Hochwasser, 1714 riß ein Sturm den Turmhelm ab, 1733 mußte wegen Baufälligkeit, von der sich Kaiser Karl VI. selbst überzeugt hatte, ein Umbau vorgenommen werden. Dabei wurde die alte Sakristei, die auf Pfählen im sumpfigen Grund stand, abgerissen und das anschließende Presbyterium neu gebaut. 1735 wurde der neue Hochaltar errichtet, den ein Bild der Taufe Christi von Daniel Gran, vier große Heiligenstatuen (Marias Eltern Joachim und Anna und die Eltern des Täufers Johannes, Zacharias und Elisabeth) von Lorenzo Mathielli und Engelsfiguren von Santini und Gaetano Busi schmükken. Aus ungefähr der gleichen Zeit stammen auch die Rokokokanzel und die Orgel mit 20 Registern, ebenso die Sakristei mit den kunstvoll intarsierten Schränken. 1748–49 wurde der große Turm von Anton Pilgram neu gebaut. Er erhielt einen mit Kupferblech eingedeckten, 17 Meter hohen barocken Turmhelm. Um diese Zeit wurde die Kirche zu einem Zentrum der Kirchenmusik, 1755–58 wirkte hier der junge Joseph Haydn als Primgeiger. 1758 schuf Franz Xaver Wagenschön das Seitenaltarbild des heiligen Karl Borromäus, das die Schiffsmeisterin Rosalia Arthoffer gestiftet hatte. 1758 schenkte die Hofwäscherin Katharina Reisinger der Kirche die Statue »Christus im Kerker« für die Karl Borromäus-Seitenkapelle. 1774 wurde die Seitenkapelle zu Ehren des Ordensgründers Johannes von Gott, heilig gesprochen 1691, geweiht, die lebensgroße

Stuckplastik schuf Anton Tabotta. 1882, 1912 (anläßlich des XXIII. Internationalen Eucharistischen Kongresses) und 1932 wurde die Kirche gründlich renoviert, 1901 bekam sie das schmiedeeiserne Abschlußgitter. 1916 wurden fünf der sieben Kirchenglocken und die Kupferbedachung des kleinen Turms für Kriegszwecke beschlagnahmt. 1926 konnten die neuen Glocken geweiht werden. 1942 wurden neuerlich sechs Glocken für den Krieg beschlagnahmt. Die größte von ihnen, die 1663 gestiftet worden war, wurde von sowjetischen Soldaten auf dem Lagerplatz gefunden und 1946 von der sowjetischen Kommandantur an die Barmherzigen Brüder zurückgestellt. Die anderen, neuen Glocken wurden 1950 montiert. Am 11. April 1945 wurde während der Kämpfe um Wien der Kirchturm um 10 Uhr in Brand geschossen, er brannte völlig aus, der barocke Turmhelm stürzte auf die Taborstraße. Die Mitarbeiter des Spitals konnten ein Ausbreiten des Feuers verhindern (Feuerwehr gab es ja keine), wobei sie das Wasser aus dem 1944 reaktivierten Hausbrunnen holten. Bis 1948 konnten die Schäden beseitigt werden. Der barocke Turmhelm konnte allerdings nicht wiederhergestellt werden, an seiner Stelle entstand das pyramidenförmige Dach aus Kupferblech, das allerdings nur als Provisorium gedacht war. Am 13. Dezember 1962 erlebte die Kirche einen Höhepunkt ihrer Geschichte: Zwei Kardinäle, ein Nuntius, drei weitere Erzbischöfe und vier Bischöfe feierten, heimkehrend vom Vatikanischen Konzil, gemeinsam das Meßopfer. Die Kirche ist Johannes dem Täufer geweiht.

Johann Nepomuk-Kapelle (gegenüber Obere Donaustraße 49–53): Um 1723 wurde vor dem Rotenturmtor eine Kapelle erbaut, die dem Schützer vor Hochwasser,

Johannes Nepomuk, geweiht wurde. 1741 wurde die Kapelle demoliert, 1744 – vermutlich von Anton Ospel – neu erbaut. 1884–86 wurde sie auf das gegenüberliegende Ufer des Donaukanals und 1908 schließlich an den heutigen Platz versetzt. Die Kapelle wurde 1945 beschädigt, dann wiederhergestellt. Bemerkenswert sind die schmiedeeisernen Gitter (1738, vermutlich 1744 vergrößert), eine barocke Figur des heiligen Nepomuk und die Kuppelmalerei von Paul Weisse (1908).

Johann Nepomuk-Kirche (Ecke Praterstraße–Nepomukgasse). Um ein von der Bevölkerung verehrtes Maria Pötsch-Bild (siehe Kapitel »Sagen aus der Leopoldstadt«) wurde 1736 eine steinerne Kapelle erbaut, die 1780 abgebrochen und durch eine von Franz Duschinger konzipierte Kirche samt Pfarrhof ersetzt. 1786 wurde sie zur Pfarre erhoben und dem heiligen Johann Nepomuk geweiht. 1841–46 wurde die jetzige Kirche nach Plänen von Karl Rösner erbaut, etwa 130 Meter näher dem Praterstern als die alte Kirche, die anschließend abgerissen wurde. Der romantisch-historisierende Bau ist durch den schlanken, achteckigen Fassadenturm gekennzeichnet. Zur Ausstattung gehören Nischenfiguren (heiliger Ferdinand von Franz Bauer und heilige Anna von Joseph Klieber), ein Kreuzigungsbild von Karl Schulz und Fresken von Leopold Kupelwieser (Glorie des heiligen Nepomuk) und Joseph Führich (Kreuzweg). 1945 wurde die Kirche beschädigt, wobei auch ein Relief von Joseph Klieber zerstört wurde.

Jubiläumskirche (Mexikoplatz): Baubeginn im Jahre 1898 anläßlich des 50. Jahrestages der Krönung von Franz Joseph I. nach Plänen von Viktor Luntz, ab 1900 Bauleitung durch August Kirstein, Schlußsteinlegung 1910, tatsächliche Fertigstellung 1913. Neoromanischer Bau in Art einer Basilika mit zwei Fassadentürmen und einem Vierungsturm. Hochaltar 1964 aus der Stiftskirche Seckau übertragen, hölzerner Baldachinaltar im Jugendstil. Kaiserin Elisabeth-Gedächtniskapelle (Gattin Kaiser Franz Josephs, 1898 in Genf ermordet), nachgebildet der Aachener Pfalzkapelle. Geweiht dem heiligen Franz von Assisi, Pfarr- und Trinitarierkirche seit 1917.

Karmeliterkirche (Karmeliterplatz): 1554 wurde das Kloster der Karmeliter Am Hof aufgelöst und die Anlage den Jesuiten übergeben. Kaiser Ferdinand II. gewährte den Unbeschuhten Karmelitern zum Dank für den Einsatz ihres Ordensgenerals in der Schlacht am Weißen Berg 1623 die Errichtung eines neuen Ordenshauses, das Recht, zu predigen und die Sakramente zu spenden sowie das Recht, Almosen zu sammeln. Er ließ vier Häuser im Unteren Werd kaufen und schenkte sie unter Befreiung von Steuern, Mauten und Abgaben dem Kloster. 1624 wurde eine kleine Kirche fertiggestellt, 1626 vergrößert, 1627–39 wurden das Kloster, ein Exerzitienhaus und eine neue Kirche gebaut. Im Pestjahr 1679 starben elf Mönche bei der Bekämpfung der Seuche, die Gemeinde Leopoldstadt errichtete eine hölzerne Mariensäule vor der Karmeliterkirche. Während der Türkenbelagerung 1683 wurden Kloster und Kirche schwer beschädigt, nachher wiederaufgebaut, statt der zerstörten Holzsäule wurde eine steinerne gebaut. In den Jahren 1755–58 wirkte hier der junge Joseph Haydn als Organist. 1782 wurde das Gotteshaus als Kirche »Zum heiligen Joseph« an Weltgeistliche übergeben, der Klostergarten als Baugrund verwendet, unter anderem für die Anlegung der Josefsgasse, der heutigen Karmelitergasse. 1783 wurde die

Kirche zur Pfarre. 1843 übernahmen Tiroler Nonnen das Kloster, 1898 wurde es nach Döbling verlegt (neue Kirche Silbergasse 35), 1910 wurde das Kloster abgebrochen. Das Gnadenbild »Maria mit dem geneigten Haupt« befindet sich seit 1901 in der Döblinger Karmeliterkirche, in der Leopoldstädter Karmeliterkirche befindet sich eine Kopie. Nach der Legende wurde dieses Bild 1631 von Rom nach Wien gebracht und als Schutzschild der kaiserlichen Familie, in deren Kapelle es stand, verehrt; man schrieb ihm die Rettung Ferdinands II. bei einem Schiffsunglück 1631 auf der Donau und den Sieg bei Lützen 1632 über die Schweden zu; 1655 kam es zu den Karmelitern. Zur Ausstattung der Kirche gehören der Hochaltar von Jakob Schletterer mit einem Bild der Vision der heiligen Theresia von Avila von Martin Johann Schmidt (»Kremser Schmidt«) (vor 1770), beim Eingang zwei Weihwasserbecken und ein Altar von Johann Ignaz Bendl (17. Jahrhundert), ein Querschnittaltar mit Bild der Heiligen Dreifaltigkeit (1702) und Tabernakel (1744) sowie der Kopie des Gnadenbildes »Maria mit dem geneigten Haupt«, die Orgel von 1744, die Kirchenstühle aus ungefähr der gleichen Zeit und in den Sakristeien barocke Möbel und Bilder.

Klaus von Flüe-Kirche (Machstraße 8–10): Anton Schentz, der erste Leiter der Freudenauer Schule, ließ 1863 an einem Baum in der Nähe der Schule ein Marienbild anbringen, das verehrt wurde. 1911 ließ in der Nähe der Gastwirt Franz Plankenbüchler einen Marienaltar aufstellen, der Ort erhielt den Namen »Waldandacht«. Von 1895 an wurden im Turnsaal der Freudenauer Schule Gottesdienste abgehalten, 1923 wurde die Genehmigung dafür aufgehoben. 1928 wurde rückwirkend mit 1. Juli 1921 die Errichtung einer Pfarre Donaustadt genehmigt, deren Pfarrgebiet den Prater und den Streifen zwischen der Donau und der Bahn bis zur Innstraße umfaßte. Ab 1924 diente »Maria Grün« dieser Pfarre als völlig unzulängliche Gottesdienststätte. Als die Gemeinde Wien beschloß, im Bereich Engerthstraße – Machstraße eine Wohnhausanlage zu errichten, gelang es der Diözese Wien, einen Teil dieser Fläche für die Errichtung einer Pfarrkirche und zweier Wohnbauten zu erwerben (1958). Die Gesamtplanung der Stadt Wien für diesen Block, die Erich Boltenstern geschaffen hatte, wurde übernommen, die Modifizierung für den Kirchenbau nahm Josef Wöhnhart vor. Die 20 × 26 Meter große Saalkirche, die 4,6 Meter hoch ist, bietet 700 Personen Platz. Da sie im Hochwassergebiet liegt, wurde sie auf Pfählen errichtet. Sie sollte ursprünglich der heiligen Hemma von Gurk geweiht werden, wurde jedoch aus nicht bekanntgegebenen Gründen am 11. September 1966 von Kardinal Dr. Franz König dem heiligen Klaus von Flüe geweiht. 1967 wurde sie selbständige Pfarre. Sie ist mit Opalglas-Fenstern von Günther Kraus geschmückt.

Leopoldskirche (Alexander Poch-Platz 6): Nach der Vernichtung der Judenstadt wurden an Stelle der Synagoge und fünf benachbarter Wohnhäuser 1670–71 auf Anordnung von Leopold I. eine Kirche und ein Pfarrhof gebaut. Bauführer war vermutlich Carlo Canevale. Bei der Türkenbelagerung 1683 brannte die Kirche aus, wurde wieder hergestellt, erwies sich jedoch bald als zu klein. 1722–24 wurde sie nach Plänen von Anton Ospel neu gebaut, noch im gleichen Jahr für Gottesdienste zugelassen (benediziert), aber erst 1779 geweiht. Bis 1783 lag um die Kirche ein Friedhof. Den Hochaltar schmückte ein Altarblatt von

Martino Altomonte, das den heiligen Leopold als Beschützer von Wien zeigte. Bei einem Fliegerangriff auf Wien am 20. Februar 1945 wurden das Dach der Kirche beschädigt und die Fenster zerstört. Ein Luftangriff am 12. März 1945 traf die Kirche mit voller Wucht. In der Pfarrchronik heißt es: »Eine 1000 Kilogramm schwere Bombe drang mit ungeheurer Wucht durch das Kirchendach in den Mittelraum des Gotteshauses ein. Die Balken des Dachstuhles zerbrachen und stürzten durch die zerstörte Kuppel in das Innere der Gottesstätte. Die Luftdruckwirkung war derart gewaltig, daß auch das ein Meter starke Mauerwerk über der Kreuzkapelle an der Westseite aufgerissen wurde; die Kuppel und das Gewölbe über dem Kreuzaltar und Orgelraum stürzten ein. Ganz furchtbar aber zeigte sich die zerstörende Wirkung der Bombe im Innern des sakralen Raumes. Das herrliche Hochaltarbild von Altomonte und die Bilder des Kreuz-, Marien- und Antoniusaltares wurden in Stücke gerissen, Kanzel, Altäre, Orgel, Kirchenbänke, Beichtstühle zertrümmert und die Gewölbe über dem Hochaltar und Kreuzaltar zur Gänze vernichtet«. Etwa 300 Menschen im Luftschutzraum der Kirche blieben unversehrt. Nach der Zerstörung der Kirche diente bis Jahresende die Kirche der Barmherzigen Brüder als Pfarrkirche. Am 23. Dezember 1945 konnte eine Notgottesdienststätte bezogen werden, die in einem der Kirchenruine gegenüber liegenden Privathaus eingerichtet wurde. Die Räumlichkeiten hatten ursprünglich ein Kaffeehaus und ein Möbelgeschäft beherbergt und waren dann als Lager verwendet worden. Zugleich wurde Helene Koller-Buchwieser mit dem Wiederaufbau der Kirche beauftragt. Im Sommer 1946 konnte mit den Arbeiten begonnen werden, zwei Jahre später war die Kirche – als erste der im Krieg zerstörten Wiener Kirchen – soweit wiederhergestellt, daß wieder Gottesdienste abgehalten werden konnten. Die endgültige Wiederherstellung erfolgte in den Jahren 1959–61. Zwei Drittel der gesamten Wiederaufbaukosten trug die Gemeinde Wien als Patronatsherr der Kirche, der Rest wurde zum Teil mit Spenden aus der Schweiz gedeckt. Die Kopie des zerstörten Altarblattes von Martino Altomonte schuf Alexander Brunner. Der Hochaltar selbst ist von Anton Ospel, ebenso der Seitenaltar mit den Figuren des heiligen Joachim und der heiligen Anna. Das Bild der Taufe Christi ist von Johann Georg Schmidt, das Bild des heiligen Florian von Matthias Mölk.

Maria Grün (Aspernallee): Der Gastwirt Franz Plankenbüchler, der dann im Ersten Weltkrieg als Feldwebel gefallen ist, schuf 1911 die Marienstätte »Waldandacht«. Da sie sich zu einem Wallfahrtsort entwickelte, wurde 1924 die Kirche erbaut. Der Name stammt von dem Gnadenbild, das Maria mit dem Kind in den Praterauen zeigt. Hans Jakubetz hat dieses Bild gemalt. Da es sich bis zur Erbauung der Kirche auf einem Altar im Freien befand, wurde es schwer beschädigt und mußte durch eine Kopie ersetzt werden. Am 27. Dezember 1944 sowie am 29. Jänner und vor allem am 15. Februar 1945 wurde die Kirche durch Splitter und Luftdruck von in der Nähe niedergehenden Fliegerbomben erheblich beschädigt, unter anderem wurden das Mosaik über dem Portal, darstellend »Maria, Hilfe der Christen«, und das Dach zerstört. Bis 1948 wurde die Kirche wiederhergestellt.

Muttergottespfarre im Augarten (Gaußplatz 14): Im Parterre des Hauses Klosterneuburger Straße 10, das Frau Louise Ullrich, der Mutter der gleichnamigen Filmschauspielerin, gehörte, befand sich das jüdischrituelle Speisehaus »Ehrlichhof«. Während der Weltwirtschaftskrise mußte es geschlossen werden. Der »Presseapostolats-Verein Feldkirch« mietete 1935 die Räume für die Errichtung einer Notgottesdienststätte, die der »Muttergottes von der wundertätigen Medaille« geweiht wurde. Kardinal Dr. Theodor Innitzer nahm die Weihe an seinem 60. Geburtstag, am 25. Dezember 1935, vor. 1946 konnten die Räume um die angrenzenden aufgelassenen Geschäftslokale eines Stiegenklopfererzeugers und eines Friseurs erweitert werden, für die Kinder wurde in der Traunfelsgasse 3 ein eigener Raum eingerichtet – aber die Verhältnisse blieben unzureichend. Die Pfarrchronik berichtet von einem »lebensgefährlichen Gedränge«, von unerträglicher Hitze und extrem schlechter Luft bei den Gottesdiensten. 1948 konnte die Erzdiözese Wien vom Landwirtschaftsministerium eine 2168 Quadratmeter große Fläche an der Ecke des Augartens für einen Kirchenbau mieten. Nach Plänen von Walter Reischl wurde eine der Not und den geringen Möglichkeiten jener Zeit entsprechende Kirche gebaut, die noch 1948 provisorisch in Betrieb genommen und 1954 fertiggestellt werden konnte. Hunderte Menschen hatten unentgeltlich mitgearbeitet, vor allem bei der Aufschüttung des um zwei Meter zu tief gelegenen Geländes. Ein beträchtlicher Teil der finanziellen Mittel wurde durch Spendensammlungen im 2. und im 20. Bezirk, aber auch im übrigen Wien, in Niederösterreich und in der Schweiz aufgebracht. 1950 wurde die Kirche, bis dahin Expositur »Wolfsau«, zur selbständigen »Muttergottespfarre im Augarten«. Die Kirche ist mit Schnitzarbeiten von Gret Einberger, einem Kreuzweg von Alois Ürge, Glasfenster von Lucia Jirgal und einer Salzburger Kreuzigungsgruppe geschmückt.

Evangelische Kirche A. B. »Verklärungskirche« (Am Tabor 5): Siegfried Theiß und Hans Jaksch schufen die Pläne für die 1914–26 erbaute Kirche. Nach der Beschädigung durch Bomben im Jahre 1945 wurde sie bis 1947 wiederhergestellt. Der Saalraum mit dem Tonnengewölbe ist mit einem Fresko »Verklärung Christi« von Wolf Rothenhahn (1926, nach der Beschädigung im Krieg 1947 von E. Schneider erneuert) geschmückt.

Schulen in der Leopoldstadt

Die älteste Schule unseres Bezirkes wurde von den Karmelitern (Taborstraße 19) im Jahre 1767 eingerichtet. Es war eine sogenannte Trivialschule, in der vor allem Religionsunterricht erteilt wurde. Daneben wurden die Grundbegriffe des Schreibens und Lesens sowie die vier Grundrechnungsarten vermittelt. Zwei Jahre später wurden – nach allerdings unzuverlässigen Quellen – noch drei weitere Schulen gegründet (Große Pfarrgasse, Obere Donaustraße, Praterstraße), die jedoch nur kurze Zeit bestanden haben dürften.
1786 wurde die allgemeine Schulpflicht eingeführt. Dieses Gesetz wurde jedoch ebenso wie viele andere Reformbemühungen von Kaiser Joseph II. kaum beachtet, weil es wirklichkeitsfremd war: Es gab nicht nur keine Schulgebäude und keine Lehrer für die praktische Durchführung, sondern auch die große Mehrzahl der Eltern war nicht bereit, die Kinder, die als Arbeitskräfte benötigt wurden, in die Schule zu schicken.
Nur sehr langsam bahnte sich ein Wandel an. 1793 wurde eine Trivialschule in der Großen Sperlgasse 6 eröffnet. 1801 widmete die Bildhauersgattin Eleonore

Schrey ihr Haus (heute Schreygasse 2) für die Einrichtung einer Schule, die 1838 von der Gemeinde nach Untere Augartenstraße 3 verlegt wurde. 1807 wurde Weintraubengasse 6 eine Pfarrschule eröffnet.
Bis zum Jahre 1853 mußte in den Trivialschulen von den Eltern Schulgeld bezahlt werden, das im Jahre 1800 einen Kreuzer wöchentlich ausmachte. Für einen erheblichen Teil der Bevölkerung war selbst dieser Kreuzer, der etwa dem Preis für sechs Eier oder zwei Liter Milch entsprach, eine arge Belastung oder überhaupt nicht aufzubringen. Kirchliche und private Stiftungen sollten es auch den Ärmeren ermöglichen, die Kinder in die Schule zu schicken, doch wirkten diese Bemühungen wie ein Tropfen auf dem heißen Stein. Nur etwa jedes achte Kind erhielt um 1830 in der Leopoldstadt Schulunterricht.
Ambitionierte Lehrer, die diesen Zustand ändern wollten, waren in der Bevölkerung nicht gerade beliebt. Sie drängten die Eltern nicht nur, ihre Kinder in die Schule zu schicken, sondern mußten auch das Schulgeld eintreiben.
Die Verbesserung der Situation ging von einem stärkeren Faktor aus, von der Industrie. In den Fabriken brauchte man qualifizierte Arbeitskräfte, die ein Mindestmaß an Ausbildung besaßen und zumindest ordentlich lesen, schreiben und rechnen konnten. Dieses Bedürfnis der sich entwickelnden Industriegesellschaft machte bessere Schulen und die Verwirklichung der allgemeinen Schulpflicht notwendig.
1817 wurde Kleine Pfarrgasse 22 die erste Hauptschule der Leopoldstadt eröffnet, aber die umfassende Änderung ergab sich erst als Folge der Revolution von 1848. 1848 wurden die meisten Pfarrschulen kommunalisiert. Die Lehrer, deren Einkommen bis dahin von den

Schulgeldeinnahmen abhängig war, erhielten garantierte Bezüge und Pensionen. 1849 wurden die bis dahin zweiklassigen Trivialschulen in dreiklassige umgewandelt. Im gleichen Jahre wurde Weintraubengasse 13 eine weitere Hauptschule eingerichtet. Dieser dreiklassigen Schule wurde 1850 eine als »Unterrealschule« bezeichnete vierte Klasse angeschlossen.
Bis 1850 wurden in den Trivialschulen Mädchen und Knaben gemeinsam unterrichtet, wobei allerdings Mädchen noch viel seltener als Knaben in die Schule geschickt wurden, weil man es für völlig überflüssig hielt, daß Mädchen für etwas anderes als ihre Rolle als Hausfrauen, Mütter und Hilfskräfte im Gartenbau, in der Fabrik oder beim Bau ausgebildet würden. 1850 wurde Große Sperlgasse 6, später Stephaniestraße 13, die erste Mädchenschule eingerichtet, die als Musterschule gedacht war.
Um diese Zeit kam der Gedanke auf, daß Lehrlinge über die Ausbildung am Arbeitsplatz hinaus auch eine schulische Berufsbildung benötigen. In der Schule Weintraubengasse 13 wurde 1857 eine »Abend- und Sonntagschule« eingerichtet, in der vor allem Bauzeichnen unterrichtet wurde.
1865 wurde Taborstraße 24a die erste höhere Schule eröffnet, ein Gymnasium, das 1899 in die Zirkusgasse 48 übersiedelte.
Die Schulgesetze von 1867 und 1869 schufen die Grundlage für das moderne Schulwesen und führten zur Realisierung der allgemeinen Schulpflicht.
Im Jahre 1913 gab es rund 18 000 Schüler in den Volks- und Hauptschulen der Leopoldstadt. Mehr als zwei Drittel von ihnen besuchten nur die Volksschule, weniger als ein Drittel trat nach der Unterstufe der Volksschule in die Hauptschule über. In den höheren Schu-

len, die Mittelschulen genannt wurden (als Mittelstufe zwischen Volks- und Hochschule) gab es etwa 600 Schüler; schon wegen des hohen Schulgeldes waren diese Schulen einer kleinen Minderheit vorbehalten.
Ab 1914 gingen die Geburtenzahlen stark zurück. In der Wirtschaftskrise der dreißiger Jahre verstärkte sich dieser Rückgang noch. Im Zweiten Weltkrieg sank die Zahl der Volks- und Hauptschüler in der Leopoldstadt unter 3000. Die Zahl der Mittelschüler blieb in dieser ganzen Zeit mit etwa 600 ungefähr gleich.
Die große wirtschaftliche und soziale Aufwärtsentwicklung seit 1945 hatte zur Folge, daß die Zahl der Schüler in den höheren Schulen sprunghaft anstieg.
Heute gibt es in den 14 Volksschulen der Leopoldstadt mehr als 4000 Schüler, in den acht Hauptschulen mehr als 2000 und in den vier höheren Schulen mehr als 3000 Schüler. Es gibt 140 Volksschul- und 77 Hauptschulklassen, sowie 103 Klassen in den höheren Schulen. Eine Neuerung der letzten Jahre sind die Vorschulklassen – derzeit fünf in der Leopoldstadt – in denen die Kinder, die altersmäßig noch nicht schulpflichtig sind, auf die Schule vorbereitet werden. Ebenfalls neu ist, daß die Volksschule Aspernallee 5 als Ganztagsschule geführt wird.
Wichtige Einrichtungen sind die Sonderschulen, in denen behinderten Kindern geholfen wird, sich so gut wie möglich in das allgemeine Leben einzufügen. Internationalen Ruf genießt das Bundes-Blindenerziehungsinstitut Wittelsbachstraße 5; Schwarzingergasse 4 besteht eine Tagesheimschule für schwerstbehinderte Kinder, außerdem gibt es im Bezirk zwei allgemeine Sonderschulen. In diesen insgesamt vier Sonderschulen mit 49 Klassen werden rund 700 Schüler unterrichtet.

Dem Polytechnischen Unterricht dient die Schule Max Winter-Platz 2, für die Sonderschulen Wolfgang Schmälzl-Gasse 15.
Schließlich gibt es im 2. Bezirk auch ein Bundeskonvikt (Josef Gall-Gasse 2) und zwei Privatschulen: Die Schulschwestern vom Dritten Orden des heiligen Franziskus unterhalten Obere Augartenstraße 34 eine seit 1869 (damals Ecke Untere Augartenstraße – Leopoldsgasse) bestehende Volks- und Mädchenhauptschule. Malzgasse 16 besteht eine jüdisch-religiöse Schule, die Talmud-Thora-Schule (Thora werden die in den fünf Büchern Mose gesammelten jüdischen Gesetze genannt, der Talmud ist deren kodifizierte Erläuterung). Sie wurde hier 1873 eingerichtet, 1938 von den Nationalsozialisten geschlossen. In den Räumen wurde provisorisch ein Spital und dann ein Sammellager für Judentransporte in die Vernichtungslager eingerichtet, ab 1945 wurden Flüchtlinge untergebracht, 1948 wurde die Schule von heimgekehrten Emigranten wiedergegründet, 1977 erhielt sie das Öffentlichkeitsrecht. Etwa 100 Kinder werden in dieser Volks- und Hauptschule unterrichtet.

Planetarium und Museen

Im Prater befindet sich eine der attraktivsten Einrichtungen der Wiener Volksbildung, das Planetarium. Sein Kuppelsaal dient der Darstellung der Himmelskörper. Vom Schaltbrett aus kann der Stand der Gestirne zu jedem beliebigen Zeitraum innerhalb 4000 vor bis 3000 nach Christus für jeden beliebigen Punkt der Erde dargestellt werden. Herzstück der Apparatur ist

der vier Meter hohe und 2,5 Tonnen schwere Hauptprojektor.
Um räumliche Darstellungen des Himmelsgewölbes bemühte man sich schon im 17. Jahrhundert. So ließ Herzog Friedrich III. von Holstein von seinem Hofmathematikus Adam Olearius eine Hohlkugel bauen, in deren Inneren zehn Personen Platz fanden und sich die Stellung der aufgemalten Gestirne erklären lassen konnten. Dieser Himmelsglobus, der sich durch Wasserantrieb in 24 Stunden einmal um die eigene Achse drehte, kam 1713 als Geschenk an Zar Peter den Großen nach Petersburg. Ab 1913 bemühte sich die Firma Zeiss um ähnliche Lösungen mit modernen Methoden. 1919 kam die bahnbrechende Idee: Mit einer Kombination von Projektoren sollte der wechselnde Stand der Gestirne an die Kugel eines verdunkelten Raumes projiziert werden. 1923 konnte in Jena das erste Gerät vorgestellt werden, das allerdings nur das Himmelsbild über Jena zeigte. Im nächsten Jahr wurde der hantelförmige Projektor mit den zwei Fixsternkugeln entwickelt, der es ermöglichte, jeden Punkt der Erde einzustellen.
Als erste Stadt außerhalb Deutschlands erhielt Wien ein Planetarium, dessen Leitung der bedeutende Astronom und Volksbildner Dr. Oswald Thomas übernahm. Es wurde am 7. Mai 1927 vor dem Messepalast in einem zum Abbruch bestimmten kleinen Nebengebäude der einstigen Hofstallungen untergebracht, das es im Oktober 1928 wieder räumen mußte. Mehr als 200 000 Besucher hatte es in dieser kurzen Zeit. Die Gemeinde Wien baute nun ein eigenes Gebäude beim Praterstern, in dem 1931 der Betrieb wieder beginnen konnte. 1945 wurde es völlig zerstört.
Am 16. Juni 1962 wurde in der Nähe des alten Gebäu-

des der Grundstein für einen Neubau gelegt. Professor Thomas, der 1963 starb, erlebte die Fertigstellung nicht. Sein Schüler Hermann Mucke, der schon vorher als Übergangslösung im Flakturm eine astronomische Volksbildungsstelle eingerichtet und fünf Jahre lang betrieben hatte, übernahm die Leitung des Planetariums. 1964 wurde es von Bürgermeister Franz Jonas eröffnet. 25 Millionen Schilling hatte die Anlage gekostet, allein eine Million der Hauptprojektor. 1977 wurde ein Doppeljubiläum gefeiert – 50 Jahre Planetarium in Wien, 15 Jahre Baubeginn des neuen Planetariums. Als Geburtstagsgeschenk kaufte die Stadt Wien als Ergänzung der Ausstattung je acht Diaprojektoren und Farbfernsehgeräte, die miteinander zu einem zusätzlichen System verbunden sind.
Von 1964 bis 1977 gab es im Planetarium fast 800 000 Besucher. Kinder und Jugendliche bilden einen erfreulich hohen Besucheranteil, es gibt aber auch Spezialkurse für AUA-Piloten, Navigationskurse für den Österreichischen Segelfliegerverband, wissenschaftliche Seminare, Ausstellungen und Kongresse.
Zu den wichtigen Einrichtungen der Volksbildung neben dem Planetarium gehören die vier Museen des Bezirkes. Im Haus des Planetariums ist das Pratermuseum untergebracht, eine Schöpfung des bedeutenden Wiener Heimatforschers Hans Pemmer; es enthält vor allem Erinnerungen an die 1945 zerstörten Attraktionen des Wurstlpraters. Im Haus der Bezirksvertretung, Karmelitergasse 9, befinden sich das Leopoldstädter Bezirksmuseum und das Österreichische Circus- und Clown-Museum. Das Bezirksmuseum gehört zweifellos zu den schönsten Wiens, mit dem in 450 Stunden Arbeit aus Zündhölzern hergestellten Modells des Riesenrades, den Barockfiguren vom Pfarr-

haus der alten Nepomukkirche (Weintraubengasse 6), den Zieraten vom einstigen Nordbahnhof, den Erinnerungen an das Carl-Theater und die Leopoldstädter Juden und vielen anderen sehenswerten Dingen. Das Circus- und Clown-Museum hat Heino Seitler, der 50 Jahre lang die Bestände gesammelt hat, 1968 der Stadt Wien geschenkt. Nach seinem Tod, 1974, übernahm Berthold Lang die Leitung. Es ist die einzige öffentlich zugängliche Sammlung dieser Art in West- und Mitteleuropa.

Im Hause Praterstraße 54, wo Johann Strauß Sohn von 1863 bis 1870 wohnte und unter anderem den Donauwalzer schrieb, eröffnete Vizebürgermeister Gertrude Fröhlich-Sandner am 5. Juni 1978 ein Johann Strauß-Museum. In mühsamer Arbeit wurden die Räumlichkeiten in der ursprünglichen Form wiederhergestellt und mit Erinnerungsstücken – darunter der Geigenvitrine, dem Notenkasten, dem Stehpult und persönlichen Gebrauchsgegenständen des Walzerkönigs – ausgestattet.

Wenige Wochen vorher, am 15. April 1978, eröffnete Vizebürgermeister Gertrude Fröhlich-Sandner mit Bezirksvorsteher Rudolf Bednar das Haus der Begegnung, Praterstern 1. Es ist vor allem als Ort für Veranstaltungen gedacht. Das volksbildnerische Zentrum für die Leopoldstadt bleibt die Urania, aber auch im Haus der Begegnung gibt es Kurse und Vorträge der Volksbildung. Zur Eröffnung gab es die große Ausstellung »Leopoldstadt heute – morgen«, die einen Überblick über die Entwicklung des Bezirkes vom Trümmerhaufen des Jahres 1945 zum blühenden Großstadtbezirk von heute und über die weiteren Planungen gab.

Bäder in der Leopoldstadt

Im Mittelalter gab es in Wien zahlreiche »Badstuben«, im Sommer badete man in der Donau, im Wienfluß und in den Bächen, die vom Wienerwald zur Donau flossen. Im 16. Jahrhundert kam die Vorstellung auf, daß Baden ungesund und unmoralisch sei. Die Barockzeit glaubte, daß Baden die Pest verbreite – und dementsprechend mied man das Wasser wie die Pest. Bei den Reichen hielt sich die Abneigung gegen das Baden auch noch im Rokoko, bis ins letzte Jahrzehnt des 18. Jahrhunderts. Gegen den Körpergeruch half man sich mit stark riechendem Puder.
Eine Bevölkerungsgruppe, die nie die Ablehnung des Badens mitmachte, waren die Juden. Ihr Glaube besagt, daß die Reinlichkeit des Körpers ebenso wie die Reinheit der Seele eine Voraussetzung für einen gottgefälligen Lebenswandel ist. Die rituellen Bäder gehören deshalb zu den wichtigsten Einrichtungen einer jüdischen Gemeinde. Als die Juden 1624 im Unteren Werd angesiedelt wurden, bauten sie deshalb ein Bad (Haidgasse 15). In der Leopoldstadt wurde 1856 in der Oberen Donaustraße 67, kombiniert mit dem allgemeinen Bad »Zum weißen Wolfen«, ein neues rituelles Bad eingerichtet. 1908 übersiedelte es in ein eigenes Gebäude, Floßgasse 14. 1938 wurde es von den Nationalsozialisten geschlossen.
Das erste allgemeine Bad wurde 1717 von dem Chirurgen Zehmayer gegründet. Es war das Schüttelbad (Schüttelstraße 15), ein Freibad, das vom Donaukanal durch eine Rohrleitung mit Wasser versorgt wurde. Neben dem Schwimmbecken wurde ein Gebäude errichtet, in dem sich außer den Umkleidemöglichkeiten

auch ein Gasthaus befand. Adam Fürst Liechtenstein kaufte 1810 das Bad und die angrenzenden Grundstücke, um ein Lustschloß mit Park anzulegen, führte seine Absicht jedoch nicht durch. Das Bad blieb bis in die zweite Hälfte des vorigen Jahrhunderts bestehen und gehörte zu den beliebtesten Bädern Wiens. Zeitweise verkehrte ein Stellwagen zwischen Rotenturmtor und Schüttelbad.
1784 wurde Obere Donaustraße 67 das Bad »Zum weißen Wolfen« eröffnet, 1824 bedeutend vergrößert, 1856 ein rituelles jüdisches Bad zusätzlich eingerichtet. Es war das erste Wiener Bad mit vorgewärmtem Wasser: Wasser aus dem Donaukanal wurde in großen Kesseln erhitzt, die dann von den Badeknechten ins Bassin entleert wurden. Das Bad wurde am Beginn unseres Jahrhunderts geschlossen.

ZUM SCHARFEN ECK

Das Haus »Zum scharfen Eck« (heute Obere Donaustraße 87) hatte seinen Namen von der Biegung des Donaukanals an dieser Stelle, die früher enger war und im Zuge der Donaukanalregulierungen ausgeglichen wurde. Im Haus befand sich ein bekanntes Gasthaus, in dem im 17. und 18. Jahrhundert wiederholt Gesandtschaften aus der Türkei und Arabien untergebracht wurden.
Von dem Bad, das sich in diesem Haus befand, gibt es eine erzählenswerte Geschichte.
In der Zeit nach der Französischen Revolution entstanden auch in Wien verschiedene Gruppen, die meinten, daß der Absolutismus nicht gar so gut und ein bißchen Freiheit für die Bürger gar nicht schlecht wäre. Eine solche Gruppe sammelte sich um den Oberleutnant

Franz von Hebenstreit und den Dichter und Magistratsrat Martin Josef Prandstätter. Zu den fallweisen Zuhörern bei aufrührerischen Reden im Hinterzimmer eines Josefstädter Kaffeehauses gehörte auch der Leopoldstädter Bürger Josef Hackel, konzessionierter Glückshafen-Besitzer, dessen Standel vor dem jetzigen Sparkassengebäude am Graben stand. (Glückshafen waren eine Warenlotterie, heute ist für ähnliches der Ausdruck Tombola geläufiger. Es gab sie mit behördlicher Erlaubnis seit dem 16. Jahrhundert, 1813 wurden sie in dieser Form verboten. 1790 kostete ein Los 2 Groschen. Unter mehr als 400 000 Losen waren nur 1200 Treffer, meist verschiedene Silbergegenstände, der höchste Treffer waren 400 Gulden bar. Für die Konzession waren jährlich 3000 Gulden Pacht an die Hofkasse zu bezahlen).

Der Traum der Armen vom großen Gewinn machte Josef Hackel reich. Er heiratete die attraktive Katharina Moßhammer aus Oberösterreich. Sie war lebenslustig, er war vom frühen Morgen bis zum späten Abend bei seinem Glückshafen – das Ergebnis war, daß Kathi mit einem Nachbarn, dem damals hochgeschätzten Dichter Alois Blumauer, näheren Kontakt aufnahm.

In der Nacht vom 31. Juli auf den 1. August 1794 gab es eine große Polizeiaktion: Die erwähnte Gruppe freiheitsdurstiger Menschen wurde verhaftet, auch Johann Hackel. Man bezichtigte sie, eine Jakobiner-Verschwörung gebildet und unter anderem die Ermordung der kaiserlichen Familie und Brandstiftungen in der Stadt geplant zu haben. Franz Xaver Huber schreibt in seinem »Beitrag zur Charakteristik und Regierungs-Geschichte der Kaiser Joseph II., Leopold II. und Franz II.«: »Da in Wien bekannt ward, Hackel sei als Jakobiner eingezogen worden, lachten

die dümmsten Bürger darüber und sagten laut: Es wäre eine Satyre auf die Jakobiner, daß man diesen Menschen dazu rechne. H. hatte nur Sinn und Gefühl für Essen und Trinken. Ich bin überzeugt, daß er sich unter dem Worte Revolution nie etwas anderes, als ein französisches Ragout gedacht hat.«
Nichts zu lachen hatten die Verhafteten. Man wollte ein Exempel statuieren. Hebenstreit wurde hingerichtet, Prandstätter zu 30 Jahren schwerem Kerker verurteilt, Hackel zu 35 Jahren Gefängnis in Ketten. 1802 wurde Hackel als gebrochener Mann begnadigt, lebte bis 1812 unter Polizeiaufsicht in Linz, wo er sich teils als Hausknecht, teils durch Bettelei sein Brot verdiente. Dann durfte er ins Haus seiner Frau, »Zum scharfen Eck« in der Leopoldstadt übersiedeln, wo er 1814 an der »Auszehrung« starb.
Alois Blumauer wurde verdächtigt, den Mann seiner Geliebten als Jakobiner denunziert zu haben. Er wehrte sich dagegen mit einem Vierzeiler:

Ich weiß von gar nichts, denn kurzum,
Mit Hackel ging ich gar nicht um,
Und unsre Freundschaft war sehr lau.
Ich bin nur warmer Freund von seiner schönen Frau.

Blumauer starb 1798. Katharina Hackel blieb allein – mit dem beträchtlichen Vermögen, das ihr verhafteter Gatte mit dem Glückshafen verdient hatte. 1799 suchte sie um eine Konzession für eine Kalt- und Warm-Badeanstalt an und erhielt sie.
Vermutlich gab es schon früher im Scharfen Eck Wannenbäder. Katharina Hackel ließ jedenfalls das Bad ganz neu einrichten. 1820 wurde das Haus »Zum scharfen Eck« abgerissen, eine neues Bad gleichen

Namens bestand Obere Donaustraße 75–77 bis kurz vor dem Ersten Weltkrieg.

DIANABAD

1804–1806 erbauten der Maler Karl Hummel und der Baumeister Karl Moreau das Dianabad, ursprünglich nur ein Wannenbad. Gerüchte besagten, daß auch hinter diesem Bad das Geld von Katharina Hackel stecke. 1810 übernahm es eine Dianabad AG, die große Ausbaupläne hatte. Wegen der allgemeinen wirtschaftlichen Schwierigkeiten kam es jedoch erst 1829–1830 zu diesem Ausbau.

Nach Betreten des Hauses kam man in einen Arkadenhof. Hier konnte man, getrennt nach Geschlechtern, eines der beiden Vorhäuser betreten und die Eintrittskarte lösen, dann kam man über Gänge zu den Badekabinetten. Das Wasser wurde mittels zweier Dampfmaschinen dem Donaukanal entnommen, in ein Bassin auf einem 23 Meter hohen Turm gepumpt und von hier durch sandgefüllte Filtrierbottiche zu den Wannen geleitet.

1841–1843 bauten die Architekten Christian Friedrich Ludwig Förster und Karl von Etzel als Zubau zum Dianabad die erste gedeckte Schwimmhalle Europas, die Winterschwimmschule genannt wurde. Das Bassin war 36 Meter lang und 12,5 Meter breit. Die Wassertemperatur konnte durch Zuleitung von Warmwasser konstant auf 31 Grad Celsius gehalten werden.

Die Schwimmhalle war so konzipiert, daß sie nach Ableitung des Wassers als Ballsaal adaptiert werden konnte, wobei das Bassin als Tanzfläche diente. (Ein anderes Beispiel für eine solche Konzeption ist der heute noch bestehende Sophiensaal im 3. Bezirk,

ursprünglich ebenfalls Schwimmhalle und Ballsaal). Ab 1860 entwickelte sich der Dianasaal im Fasching zu einem der beliebtesten Wiener Ballsäle. Unter anderem fanden hier die Faschingsfeste des Wiener Männergesangvereins und der Wiener Journalisten statt. Oft dirigierten hier Johann Strauß Sohn und Carl Michael Ziehrer, 1862 debütierte hier Eduard Strauß.
Die Sternstunde des Dianasaals war jedoch am 14. Februar 1867. Beim Faschingsfest des Wiener Männergesangvereins dirigierte Johann Strauß einen Walzer, den er für diesen Abend komponiert hatte. Er hatte ihn in seinem Wohnhaus Praterstraße 54 geschrieben. Sein Text begann mit den Worten:

Ein Schimmer des Lichts!
Wir sehn noch nichts!
Der Fasching ist da!
Ah so, na ja.
Was hilft denn das Trauern
und das Bedauern?
Drum froh und heiter seid.

Dieser Text, den Tenöre und Bässe im Wechselgesang darboten, war eine Anspielung auf die politische und wirtschaftliche Situation: Nach dem verlorenen Krieg gegen Preußen 1866 erhoffte man allmählich wieder eine Besserung.
Der Walzer fand nur wenig Beifall. Johann Strauß wollte ihn schon aus seinem Repertoire streichen, dirigierte ihn dann aber doch noch einmal, ohne Gesang, in Paris – und wurde umjubelt.
Er versuchte es daraufhin auch in Wien wieder. Ein neuer Text wurde geschrieben: »Donau, so blau«. Aus der so lau aufgenommenen Komposition wurde die

inoffizielle Hymne Wiens und Österreichs, die man in der ganzen Welt kennt . . .
1889 und 1899 wurde das Dianabad weiter ausgebaut, 1913 wurde es demoliert, um einem modernen Neubau Platz zu machen. Peter Paul Brang schuf die Pläne. Der Erste Weltkrieg verzögerte die Arbeiten, trotzdem konnten 1916 die beiden Schwimmhallen und die Wannenbäder, 1917 die Dampf- und Sonnenbäder fertiggestellt werden. Zugleich mit dem Bad, Obere Donaustraße 93–95, wurde auch das Hotel »Dianabad«, Lilienbrunngasse 1, mit einem Kaffeehaus gebaut. Das Bad wurde künstlerisch reich geschmückt. Die Glasdächer der Schwimmhallen konnten im Sommer teilweise geöffnet werden, zu den Attraktionen gehörte ein Wellenbad.
Im Jahre 1945 wurden durch Bombentreffer und während der Kämpfe am Donaukanal das Hotel völlig zerstört und das Bad schwer beschädigt. Am 1. August 1946 konnte der Badebetrieb unter widrigsten Bedingungen provisorisch wieder aufgenommen werden. Wer vorbeiging, glaubte kaum, daß hinter der ausgebrannten Fassade am Donaukanal ein Bad bestehen konnte.
1963 wurde die Hotelruine abgetragen, 1965–1967 das Bad. Am 12. August 1967 wurde der 50 Meter hohe Rauchfang gesprengt.
Im Zuge der Gesamtplanung dieses Bereiches wurde beschlossen, am Donaukanal ein Büro- und Geschäftszentrum zu errichten, das heutige Diana-Zentrum. Dahinter entstand 1969–1974 das neue Dianabad, das nach Plänen von Friedrich Florian Grünberger und Georg Lippert erbaut wurde. Es enthält auch medizinische Abteilungen.

ANDERE BÄDER

Am Fahnenstangenwasser, etwa im Bereich Nordbahnstraße–Taborstraße, gab es schon um 1780 das Ferro-Bad. 1839 wurde an seiner Stelle das Ferdinands- und Marienbad errichtet. Es hatte zwei Schwimmbecken und war das erste Bad Wiens, in dem Frauen und Männer gemeinsam baden konnten. Vom Roten Turm fuhren eigene Stellwagen zu diesem Bad, das als »Familienbad« in dieser prüden Zeit ebenso verrufen wie gutbesucht war. Bei der Erstürmung der Leopoldstadt durch kaiserliche Truppen wurde es in Brand geschossen und brannte völlig aus.

Ein kleines Freibad befand sich im zweiten Drittel des vorigen Jahrhunderts im Donaukanal bei der Franzensbrücke, ein größeres in der ersten Jahrhunderthälfte im Fahnenstangenwasser. Es bestand aus zwei streng voneinander getrennten Teilen, dem Männerbad, zu dem auch eine Bierschenke gehörte, und der »Damenschwimmschule«.

1862 errichtete die Stadtverwaltung im Kaiserwasser ein Freibad mit getrennten Abteilungen für Frauen und Männer. Wie populär das Baden um diese Zeit wurde, erkennt man daran, daß es bei Beginn der Donauregulierung 1870 bereits acht Freibäder im Kaiserwasser gab. Sie bestanden alle aus einfachen Holzbaracken mit Kassen und Umkleidemöglichkeiten, die Schwimmbereiche waren mit Seilen abgesperrt. Im Herbst wurden diese Einrichtungen abmontiert, im Frühjahr wieder montiert.

Nach der Donauregulierung erstand nur eines dieser Bäder neu, das Holzerbad, das am linken Donauufer bei der Reichsbrücke in ausgebauter Weise 1876 wieder eröffnet wurde und bis zur Schaffung des Gänse-

häufel-Bades 1907 das beliebteste Freibad Wiens war. Der neuen Konkurrenz war es nicht gewachsen und wurde geschlossen.
Am rechten Stromufer wurde bei der Reichsbrücke 1876 ein Kommunalbad der Gemeinde Wien angelegt. Es bot nicht nur die Möglichkeit, im Strom zu schwimmen, sondern besaß auch drei Bassins, ein Damen-, ein Herren- und ein Sportbecken. Die Bassins wurden teils mit Donauwasser, teils zu dessen Erwärmung mit Kühlwasser aus dem Dampfkraftwerk Engerthstraße gefüllt. Auch dieses Bad konnte der Konkurrenz der Bäder an der Alten Donau nicht standhalten und wurde 1914 geschlossen.
Ein Sonderfall war die Militär- und Zivilschwimmschule am Kaiserwasser bei der Lassallestraße, die damals Schwimmschulallee genannt wurde. Sie wurde 1813 für die Schwimmausbildung der Soldaten gegründet, während einiger Tagesstunden konnten hier auch Zivilisten gegen Bezahlung Schwimmunterricht nehmen. Frauen waren nur Samstag und Sonntag zugelassen, wenn keine Soldaten anwesend waren. Der Unterricht erfolgte in einem 76 Meter langen und 15 Meter breiten Bassin, das mit Donauwasser gespeist wurde und entsprechend kalt war. Um nach Beendigung des Schwimmkurses den »Freischwimmerschein« zu erhalten, mußte man durch das Kaiserwasser und zurück schwimmen. Wegen der Donauregulierung mußte die Militärschwimmschule aufgelassen werden, eine neue wurde am nunmehrigen Donaustrom in der Krieau, ungefähr auf der Höhe des jetzigen Hallenstadions, 1875 eröffnet. Das Bassin war 69 Meter lang und 19 Meter breit. Die Militärschwimmschule Krieau bestand bis zum Zweiten Weltkrieg.
Internationalen Ruf genoß das »Römische Bad« in der

Kleinen Stadtgutgasse 9. Es wurde 1872–1873 in altrömischem Stil erbaut und war durch die Architektur, das verwendete Material (Säulen, Stufen und Mosaikböden aus italienischem Marmor) und den künstlerischen Schmuck bemerkenswert. Die Dampf- und Heißluftbäder waren für die damalige Zeit einmalig, es gab zwei Schwimmbecken mit verschieden temperiertem Wasser. Gedenktafeln erinnerten an den Besuch gekrönter Häupter – Kaiser Franz Joseph I., Kaiser Pedro II. von Brasilien und Schah Nasr-Eddin von Persien. 1945 wurde das Bad schwer beschädigt, wohl wieder provisorisch in Betrieb genommen, aber 1953 geschlossen und schließlich abgebrochen.
In der Krieau erbaute die Gemeinde Wien 1931 das Stadionbad, eines der größten und schönsten Sommerbäder Wiens, das auch für sportliche Veranstaltungen bestimmt wurde. 1945 wurde das Bad schwer beschädigt, provisorisch in Betrieb genommen und bis 1949 voll wiederhergestellt. 1956–1957 wurde es nach den Plänen von Theodor Schöll neu gebaut, 1973–1974 generalsaniert und den neuesten internationalen Sportnormen angepaßt. Mit den Schwimmeuropameisterschaften im August 1974 legte es seine Bewährungsprobe ab: 17 Welt- und 23 Europarekorde wurden dabei aufgestellt, mehr als bei irgendeiner anderen Europameisterschaft. Im Stadionbad gibt es Kabinen und Kästchen für rund 6500 Besucher, außerdem können auf dem ausgedehnten Gelände einige tausend Besucher mit Wiesenkarten zugelassen werden. Die Besucherzahlen sind natürlich von der Witterung abhängig. Das bisherige Rekordjahr war 1976 mit 429 178 Besuchern. Ein im Volksmund »Tröpferlbad« genanntes Brause- und Wannenbad, das Volksbad in der Vereinsgasse, wurde 1905 erbaut und 1929 erweitert.

Eine soziale Leistung der Stadt Wien in der Zeit nach dem Ersten Weltkrieg, die internationales Aufsehen erregte und vielfach nachgeahmt wurde, waren die Kinderfreibäder. Die Leopoldstadt erhielt 1927 das Kinderfreibad Augarten, das 1945 schwer beschädigt und 1951 neu gebaut wurde. 1955 wurde das Kinderfreibad Max Winter-Platz angelegt.
Im Donaukanal schließlich befand sich seit dem frühen 19. Jahrhundert ein Strombad, das »Kaiserbad«, das ursprünglich in der Roßau lag, aber 1905, im Zuge der Donaukanalregulierung und des Baus einer Schleuse (Kaiserbadschleuse) stromabwärts zur Rotundenbrükke verlegt wurde. 1922 erhielt es zwischen Schwedenbrücke und Aspernbrücke einen neuen Standort und wurde in »Strombad Schwedenbrücke« umbenannt. Es bestand aus einem 70 Meter langen und 10 Meter breiten, im Donaukanal versenkten »Badekorb« aus Stahlgitter, am Kai gab es Umkleidemöglichkeiten für 600 Personen und Liegeplätze für Sonnenbäder. Zu den häufigen Besuchern zählten die Mitglieder des damals sehr bekannten Vereines »Verkühle dich täglich«, dessen Mitglieder davon überzeugt waren, daß häufige kalte Bäder der beste Schutz gegen Erkältungskrankheiten seien. Vor allem das Baden am Neujahrstag im eiskalten Wasser zog immer viele Zuschauer an. Das Bad im Donaukanal bestand bis zum Zweiten Weltkrieg.

Sportzentrum

Der Prater ist als Standort großer Sportanlagen und als Heimat vieler Sportvereine das Sportzentrum von

Wien. Fast alle Sommersportarten können hier ausgeübt werden.
Auch eine der ältesten sportlichen Veranstaltungen fand im Prater statt. Am 1. Mai 1720 wurde erstmals ein »Lauferrennen« durchgeführt. »Laufer« waren Bedienstete großer Herrschaften und hatten die Aufgabe, den herrschaftlichen Wagen vorauszulaufen und den Weg freizumachen. In der Nacht trugen sie dabei Fackeln. Ihr Wettlauf im Prater führte vom Praterstern durch die Hauptallee bis zum Lusthaus und wieder zurück. Ihre Herren begleiteten sie dabei zu Pferd und feuerten sie an. Die Lauferrennen am 1. Mai fanden bis zum Jahre 1848 alljährlich statt.
Die längste ständige Tradition hat allerdings der Pferdesport. Schon im Mittelalter befand sich in der Freudenau ein Turnierplatz. Das erste reguläre Pferderennen im heutigen Sinn fand am 17. April 1816 statt, angeblich vor 50 000 Zuschauern. Schauplatz war bereits der Ort der heutigen Galopprennbahn in der Freudenau, die damals allerdings noch nicht zum Prater, sondern zur Simmeringer Heide gehörte. Der Donaukanal verzweigte sich nämlich ursprünglich ungefähr ab der heutigen Erdberger Brücke, der stärkste Arm führte am Lusthaus vorbei zum Hauptstrom. Erst 1832 wurde mit der Abdämmung der bestehenden Arme und einem Durchstich die heutige Situation geschaffen. Die Freudenau kam zur Gemeinde Kaiserebersdorf, erst 1850 zur Leopoldstadt. So übersiedelten die Reiter, ohne ihren Standort zu verändern, von Simmering über Kaiserebersdorf in die Leopoldstadt. 1862 wurde die erste Tribüne errichtet, 1872 von Karl von Hasenauer (von dem u. a. die Pläne für das Burgtheater, die Hermesvilla, das Spital der Barmherzigen Brüder und das Tegetthoff-Denkmal stammen)

eine neue Anlage, die 1885–1887 nach Plänen von Anton und Josef Drexler erweitert wurde. 1866 wurde der Jockey-Klub gegründet. 1868 zum ersten Mal das Österreichische Derby gelaufen.
Die Träger des Galopprennsportes waren vor allem Adelige. Die gesellschaftlichen Veränderungen infolge des Ersten Weltkrieges brachten einen großen Rückschlag. Erst seit den sechziger Jahren bahnte sich eine neue Entwicklung an, in den letzten Jahren entwickelte sich der Rennplatz in der Freudenau zu einem der frequentiertesten Sportplätze Wiens.
Von Anfang an weniger exklusiv und daher weniger von gesellschaftlichen Entwicklungen betroffen war der Trabrennsport. 1874 wurde der Trabrennverein gegründet, 1878 die Bahn in der Krieau eröffnet und 1882 das erste Derby gelaufen, das seither alljährlich Mitte Mai stattfindet. Zum bedeutendsten Ereignis in der Krieau wurde jedoch das jährliche Graf-Kálmán-Hunyady-Gedenkrennen, an dem stets Spitzenpferde Europas teilnehmen.
In den letzten Jahren wurde das Reiten, früher ein Sport für Reiche, zum Massensport. Die Zahl der Reiter im Prater wurde so groß, daß zum Schutz der Fußgänger strenge Vorschriften über die Einhaltung bestimmter Reitwege und die Kennzeichnung der Pferde erlassen werden mußten.

CRICKETER, WAC, AUSTRIA

Zur populärsten Sportart Wiens entwickelte sich allerdings Fußball. Um 1890 begannen einige in Wien lebende Engländer – Reverend Hechler von der englischen Kirche, der Schneidermeister Blyth von der renommierten Firma Stone & Blyth, Direktoren und

Ingenieure von in Wien ansässigen britischen Firmen – auf der Jesuitenwiese Fußball und Kricket zu spielen, zum Gaudium oder auch zum Ärger der Praterbesucher. 1892 gründeten diese Sportpioniere den »Vienna Cricket and Football Club«, kurz »Cricketer« genannt. Sie ließen sich allerdings erst zwei Jahre später ihre Vereinsstatuten amtlich bestätigen und kamen so um den Ruhm, der älteste Wiener Fußballklub zu sein. Den schnappten ihnen Gärtner des Barons Rothschild, ebenfalls lauter Engländer, weg, die in Heiligenstadt spielten und den »First Vienna Footballclub«, kurz »Vienna« genannt, zwar einige Monate später gründeten, aber sich noch 1892 amtlich bestätigen ließen. Am 25. November 1894 fand zwischen den beiden Klubs auf der Jesuitenwiese das erste offizielle Fußballmatch in Wien statt.

Bald schlossen sich Wiener den beiden Vereinen an, weitere Vereine wurden gegründet. 1910 kam es bei den Cricketern zu einem Krach, die Spieler verließen den Verein und gründeten einen neuen Verein, den sie »Wiener Cricketer« nannten. Dagegen wehrte sich der alte Verein und nach längeren Streitigkeiten wurde der neue Klub 1911 »Wiener Amateur-Sportverein« genannt, kurz »Amateure«. Die Klubfarbe war violett. Kapitän der Mannschaft war der Rechtsaußen Luigi Hussak, im Vorstand saß der junge Hugo Meisl, der später zum Schöpfer des österreichischen Wunderteams wurde. Erst als Meisl 1919 Sektionsleiter der Amateure wurde, begann der Aufstieg des Vereins: 1920 erstmals Zweiter hinter Rapid, 1924 erstmals Meister, 1925 Zweiter hinter Hakoah, 1926 wieder Meister.

1925 wurde der Berufsfußball eingeführt. Im gleichen Jahr fusionierten sich die Amateure mit dem

Schwimm- und Wasserballklub »Austria« und nahmen diesen Namen an.
Es war von Anfang an eine Mannschaft, die ihre Anhänger ebenso begeistern wie enttäuschen konnte. Es gab großartige Erfolge. Zweimal, 1933 und 1936, wurde der Mitropa-Cup gewonnen, der an Bedeutung dem heutigen Europacup entsprach. Aber die gleiche großartige Mannschaft mit Stars wie Sindelar, Nausch und Sesta, wurde niemals Wiener Meister (eine österreichische Meisterschaft gab es noch nicht) erst 1949 gab es wieder einen Meistertitel.
Insgesamt hat die Austria elf Meistertitel errungen, dazu sechzehnmal – öfter als irgendein anderer österreichischer Klub – den Cup gewonnen. 1978 erreichte sie als erste österreichische Mannschaft ein Europacup-Finale. Trotz der eher blamablen Niederlage von 0 : 4 gegen Anderlecht im Cupsieger-Finale in Paris war dies der größte österreichische Vereinserfolg in einem internationalen Bewerb seit 1945.
Viele Prominente gehörten auch nach dem Zweiten Weltkrieg der Mannschaft an – Ernst Ocwirk, der sogar zweimal in das Weltteam berufen wurde, Joksch, Aurednik, Huber, Stojaspal, Kominek, Melchior, Dr. Schleger, Fiala, Fraydl, der Türke Öczan, der Brasilianer Jacare, Nemec. Und nun setzen Prohaska, Sara und ihre Kameraden die große Tradition fort.
Als Fußballverein wurde auch der »Wiener Athletic-Club«, abgekürzt WAC, bekannt, aber er war von Anfang an ein vielseitiger Verein. 1897 wurde er als Leichtathletik-Klub gegründet, die erste öffentliche Veranstaltung war ein 25-km-Lauf. Die Fußballsektion folgte 1899. Die Mannschaft hatte von Anfang an Erfolg, 1901, 1902 und 1903 gewann sie den Pokal des »Wiener Tagblatts«, den Vorläuferbewerb der Meister-

schaft. Den Namen eines Spielers, des Stürmers Jan Studnicka, kennen die Fußballfreunde noch heute. In den folgenden Jahrzehnten konnten diese Erfolge nicht mehr wiederholt werden – außer dem Meistertitel im Kriegsjahr 1915. Der Verein hatte zwar immer wieder hervorragende Spieler wie Bican und Sesta, konnte sie aber wegen finanzieller Schwierigkeiten nicht halten. 1936 mußte WAC erstmals absteigen und pendelte seither zwischen der höchsten und der zweiten Spielklasse. Im Juli 1973 gründeten Austria und WAC eine seither bestehende Spielgemeinschaft.
WAC hat auch eine sehr erfolgreiche Tennissektion, die neben dem Park-Klub auch in dieser Sportart den Prater zu einem Zentrum machte. 1978 machten auch die Cricketer wieder von sich reden, da es ihnen gelang, ihre Leichtathletikanlage zu einem modernen Schmuckkasterl auszubauen.
Im Prater war auch der jüdische Sportklub Hakoah zu Hause. 1909 wurde der Klub gegründet. Er entwickelte sich zu einem der größten Allroundklubs Wiens und betrieb Fußball, Handball, Tennis, Hockey, Leichtathletik, Schwimmen, Wasserball und Fechten. Vor allem die Fußballer waren erfolgreich, 1925 wurden sie Wiener Meister. Die Nationalsozialisten verboten 1938 den Verein. Versuche, ihn nach 1945 wieder zu beleben, scheiterten schließlich, da die Basis einer jüdischen Bevölkerung fehlte.
Fußball und Leichtathletik betreibt der Sportklub Elektra, der jetzt einen neuen, modernen Platz bekommt. Auf einen sehr starken Anhang kann sich der Prater SV stützen.
Im Prater hat der Österreichische Hockeyverband seinen Sitz, die Sportplätze des Praters sind auch die Zentren des österreichischen Landhockeysports.

STADION UND HALLENSTADION

Die größte Sportstätte Österreichs ist das Wiener Stadion im Prater. 1928, anläßlich des zehnten Jahrestages der Ausrufung der Republik, beschloß die Gemeinde Wien den Bau dieses Stadions. Otto Erich Schweizer entwarf die Pläne. Am 11. Juli 1931 wurde das Stadion vor 25 000 Zuschauern mit einem Spiel der VAFÖ(Verband der Arbeiterfußballvereine Österreichs)-Auswahlen von Wien und Niederösterreich eröffnet. Die Amateure hatten für den symbolischen Akt den Vorrang vor den Berufsfußballern erhalten. Erst am 13. September 1931 folgten die Profis mit dem Länderkampf gegen Deutschland. Vor 50 000 Zuschauern siegte das »Wunderteam« 5 : 0. Sindelar (3), Schall und Gschweidl schossen die Tore. Es war der letzte Sieg über die Deutschen bis zum 3 : 2 bei der Weltmeisterschaft 1978 in Argentinien.
Am 19. Juli 1931 wurde im Stadion die wohl größte Sportveranstaltung eröffnet, die Wien je erlebt hat, die eine Woche dauernde Arbeiter-Olympiade. 25 000 Sportler, Funktionäre und ausländische Gäste aus aller Welt nahmen daran teil, darunter 1533 österreichische Sportler. 200 000 Zuschauer kamen ins Stadion.
Das Stadion hatte ursprünglich 48 000 Steh- und 12 000 Sitzplätze. Das wachsende Sportinteresse nach dem Zweiten Weltkrieg veranlaßte die Gemeinde Wien, 1959 durch Theodor Schöll das Stadion aufzustocken und dadurch den Fassungsraum auf 92 708 Plätze zu vergrößern. Die Entwicklung nachher, nicht zuletzt die Motorisierung und das Fernsehen, ließen die Besucherzahlen merklich zurückgehen, zugleich stiegen die Ansprüche an die Bequemlichkeit. Durch die Umwandlung von Steh- in Sitzplätze wurde deshalb bis

1965 der Fassungsraum auf 72 110 Zuschauer gesenkt. Zum Stadion gehört das Stadionbad (siehe Kapitel »Bäder in der Leopoldstadt«).
In der Nähe des Stadions, auf dem Platz einer früheren offenen Radrennbahn erbaute die Gemeinde Wien ein Hallenstadion mit einer Radrennbahn, Leichtathletikanlagen, Einrichtungen für Hallenballspiele und für alle anderen Hallensportarten wie Boxen, Ringen und Gewichtheben. Im März 1977 wurde probeweise der Betrieb aufgenommen, am 21. April nahm Bürgermeister Leopold Gratz vor 5000 Besuchern im Rahmen einer Radsportveranstaltung mit den besten Radfahrern der Welt (Eddy Merckx, Patrick Sercu, Francesco Moser, Felix Gimondi u. v. a.) die Eröffnung vor. Bis Dezember 1977 fanden 28 Veranstaltungen mit mehr als 133 000 Zuschauern statt, darunter eine Runde der Handball-Weltmeisterschaft und die Kämpfe um den Hallencup der Stadt Wien im Boxen, Gewichtheben, Leichtathletik, Judo, Fechten und Radfahren.
Das Hallenstadion hat einen Durchmesser von 100 Metern und ist so hoch wie ein siebenstöckiges Haus.

Die Wiener Messe

In der Winterreitschule in der Hofburg wurde 1835 die erste »Gewerbs-Producten-Ausstellung« abgehalten. Derartige Ausstellungen folgten in Abständen von vier bis sechs Jahren im Polytechnischen Institut, der heutigen Technischen Universität. Sie dauerten jeweils zwei Monate und waren frei zugänglich, ausgenommen Samstag und Montag; an diesen Tagen durfte

man die Ausstellung nur mit speziellen Ausweisen betreten. Die besten Produkte wurden mit Medaillen prämiiert.
Die Entwicklung der Industrie, der Eisenbahn und der Dampfschiffahrt führten zu einem umwälzenden Ausbau der internationalen Kontakte, schufen die Weltwirtschaft. Es kam das Bedürfnis auf, spezielle Veranstaltungen zur Pflege der internationalen Wirtschaftskontakte einzurichten. 1851 fand in London die erste Weltausstellung statt, 1855 die zweite in Paris. Es folgten wieder 1862 London und 1867 Paris. Nun wollte sich Österreich in diese Aktivitäten einschalten: Für 1873 wurde zur Weltausstellung nach Wien eingeladen.
Im Prater wurde 1871 auf 2,3 Millionen Quadratmetern mit dem Bau der Ausstellungshallen begonnen. Tausende Bäume wurden gefällt. Das für die Fundamentierungen ausgehobene Erdreich wurde zum Konstantinhügel aufgeschüttet.

DIE ROTUNDE

Zentralgebäude wurde die Rotunde, eine Rundhalle mit 108 Metern Durchmesser, einschließlich der krönenden Laterne 85 Meter hoch. Ein englischer Architekt lieferte dafür unbrauchbare Pläne. In großer Eile wurden unter der Leitung des für die gesamte Weltausstellung verantwortlichen Architekten Karl von Hasenauer vor allem von Oberinspektor Heinrich Schmidt neue Pläne ausgearbeitet. Nur das äußere Bild des Entwurfs wurde beibehalten – aber gerade diese Lösung wurde dann heftigst kritisiert. »Gugelhupf« nannten die Wiener den Bau und Bürgermeister Dr. Cajetan Felder kritisiert in seinen »Erinnerungen« die »unförm-

liche Rotunde, trotz ihrer Höhe doch noch scheinbar viel zu niedrig gegen die über alle Beschreibung plumpe Bedachung, die das Gebäude zu erdrücken wollen scheint«.
An die Rotunde schloß sich ein 960 Meter langer und 205 Meter breiter »Industriepalast«, dazu gab es 142 Pavillons. 60 000 Aussteller beschickten die Präsentation.
Am 1. Mai 1873 wurde die Weltausstellung von Kaiser Franz Joseph eröffnet, am 9. Mai kam es zum großen Börsenkrach, der eine schwere Wirtschaftskrise auslöste. Viele Firmen brachen zusammen, Zehntausende wurden arbeitslos. Die Besucherzahlen blieben deshalb weit hinter den Erwartungen zurück. Erst am 10. August war die erste Million erreicht, nach der Schließung am 2. November waren 7 254 687 Besucher gezählt worden, nicht einmal halb so viel wie erwartet. Ausgaben von 19 123 270 Gulden und 80 Kreuzern standen Einnahmen von nur 4 256 349 Gulden und 55½ Kreuzer gegenüber.
Der Industriepalast und die meisten Pavillons wurden abgerissen, die Rotunde blieb als Ausstellungs- und Veranstaltungshalle. 1874 gab es eine Ausstellung des Handelsministeriums, in den folgenden Jahren einen Getreide- und Saatenmarkt, am 12. und 13. Mai 1877 ein Frühlingsfest mit 20 000 Besuchern. Es gab Wohltätigkeitsfeste und Zirkusvorstellungen, Pferdeausstellungen und Hunderennen, eine Afrika-Ausstellung des Forschers Emil Holub (der auch in der Rotunde wohnte und hier 1902 starb) und Sängerfeste. 1883 fand eine internationale »Elektrische Ausstellung« statt, in der 575 Firmen alle damals möglichen Verwertungen elektrischer Energie vorführten. Eine besondere Attraktion war eine elektrische Schmalspurbahn, die erste elektri-

sche Bahn der Welt, die vom Praterstern zur Rotunde fuhr und 30 Stundenkilometer erreichte. 1885 sang Alexander Girardi bei einem Fest zum ersten Mal das Fiakerlied, 1886 führte eine Gruppe von Siouxindianern das Schaustück »Der Mädchenraub« auf, 1887 gab es ein Radfahrmeeting und im gleichen Jahr 100 000 Besucher bei einem Frühlingsfest der Fürstin Pauline Metternich. 1889 zog ein Beduinenlager viele Besucher an, 1890 eine Land- und Forstwirtschafts-Industrie-und-Kunst-Ausstellung, 1891 eine neue Afrika-Ausstellung Holubs. In einem Teil der Rotunde wurde 1891 ein Postmuseum eröffnet, das später ins Technische Museum übersiedelte und von einer Bienenzuchtausstellung abgelöst wurde, die bis 1937 bestand. 1892 gab es eine Musik- und Theaterausstellung, 1894 eine Ausstellung für Ernährung, Verkehrsmittel und Rettungswesen, 1895 eine Hundeausstellung, 1896 eine Tiroler und Vorarlberger Ausstellung, 1897 gastierte der Zirkus Hagenbeck, 1898 gab es eine große Jubiläumsausstellung (25 Jahre Rotunde), für die mehr als hundert Pavillons gebaut wurden. 1900 kam der amerikanische Riesenzirkus Barnum and Baley, 1901 gab es ein Kirschblütenfest, 1902 ein »Fest auf dem Mars«, 1904 eine Ausstellung für Spiritusverwertung und Gärungsindustrie, 1906 eine Hygiene-Ausstellung, 1910 eine Jagdausstellung, 1912 eine Flug- und 1913 eine Adria-Ausstellung.
Der Erste Weltkrieg unterbrach die Aktivitäten. Erst im Frühjahr 1921 gab es wieder Veranstaltungen, ein 24-Stunden-Radrennen und Boxkämpfe. Zu diesem Zeitpunkt wurde aber schon eine neue Verwendung vorbereitet.

DIE ERSTE MESSE

Schon 1906 plante man in Wien eine Mustermesse, doch erwies sich das Interesse als zu gering. Für die schwierige wirtschaftliche Situation nach dem Ersten Weltkrieg, der den Verlust des wirtschaftlichen Großraumes und der Rohstoffquellen brachte, erschien eine Messe zur Wiederherstellung der internationalen Wirtschaftsbeziehungen lebenswichtig. Am 16. November 1920 wurde ein Messeausschuß konstituiert. Trotz enormer Schwierigkeiten konnten am 11. September 1921 zum ersten Mal die Tore der Wiener Messe geöffnet werden. Es waren viele Tore, denn die Messe war in mehreren Gebäuden untergebracht: Rotunde, Hofstallungen (heutiger Messepalast), Hofburg, Stiftskaserne, Handelsakademie auf dem Karlsplatz, Musikvereinsgebäude, Konzerthaus und Künstlerhaus. Der Erfolg übertraf die zaghaften Hoffnungen: Statt der erwarteten 1800 Aussteller waren 4700 gekommen. Das war die Grundlage dafür, daß die Wiener Messe zur ständigen Einrichtung wurde, die ab 1922 jährlich im Frühjahr und im Herbst stattfand. Ursprünglich war sie als Muster- und Leistungsschau der österreichischen Wirtschaft gedacht, doch gewann sie rasch internationalen Charakter. Bei der Herbstmesse 1923 waren bereits Aussteller aus vierzehn Staaten vertreten, die Wiener Messe war damit zum ebenbürtigen Partner der Traditionsmessen von Leipzig und Frankfurt geworden. Neben der Rotunde wurden neue Ausstellungshallen gebaut.

Am 17. September 1937 um 13 Uhr bemerkte ein Arbeiter, der beim Abbau der Einrichtungen der Herbstmesse beschäftigt war, an einer Säule der Rotunde in 20 Meter Höhe eine Flamme. Er gab sofort

Alarm, doch das Feuer breitete sich unheimlich rasch aus. Nach einer Stunde stürzte die Riesenkuppel ein. 250 Feuerwehrmänner standen im Einsatz. Als sie nach drei Stunden den Brand unter Kontrolle bringen konnten, war die Rotunde vernichtet. Tausende Menschen waren in den Prater gekommen, Militär und Polizei mußte zur Absperrung aufgeboten werden. Durch Funkenflug kam es im Lagerhaus, in der Ausstellungsstraße und in der Vorgartenstraße zu kleineren Bränden. Die Brandursache konnte nicht geklärt werden.
Die Frühjahrsmesse 1938 wurde in Zelthallen improvisiert. Der damalige Handelsminister Ing. Julius Raab erklärte in der Eröffnungsansprache, noch niemals sei der Beweis österreichischer Lebenskraft unter so schwierigen Umständen geglückt. Wenige Tage später marschierte die Deutsche Wehrmacht in Österreich ein, der Name Österreich verschwand von den Landkarten.
Der Wiener Messe war im Streben, ganz Europa der deutschen Herrschaft zu unterwerfen, eine wichtige wirtschaftliche Funktion zugedacht: Sie sollte zur zentralen Wirtschaftsveranstaltung für Südosteuropa werden. Dieser Plan war wie alle andern Pläne Hitler-Deutschlands zum Scheitern verurteilt. Das »Wiener Tagblatt« schrieb am 11. Februar 1942: »Der Reichsminister für Volksaufklärung und Propaganda hat im Einvernehmen mit dem Reichswirtschaftsminister verfügt, daß 1942 sämtliche deutsche Messeveranstaltungen ausfallen. Alle Kräfte der deutschen Wirtschaft und des deutschen Verkehrswesens werden uneingeschränkt für den Sieg der deutschen Waffen eingesetzt. Somit finden auch die bereits angekündigten Messeveranstaltungen in Wien und Leipzig nicht statt.«

Drei Jahre später brach das nationalsozialistische Regime zusammen. Es hinterließ auch der Wiener Messe ein schweres Erbe. Das Messegelände im Prater war ein Trümmerhaufen, 70 Prozent der Gebäude waren zerstört, die anderen schwer beschädigt. Auch der Messepalast war von mehreren Bomben getroffen worden. Die Bevölkerung hungerte, es gab fast keine Rohstoffe und Maschinen, überall Trümmer und Ruinen. Fremde Truppen standen im Land, das in vier Besatzungszonen zerrissen war.

DER WIEDERAUFBAU

Grenzenloser Optimismus gehörte dazu, in dieser Zeit an die Abhaltung einer Export-Mustermesse zu denken. Sie fand trotzdem im Oktober 1945 statt, im relativ wenig beschädigten Börsengebäude am Ring. Sie hatte allerdings weniger wirtschaftliche Bedeutung als ideelle, als Zeichen des Lebenswillens der wiedererstandenen Republik. Das galt auch noch für die zweite Veranstaltung dieser Art im Mai 1946, denn im Winter zuvor war die wirtschaftliche Lage nicht besser, sondern noch schlechter geworden.
Das konnte aber das Vertrauen in die Zukunft nicht brechen: Am 3. April 1946 faßte der Wiener Gemeinderat den entscheidenden Beschluß: »Um allen Wirtschaftskreisen Wiens und Österreichs die Möglichkeit zu geben, wieder Anschluß an die internationalen Absatzgebiete, zu finden, wird der Finanzreferent der Stadt Wien beauftragt, die Wiener Messe-Aktiengesellschaft zu veranlassen, die Vorbereitung und Durchführung der Wiener Messe sofort in Angriff zu nehmen. Diese erste große Wirtschaftsschau soll als erste Friedensmesse im September 1946 stattfinden.«

Im Oktober fand die Messe tatsächlich statt, nachdem es gelungen war, den Besatzungsmächten die Zustimmung abzuringen. Sogar Ausländer durften dazu nach Wien kommen. Sie mußten allerdings ihr Essen selbst mitbringen und durften keine Hotelzimmer beanspruchen, weil die wenigen intakten Hotels von den Besatzungsmächten benützt wurden. Das Bettenproblem wurde trotz der großen Wohnungsnot von den Wienern durch Meldung von 10 000 Privatquartieren gelöst (wobei wohl auch die Hoffnung wirkte, etwas von den mitgebrachten Lebensmitteln der Gäste zu bekommen).

In den folgenden Jahren wurde die Wiener Messe zum Barometer des wirtschaftlichen Aufstiegs – und folglich auch zum Volksfest. Hier erlebte man, daß es wieder genug zu essen gab, daß man Kleidung und Schuhe kaufen konnte, hier lernte man die neuen technischen Geräte kennen, die etwa in den USA selbstverständlich waren, aber für Mitteleuropa Sensationen darstellten, die man oft erst Monate nach der Messe auch in den Geschäften kaufen konnte.

Der große Aufschwung der Wiener Messe in dieser Zeit ist untrennbar mit dem Namen Bruno Marek, dem späteren Bürgermeister Wiens, verbunden.

In den sechziger und siebziger Jahren paßte sich die Wiener Messe ständig dem allgemeinen Wandel und den neuen Bedürfnissen an. Sie verlor den Volksfestcharakter und profilierte sich als Wirtschaftsfachmesse. Besondere Bedeutung erlangte sie für den Ost-West-Handel.

Wo einst die Rotunde stand, befindet sich heute das Südportal des Messegeländes. Der gesamte Messebereich im Prater ist heute fast doppelt so groß wie einst das Gelände der Weltausstellung. Zwischen Frühjahrs-

und Herbstmesse dienen die Hallen verschiedenen Fachmessen.

Verkehrsraum Leopoldstadt

Bis zum Bau der ersten Donaubrücken im 15. Jahrhundert war die heutige Leopoldstadt am überörtlichen Verkehr nur durch die Schiffahrt auf dem Donaukanal beteiligt.

SCHIFFAHRT

Vermutlich wurde schon zur Römerzeit Salz über die Donau nach Vindobona transportiert. Im Mittelalter gab es schon einen recht regen Schiffsverkehr, vor allem wurden außer Salz die verschiedensten Erzeugnisse der Landwirtschaft auf dem Wasserweg transportiert – Getreide, Obst, Wolle, Häute, Käse, lebendes Vieh. Flöße wurden nach ihrer Entladung in Wien zerlegt, das Holz verkauft. Schiffe, die in den Ausgangshafen zurückmußte, wurden vom Ufer aus mühsam zurückgezogen (»getraidelt«). Waren es im Mittelalter vor allem Menschen, die an den langen Seilen zogen, so traten später Pferde an ihre Stelle. Bis zu 90 Pferde waren notwendig, um ein Schiff stromaufwärts zu ziehen. Eine solche Fahrt nach Passau dauerte selbst bei günstiger Witterung etwa acht Wochen.
1813 erließ die Regierung eine Bekanntmachung, die demjenigen, »der eine Erfindung, kraft welcher befrachtete Schiffe ohne Anwendung von Zugtieren stromaufwärts fortgeschafft werden können, anzeigen und deren Ausführung praktisch darstellen würde«

ein Privileg für die Verwertung der Erfindung versprach. Fünfzehn Jahre später erwarben die englischen Schiffbauer John Andrews und Joseph Prichard ein solches Privileg. Österreichische Finanzkreise schalteten sich ein, konnten 1829 das Privileg von den Engländern erwerben und noch im gleichen Jahr die Donaudampfschiffahrtsgesellschaft (DDSG) gründen. In Floridsdorf wurde eine Schiffswerft eingerichtet und um 105 000 Gulden das erste Dampfschiff Mitteleuropas »Franz I.« gebaut. Die Versuchsfahrt 1830 verlief erfolgreich: Von Wien nach Budapest dauerte sie 14 Stunden, zurück 48 Stunden. Im Wiener Becken war die Schiffahrt wegen der Verzweigung der Donau nur bei sehr hohem Wasserstand möglich. »Franz I.« wurde deshalb für regelmäßige Fahrten nur auf der Strecke Preßburg–Budapest–Semlin eingesetzt. 1837 wurde auch ein ständiger Dampfschiffsverkehr zwischen Nußdorf und Linz aufgenommen. Es war sicher in hohem Maße dem Einfluß der DDSG und der hinter ihr stehenden Bankkreise zuzuschreiben, daß 1870 mit der Wiener Donauregulierung begonnen wurde, die eine brauchbare Fahrrinne erbrachte.
Nun nahm die DDSG einen raschen Aufschwung. 1880, fünfzig Jahre nach der ersten Fahrt eines Donaudampfschiffes, konnte sie sich stolz als größtes Binnenschiffahrtsunternehmen der Welt bezeichnen: 188 Schiffe, 750 Güterkähne und 100 Spezialfahrzeuge (Pontons, Bagger, schwimmende Werkstätten usw.) bildeten die stolze Flotte. Sie hatte Werften in Budapest und Korneuburg, ein Kohlenbergwerk in Fünfkirchen (Ungarn) mit einer werkseigenen Siedlung, in der 3000 Menschen wohnten, Stationen und Ladeanlagen entlang der ganzen schiffbaren Donau und an den schiffbaren Nebenflüssen. Die Personenschiffe ver-

kehrten in so kurzen Intervallen und so zuverlässig, daß ihnen teilweise die Postbeförderung anvertraut wurde. Dazu gab die DDSG eigene Briefmarken heraus, die heute zu den gesuchten Sammelobjekten gehören. 1886 erreichte die DDSG mit 3,575 331 Passagieren und 2,5 Millionen Tonnen Fracht die größte Beförderungsleistung ihrer Geschichte.
Der Erste Weltkrieg beendete die beherrschende Rolle der DDSG auf der Donau. Durch Kriegsverluste und durch erzwungene Abtretungen an die neuen Donaustaaten und an Frankreich wurde die Flotte auf etwa die Hälfte reduziert, die Betriebsstrecken außerhalb des klein gewordenen Österreich gingen an die Nachfolgestaaten verloren. Die Weltwirtschaftskrise brachte auch die DDSG in Schwierigkeiten, 1935 mußte die Bundesregierung eingreifen, um das Unternehmen vor dem Zusammenbruch zu retten. Sie übernahm 26 Prozent der Anteile, die Creditanstalt 25 Prozent, der Löwenanteil, 46 Prozent, wurde an ein italienisches Konsortium verkauft. Der Rest blieb privater Streubesitz. Nach der Besetzung Österreichs im Jahre 1938 wurde die DDSG mit ihren 66 Schiffen und 398 Anhängern dem Hermann Göring-Konzern einverleibt. Die Mehrzahl der Schiffe wurde für Kriegszwecke adaptiert, einige wegen des Schiffsmangels zu Hochseeschiffen umfunktioniert und in der Ägäis und im Schwarzen Meer eingesetzt, von wo sie nicht mehr zurückkehrten. Übrig blieben schließlich 38 Schiffe und 183 Kähne, vorwiegend die ältesten, kleinsten und schwächsten. Bergwerk und Werft in Ungarn sowie alle anderen Einrichtungen in Südosteuropa gingen verloren. Insgesamt büßte die DDSG etwa 85 Prozent ihres Vorkriegsvermögens ein. Wertmäßig war das ungefähr das Dreifache der derzeitigen Zugschiffflotte.

Für den Weiterbestand der DDSG gab es eine einzige Chance: die Verstaatlichung, die am 26. Juli 1948 vom Nationalrat einstimmig beschlossen wurde.
Heute hat die DDSG dank ständiger Modernisierungen wieder eine wichtige Stellung in der Donauschiffahrt mit ständig steigenden Transportleistungen erlangt. Zwar hat die Personenbeförderung infolge der Motorisierung stark an Bedeutung verloren, aber im Güterverkehr wurde 1975 erstmals die Rekordleistung von 1886 übertroffen. Mit mehr als 2,8 Millionen Tonnen konnte 1977 ein neuer Rekord aufgestellt werden. 176 Schiffe haben diese Leistung erbracht. Wichtigstes Transportgut sind Erdöl- und -produkte, Holz, Getreide, Metalle, Erze, Autos, Maschinen, Zement und Tabak.
Etwa die Hälfte der auf der österreichischen Donau transportierten Güter wird in Wien ein- und ausgeladen. Ursprünglich entstanden nach der Donauregulierung am rechten Donauufer, vor allem in der Leopoldstadt, zahlreiche Umschlageinrichtungen und Speicher. Diese ungeordnete Entwicklung erwies sich als unzweckmäßig und vor allem im Winter wegen der Gefahr des Eistreibens als nicht ungefährlich. 1889–1902 wurde deshalb in den Resten eines einstigen Donauarms in der Freudenau ein Hafen angelegt, der gegen Hochwasser und Eistreiben gesichert wurde und deshalb als Schutzhafen geeignet war. Da er diese Funktion vor allem im Winter auszuüben hatte, wurde er »Winterhafen« genannt (zum Unterschied vom ungefähr gleichzeitig angelegten Kuchelauer Hafen). Seit 1928 ist der Freudenauer Hafen Eigentum der Stadt Wien, die ihn wesentlich ausbaute. 1965 wurde eine Zollfreizone eingerichtet, die sich heute über 174 000 Quadratmeter erstreckt. Das Zentrallagerhaus

bietete 40 000 Quadratmeter Lagerfläche, dazu kommen kleinere Lagerhallen mit 6000 Quadratmetern gedeckter Fläche. 59 Kilometer Gleisanlagen und 17 Kilometer Straßen dienen dem Hafenverkehr. Zwei während des Zweiten Weltkrieges geschaffene Hafenbekken sind für den spezialisierten Umschlag bestimmt – Erdöl in der Lobau, Getreide in Albern. So gut wie alle anderen Güter werden in der Freudenau umgeschlagen, wobei mengenmäßig Baustoffe, Düngemittel, Eisen und Holz dominieren. Alle Wiener Häfen werden von einer »Wiener Hafen-Betriebs Ges. m. b. H.« geführt, die zu zwei Dritteln der Stadt Wien, zu einem Drittel der Wiener Handelskammer gehört.
Die Schiffahrt braucht natürlich auch Verwaltungsgebäude. Das älteste Schiffamtsgebäude befand sich beim Salzgriesarm im Bereich des heutigen Concordiaplatzes. Diese Gegend hieß damals »Im Elend«, vermutlich vom althochdeutschen Wort »elilent« (fremdes Land), weil dort viele Fremde wohnten. 1655, lange nach der Versandung des Salzgriesarmes, kaufte der Leiter des kaiserlichen Schiffamtes Obristleutnant Andreas Pichler das Grundstück Praterstraße 8 – Ferdinandstraße 2–6, zur Erbauung eines neuen Amtsgebäudes. Dazu kam es allerdings erst nach der Türkenbelagerung. Es wurden zwei weitere Grundstücke in der Unteren Donaustraße dazugekauft und dort der kaiserliche »Schiffstadel« angelegt, eine Kombination von Werft und Hafen. Das Oberste kaiserliche Schiffamt entstand schließlich auf einem 1688 gekauften Grundstück im Bereich Schiffamtsgasse – Obere Donaustraße. Maria Theresia ließ dort das von ihr gegründete Wasser- und Brückenbauamt einrichten, das Schiffamt übersiedelte in einen Neubau Obere Donaustraße 2. 1843 wurde es aufgelöst, die Zuständigkeit

wurde der Regierung übertragen. Das alte Schiffamtsgebäude, Schiffamtsgasse 1, wurde einige Zeit als Pionierkaserne verwendet, dann zog das Bezirksgericht Leopoldstadt ein. 1912 wurde das alte Gebäude modernisiert und ausgebaut, es enthielt nun auch ein Gefangenenhaus. 1945 wurde das Haus zerstört.
Um auch nach der Donauregulierung den Donaukanal als Schiffahrtsstraße zu erhalten, war der Bau von drei Schleusen geplant, die einen ausreichenden Wasserstand sichern sollten. Als einzige davon wurde 1904–1908 eine Schleuse oberhalb der Augartenbrükke erbaut, die nach dem dort befindlichen Bad »Kaiserbad-Schleuse« genannt wurde. Die technischen und wirtschaftlichen Veränderungen nach dem Ersten Weltkrieg verhinderten den Bau der weiteren Schleusen, auch die Kaiserbadschleuse wurde schließlich abgerissen. Bestehen blieb das Schützenhaus, von dem aus die »Schütz« genannten Vorrichtungen zum Öffnen und Schließen der Schleuse betätigt wurden. Dieser Bau von Otto Wagner, ein besonders schöner Nutzbau des Jugendstils, wurde einige Zeit vom Stadtgartenamt als Stützpunkt für die Betreuung der Grünanlagen am Donaukanal benützt, dann stand es leer und verfiel. In den Jahren 1973–1977 wurde es wieder instandgesetzt. Nur die tragenden Mauern konnten noch verwendet werden, alles andere mußte erneuert werden. Nur mit großer Mühe gelang es, eine Firma zu finden, die bereit und imstande war, die leuchtend-kobaltblauen Fliesen zu liefern, die dem Haus sein charakteristisches Aussehen verleihen. Im Schützenhaus wurde ein Tagungs- und Schulungszentrum des Bundesamtes für Eich- und Vermessungswesen mit zwanzig Internatsplätzen untergebracht.
Für die Schiffahrt im Wiener Raum und für den Hafen

Freudenau wird in den achtziger Jahren mit der Fertigstellung des Rhein-Main-Donau-Kanals eine neue Epoche beginnen. Die Schaffung einer durchgehenden Schiffahrtsverbindung vom Schwarzen Meer zur Nordsee wird der Schiffahrt völlig neue Perspektiven eröffnen. Der Wassertransport wird sicher auch in Zukunft die wirtschaftlichste Transportart bleiben. Die Treibstoffkosten machen im Verhältnis zum Lkw-Transport nicht einmal ein Drittel, die Personalkosten nicht einmal die Hälfte aus.

EISENBAHN

Noch wichtiger für die Entwicklung und das Bezirksbild der Leopoldstadt wurde die Eisenbahn.
1821–1825 baute der Engländer George Stephenson, der 1804 die erste brauchbare Dampflokomotive konstruiert hatte, die erste Bahnlinie der Welt zwischen Stockton und Darlington. Die ersten Bahnlinien auf dem Kontinent waren St. Etienne–Lyon in Frankreich (1832) und Nürnberg–Fürth in Deutschland (1835). Als dritte folgte 1837 die Linie Floridsdorf – Deutsch Wagram. 1838, nach Fertigstellung der Brückenbauten, wurde die Linie in die Leopoldstadt verlängert. 1837–1838 wurde an der heutigen Nordbahnstraße ein zweistöckiges Bahnhofsgebäude errichtet, das noch bis 1945 als Kanzleigebäude verwendet wurde. 1858–1865 wurde ein neuer Bahnhof in maurischem Stil erbaut. Der bizarre Bau wurde später oft als Filmkulisse verwendet. 1945 brannte der Bahnhof völlig aus, 1965 wurde die Ruine gesprengt. Die Funktion des Gebäudes übernahm der Bahnhof Praterstern (seit 1976 Wien Nord).
1868–1871 wurde die Nordwestbahn von Wien nach

Böhmen (vorläufige Endstation Jungbunzlau) gebaut, die 1872 auch mit der seit 1841 bestehenden Strecke Jedlesee – Stockerau verbunden wurde. In der österreichisch-ungarischen Monarchie war dies die wirtschaftlich wichtigste Bahnverbindung Wiens, weil sie zu den Rohstoff- und Industriezentren Böhmens und Mährens führte. Das wirkte sich auch in der Schaffung eines besonders großen Güterbahnhofsbereiches aus. Das Bahnhofsgebäude wurde 1873 eröffnet. 1945 wurde die Halle schwer beschädigt, 1952 abgebrochen.
Für den Anschluß an die am rechten Donauufer entstehenden Hafeneinrichtungen wurde nach der Donauregulierung die Donauufer-Bahn gebaut (Betriebsaufnahme Oktober 1876).
Am 1. März 1890 wurde der Verkehr auf der Verbindungsbahn, die vor allem der Verbindung zwischen den bestehenden Bahnlinien diente, mit dem Bahnhof Praterstern aufgenommen.
1961 wurde auf dem Abschnitt der Verbindungsbahn zwischen Meidling und Floridsdorf die erste Wiener Schnellbahn eingerichtet und in den Einheitstarif der Wiener Verkehrsbetriebe einbezogen. In kurzer Zeit entwickelte sie sich zu einem Hauptträger des innerstädtischen Verkehrs. Der Bahnhof Praterstern wurde dadurch zu einem zentralen Verkehrsknoten und entsprechend ausgebaut. Ein weiterer Ausbau erfolgt derzeit im Zuge des U-Bahn-Baus.

STRASSENVERKEHR

Erst mit dem Bau der Donaubrücken im 15. Jahrhundert erhielt der Untere Werd Bedeutung für den durchgehenden Verkehr. Im Bereich der Leopoldstadt verlief

er über die Taborstraße und die Obere Augartenstraße. Dieser Straßenzug wurde damals Kremser Straße genannt.
Erst im vorigen Jahrhundert erhielt die Praterstraße durch den Bau der Nordbahn und der Reichsbrücke Bedeutung als Hauptverkehrsstraße. Und erst seit etwa 1950, seit die starke Bautätigkeit im 22. Bezirk einsetzte, entwickelte sich die Leopoldstadt zu einem Bezirk des Durchzugsverkehrs. Heute gibt es in der Leopoldstadt 259 Straßen mit einer Gesamtlänge von 88 Kilometern und einer Gesamtfläche von 1,6 Millionen Quadratmetern.
Der Beginn des öffentlichen Straßenverkehrs fällt ins erste Jahrzehnt des vorigen Jahrhunderts. Damals fuhren die ersten Stellwagen, pferdebespannte Wagen, die feste Stationen und Abfahrtszeiten hatten. Durch die Leopoldstadt fuhren die ersten Stellwagen um 1810 zum Leopoldstädter Theater, bald darauf zum Praterstern, zum Schüttelbad und zum Augarten, später zum Nordbahnhof.
Eine entscheidende Verbesserung brachte die Pferdetramway. Zwar blieb das Pferd die Zugkraft, doch die Wagen fuhren auf Schienen, waren deshalb schneller und konnten mehr Personen befördern. 1865 wurde die erste Wiener Linie zwischen dem Schottentor und Hernals eröffnet, 1868 folgte die zweite Linie auf der Strecke Schottentor – Ringstraße – Franz Josefs-Kai – Aspernbrücke – Praterstraße – Lassallestraße bis Radingerstraße. 1876 wurde sie bis zum Mexikoplatz verlängert. 1882 wurde eine zweite Pferdetramwaylinie in der Taborstraße eingerichtet, 1883 folgten Linien durch die Untere und die Obere Augartenstraße bis zur Taborstraße und durch die Ausstellungsstraße bis zur Donau, 1885 die Linie durch die Heinestraße. Die

Linien waren damals noch nicht durch Ziffern oder Buchstaben gekennzeichnet, sondern durch bunte Tafeln, die auch für Analphabeten (die damals noch nahezu die Hälfte der Bevölkerung bildeten) verständlich waren. Züge, die vom Schottentor zum Praterstern fuhren, hatten eine runde Tafel mit einem achtzackigen roten Stern auf weißem Grund, Züge, die weiter durch die Lassallestraße fuhren, ein rotes Dreieck auf weißem Grund. Durch die Ausstellungsstraße zur Rotunde kam man mit einem Zug, der ein blaues Dreieck auf weißem Grund zeigte, durch die Taborstraße mit einem Zug, der ein weißes Dreieck auf blauem Grund hatte. Die Züge in der Heinestraße hatten einen achteckigen gelben Stern auf weißem Grund.
1897 wurde der Betriebsbahnhof Vorgarten gebaut, dem 1951 der Autobus-Betriebsbahnhof angegliedert wurde. Ebenfalls 1897 wurde auf dem Praterstern mit der Elektrifizierung der Straßenbahn begonnen: Die erste Linie, die nicht von Pferden gezogen, sondern elektrisch betrieben wurde, war die heutige Linie 5. 1898 wurde auch die Strecke vom Praterstern durch die Ausstellungsstraße bis zum Lagerhaus elektrifiziert, 1901 waren alle Leopoldstädter Straßenbahnlinien auf Strom umgestellt (im übrigen Wien erst 1922).
Eine neue Zeit beginnt für den öffentlichen Verkehr in der Leopoldstadt mit dem Bau der U-Bahn. Das Grundnetz der Wiener U-Bahn umfaßt die Linien U 1 (Reumannplatz in Favoriten – Stephansplatz – Praterstern, mit der 1977 beschlossenen Verlängerung über die Reichsbrücke nach Kagran), U 2 (Schottentor – Zweierlinie – Karlsplatz) und U 4 (umgebaute Trasse der Donaukanal- und Wientallinie der Stadtbahn).
Als besonders schwieriger Teil des U-Bahn-Baus erwies sich der Bereich bei der Schwedenbrücke. Dort

befindet sich eine riesige Schwemmsandlinse unter und neben dem Donaukanal. Versuche, diesen Sand durch Gefrieren oder durch Chemikalien so zu festigen, daß man durchbohren könnte, scheiterten. Man mußte deshalb von oben, durch Abstützung und Ausbaggerung des Sandes arbeiten. Zu diesem Zweck mußten im Donaukanal künstliche Inseln aufgeschüttet werden, zuerst am innerstädtischen, dann am Leopoldstädter Ufer, jeweils bis zur Kanalmitte. Diese äußerst schwierigen Arbeiten wurden 1978 erfolgreich abgeschlossen. Im gleichen Jahr wurden die ersten Teilstücke der U-Bahn (Reumannplatz – Karlsplatz, Heiligenstadt – Karlsplatz und Karlsplatz – Stephansplatz) eröffnet. Die Trasse in der Leopoldstadt – durch die Praterstraße und die Lassallestraße – ist derzeit im Bau.

Sagen aus der Leopoldstadt

DAS DONAUWEIBCHEN

Vor langer Zeit standen dort, wo heute die Leopoldstadt liegt, nur ein paar kleine Fischerhütten. In einer von ihnen hauste ein alter Fischer mit seinem erwachsenen Sohn. Im Sommer verbrachten die beiden mehr Zeit auf dem Wasser als auf dem Land. Im Winter, wenn der Donaustrom vom Eis bedeckt war, besserten sie ihre Netze aus, machten neue und setzten ihren Kahn instand. Dabei erzählte der alte von den Nixen und Wassergeistern, an die damals die Menschen noch glaubten. Sein Sohn hörte voll Eifer die Geschichten vom Donaufürst, der mit seiner Frau, seinen Söhnen und seinen Töchtern in einem prächtigen Glaspalast am Grund des Flusses hauste. Auf großen Tischen standen dort unten umgestülpte irdene Töpfe, in denen die Seelen der Ertrunkenen gefangen waren. Oft ging der Donaufürst als Jäger verkleidet im Mondschein am Donauufer spazieren – aber wehe dem Menschen, der es wagen sollte, ihn anzusprechen: Den packte er sofort und nahm ihn für immer in die Donau mit. Die Nixen waren wunderschöne Mädchen. Mit ihrem verführerischen Gesang lockten sie junge Männer in den Strom. Wenn ein Fest gefeiert wird, kommen sie sogar, um mit den jungen Fischern zu tanzen, aber sie müssen vor dem Morgengrauen wieder in den Glaspalast zurück, sonst werden sie von ihrem Vater fürchterlich bestraft. Wenn sie geschlagen werden, so machen ihre Tränen das Wasser trüb. Wenn aber die Donau blutigrot wird, dann hat der grimmige Fürst eine seiner Töchter sogar erschlagen.

Der junge Fischer wünschte nichts sehnlicher, als einmal die Wassergeister selbst zu sehen. Weil ihm dieser Wunsch so lange nicht in Erfüllung ging, zweifelte er sogar schon daran, daß es diese Lebewesen in der Donau wirklich gäbe.

Doch eines Abends, mitten im Winter, wurde es in der armseligen Hütte plötzlich strahlend hell. Ein Mädchen in schimmerndem weißen Gewand und mit weißen Wasserrosen im schwarzen Haar stand vor den beiden Männern.

»Erschreckt nicht«, sagte das Mädchen mit glockenheller Stimme, »ich tue euch nichts zuleide; ich komme nur, um euch zu warnen. Bald wird Tauwetter kommen, das Eis auf dem Strom wird brechen und das Wasser wird über die Auen fluten. Flieht weit in das Land hinein, sonst seid ihr verloren.« Und so schnell,

wie das Mädchen gekommen war, verschwand es wieder.
Die beiden Männer wußten nicht, ob sie geträumt hatten oder ob wirklich das Donauweibchen bei ihnen gewesen war. Aber sie glaubten der Warnung und sie versäumten trotz des Schneesturms keine Minute: Sie eilten zu den Nachbarn und berichteten über die drohende Gefahr.
Am folgenden Morgen trat das Unheil ein. Die Donau trat aus ihren Ufern, nur mehr die Dächer der Fischerhütten ragten aus dem Wasser. Aber kein Toter war zu beklagen, alle hatten noch rechtzeitig fliehen können.
Der junge Fischer aber konnte das wunderbare Mädchen nicht vergessen. Jeden Abend fuhr er allein mit seinem Kahn über den Strom, traurig kehrte er immer zurück. Der Vater sah es mit Sorge, aber es gelang ihm nicht, seinen Sohn abzulenken und aufzuheitern.
An einem besonders schönen Frühlingstag kam der junge Fischer nicht mehr zurück. Der Kahn trieb leer auf der Donau. Der alte Fischer wußte: Sein Sohn hatte sich auf den Weg ins Reich des Donaufürsten gemacht.
Das Donauweibchen aber ward seither nicht mehr gesehen.

DAS MARIA PÖTSCH-BILD

Im Wiener Stephansdom hängt seit bald 300 Jahren ein primitiv gemaltes Marienbild, das lange Zeit hindurch als wundertätig verehrt wurde. Es ist in der Karpato-Ukraine entstanden, angeblich als Auftragsarbeit eines ungarischen Bauern namens Cigri. Weil der Bauer dann doch nicht genug Geld hatte, um den Maler zu bezahlen, verkaufte er das Bild an einen gewissen

Lorenz Hurter, der es der Kirche von Poecz (Pötsch) schenkte. Am 4. November 1696 berichtete der Bauer Michael Göry, er habe gesehen, daß aus den Augen Marias Tränen flossen. Von diesem Tag an wurde das Bild als wundertätig verehrt. Es entstand die Legende, daß die Tränen einen bevorstehenden Türkenkrieg anzeigten.

1697 wurde das Bild nach Wien gebracht, seit 1. Dezember dieses Jahres befindet es sich im Stephansdom. Das als »Maria Pötsch« bekannte Bild wurde vielfach kopiert. Ein herrschaftlicher Läufer, der in der Leopoldstadt wohnte, erwarb 1729 eine solche Kopie und stellte sie auf seinen Hausaltar. Bald darauf brach in dem Haus ein Feuer aus, alles wurde vernichtet, nur das Marienbild blieb unversehrt. Wenige Tage später erschien plötzlich eine weißgekleidete Frau, die einen Beutel Geld bei dem Bild niederlegte. Damit konnte der Läufer den ganzen Schaden, den er erlitten hatte, wieder gutmachen.

Das Geschehen sprach sich herum, immer mehr Leute wollten vor dem Bild beten und um Hilfe bitten. Der Läufer brachte es deshalb an einem Baum in der Praterstraße an. Viele Menschen brachten Opfergaben zu dem Bild. Deshalb wurde schließlich eine hölzerne Kapelle für das Bild errichtet. Als ein Sturm diese Kapelle zerstörte, wurde 1736 eine steinerne Kapelle erbaut, an ihrer Stelle 1780 die Johannes Nepomuk-Pfarrkirche.

GNADENBILD BEI DEN BARMHERZIGEN

Die Barmherzigen Brüder besitzen ein Bild der Heiligen Familie – Maria, Jesus säugend, und Josef – das vor allem als Hilfe gegen Krankheiten verehrt wurde.

Der Stadtpfarrer von Bruck an der Leitha, Josef Frey, hat es 1666 malen lassen, von ihm erwarb es eine Gräfin Harrach. Nach deren Tod nahm eine Verwandte das Bild unrechtmäßig an sich. Im Traum erschien ihr Maria und befahl ihr zornig, das Bild dem testamentarisch bestimmten Erben, dem kaiserlichen Rat Karl Franz Tarrachia, zu übergeben. Die Frau gehorchte, Tarrachia schenkte das Bild 1677 den Barmherzigen Brüdern.
In den Pestjahren 1679 und 1713 trugen viele Menschen kleine Kupferstiche nach diesem Bild als Schutz vor der Ansteckung bei sich.

DER GOLDENE BRUNNEN

In der Taborstraße befand sich das Wirtshaus »Zum goldenen Brunnen«, eines der ältesten und bekanntesten Gasthäuser der Leopoldstadt. Über seinen Namen gibt es folgende Legende:
Seit alters her stand hier ein Wirtshaus. Krieg und Seuchen ließen die Wirtsleute völlig verarmen und es schien, daß sie ihr Haus verkaufen müßten. Da ging die Wirtin in die Stephanskirche und bat um Hilfe. Deutlich hörte sie die Antwort: »Gehe heim und schöpfe aus dem Brunnen im Hof Wasser für deine Pferde. Du wirst auf dem Boden jedes Eimers ein Goldstück finden. Aber schöpfe niemals mehr Wasser, als die Tiere brauchen.«
Die Frau eilte heim, schöpfte Wasser – und fand tatsächlich die versprochenen Goldstücke. Der »goldene Brunnen« brachte den Wirtsleuten ihren alten Wohlstand zurück.
Das genügte dem Wirt aber bald nicht mehr. In seinem Übermut konnte er nicht genug Gold haben. Eines

nachts stand er heimlich auf und begann Wasser zu schöpfen. Aber in den Eimern waren nie mehr Goldstücke.

Denkmäler

Am Tabor: Johannes-von-Nepomuk-Statue (Linienkapelle), 1728. Nepomukstatuen wurden an allen Toren durch den Linienwall und dementsprechend auch an der Leopoldstädter Mautstelle beim Tabor aufgestellt. Nepomuk galt als Schützer vor Überschwemmungen. Eine zweite Nepomukstatue befindet sich in der Kapelle im Wettsteinpark.

Augarten, Rondeau beim Gaußplatz: Stiftungskreuz. Vermutlich 1642 entstanden, 1758 von Josef von Medusi der Pfarre Leopoldstadt gestiftet, stand Ecke Obere Augartenstraße–Castellezgasse, 1890 in den Augarten versetzt.

Große Pfarrgasse, vor der Leopoldskirche: Rechts Leopoldstatue, links Florianstatue, beide Ende 17. Jahrhundert.

Max Winter-Platz: Margarete Manhardt (1906–1926), Hausgehilfin, rettete am 4. November 1926 zwei Kinder vor einem Verkehrsunfall und kam dabei selbst ums Leben. Relief von Josef Riedl, 1939 abgetragen, 1967 wiederhergestellt.

Max Winter-Platz: Max Winter (1870–1937), Journalist, Redakteur der »Arbeiter-Zeitung«, Meister der sozialkritischen Reportage, 1919–1920 Vizebürgermeister, 1919–1923 Gemeinderat von Wien.

Prater-Hauptallee, gegenüber Verkehrserziehungsgarten: Carl Micharl Ziehrer (1843–1922), Komponist. Überlebensgroße Figur, Ziehrer mit Geige in Deutschmeisteruniform, geschwungener Block mit Reliefs von acht tanzenden Paaren verschiedener Zeiten und Gesellschaftsschichten. Von Robert Ullmann 1959 geschaffen.

Prater, Rotundenallee, bei der Straßenbahnstation der Linie 78: Franz Kallinich, Oberleutnant, gefallen am 26. Oktober 1848.

Prater, nordöstlich vom Lusthaus: Waldandacht, weibliche Heiligenfigur in Barockmanier, daneben segnende Christusfigur, mehrere Grabsteine, Grableuchte, Devotionalien. Laut Inschrift 1902 von Franz und Marie Plankenbüchler gestiftet, nach den kirchlichen Unterlagen seit 1911 bestehend.

Prater, hinter Maria Grün: Kriegerdenkmal, verglaste Grablegungsszene auf Sockel. Inschrift: » Zur Erinnerung an d. gefallenen Krieger 1914–18, 1939–45. Uns war die Heimkehr nicht beschieden, Auf Wiedersehen im ewigen Frieden.«

Prater, zwischen Trabrennplatz und Stadion: Zwischen Säulenteilen Kolossaltorsi eines lagernden Mannes und einer Frau. Signatur Hegenbarth (Ernst).

Praterstern: Tegetthoff-Denkmal. Admiral Wilhelm von Tegetthoff (1827–1871), siegte in den Seeschlachten von Helgoland 1864 und Lissa 1866. Architektur von Karl von Hasenauer. 3,5 Meter hohe Bronzefigur des Admirals von Karl Kundmann auf einer 11 Meter hohen Marmorsäule mit Schiffsschnäbeln, die als Gallionsfiguren Siegesgöttinnen tragen, und Seemannsgeräten. Auf dem 1,5 Meter hohen Sockel die Siegesgöttin und die Ruhmesgöttin in Wagen, die von Seepferdchen gezogen werden. Das Denkmal wurde 1879 geschaffen und sollte vor der Votivkirche aufgestellt werden, was aus künstlerischen Erwägungen unterblieb. 1886 auf dem Praterstern aufgestellt.

Praterstern 33: Relief von Joseph Klieber, das daran erinnert, daß hier am 25. Juli 1814 Bürgermeister Stephan von Wohlleben die von Kaiser Franz I. beim Tabor empfangenen Verbündeten Alexander von Rußland und Friedrich Wilhelm III. von Preußen, die zum Wiener Kongreß kamen, begrüßte. Das wenige Wochen vorher fertiggestellte Haus, in dessen Parterre ein Gasthof war, wurde daraufhin »Alliiertenhof« genannt (vorher »Zur blauen Weintraube«). Neubau im Jahre 1897.

Rustenschacherallee, beim Sillerweg: Marterl, erinnert an einen Autounfall mit zwei Toten 1908.

Taborstraße, in Grünanlage bei Glockengasse: Ofner-Denkmal. Julius Ofner (1845–1924), Rechtswissenschaftler, Sozialreformer, Mitbegründer der Wiener Fabier-Gesellschaft (die nach dem Beispiel der britischen Fabier durch Sozialreformen eine sozialistische Gesellschaft anstrebte), Gründer der Sozialpolitischen Partei, 1901–1918 Reichsratsabgeordneter. Auf hohem Sockel nackter Sämann, am Sockel Porträt Ofners, Inschrift »Ich bin ein Mensch, nichts Menschliches ist mir fremd«. Gestaltung von Carl Wollek. 1932 aufgestellt, 1943 entfernt, 1954 wiederaufgestellt.

SKULPTUREN IN GEMEINDEBAUTEN

Schüttelstraße (Gartenhof): Rattenfänger von Hans Vohburger, 1930.

Obere Donaustraße, Park: Ruf der Jugend von Felix Weiß, 1930.

Am Tabor 1–3: Kamel von Otto Eder, 1959.

Machstraße, Kindergarten: Nashorn mit Knaben von Rudolf Kedl, 1963, und Wasserbecken von Therese Schütz-Leinfellner, 1964.

Machstraße–Wehlistraße: Lesender Mann von Gottfried Buchberger, 1954.
Machstraße–Handelskai: Abstrakte Evolution von Herbert Schwarz, 1960.
Mexikoplatz–Engerthstraße: Brunnenplastik von Margarete Bistron-Lausch, 1963.
Mexikoplatz–Handelskai: Gärtnerin von Ernst Wenzelis, 1968.
Obere Donaustraße–Gredlerstraße: Ziege von Alois Heidel, 1957.
Prater, Planetarium: Globus von Josef Seebacher und Sterngucker von Hilde Uray, 1964.
Prater, Calafattiplatz: Calafatti von Ilse Pompe-Niederführ, 1967.
Rustenschacherallee–Lukschgasse: Badende von Christa Vogelmayer, 1953, und Jahreszeiten von Rudolf Hoflehner, 1954.
Stadion: Freundschaft im Kampfe von Josef Humplik, 1961.
Stadionbad: Das Weib von Karl Stemolak, 1961.
Stoffellagasse–Schüttelstraße: Dachs von Walter Leitner, 1958.
Venediger Au, Kindergarten: Seehund von Oskar Thiede, 1957.
Vivariumstraße–Franzensbrückenstraße: Pfeiler mit Glasmosaik von Hans Robert Pippal, 1967.
Vorgartenstraße 158–164: Drei Eulen von Maria Biljan-Perz, 1962, Freistehende Wand »Der Flug« und »Flughafen« von Carl Unger, 1963, Begegnung von Oswald Stimm, 1966.
Vorgartenstraße–Offenbachgasse–Engerthstraße: Badende von Alfred Hrdlicka, 1968, und Karneval von Rudolf Schweiger, 1966.

Wehlistraße 305: Lichtspiel von Alois Heidel, 1965, und Pagode von Rudolf Kedl, 1965.
Wehlistraße–Handelskai: Fischer mit Netz und Wäscherin von Rudolf Schmidt, 1953.

IN EIGENTUMSWOHNBAUTEN:

Heinestraße 20: Schutzengel von Erwin Grienauer, 1962.
Max Winter-Platz 11: Donauweibchen von Andreas Schrittwieser, 1959.
Obere Donaustraße 47: »Der Glaube zähmt das Böse« von Edmund Moiret, 1960.
Praterstraße 50: Vogeltränke mit zwei Fischreihern von Othmar Jarmer, 1967.
Wehlistraße 222: Vogeltränke »Der Vogelfänger« von Maria Federer, 1966.

Gedenktafeln

Augarten, Josefstöckel: Lateinische Inschrift (Übersetzung: »Am 10. Dezember 1781 umarmten an dieser Stelle die ankommenden russischen Großfürsten Paul und Maria ihre württembergischen Eltern, den Bruder und die Schwester. Kaiser Joseph II. empfing die Gäste freundlich, sah die Umarmung, wurde davon gerührt. Zum ewigen Andenken auf diesem Stein festgehalten.«) zur Erinnerung an den Besuch von Zar Paul I.
Augarten, Josefstöckel: Tafel zur Erinnerung an den dänischen Juristen Dr. Sigurd Jakobsen (1882–1948), der sich große Verdienste um die Hilfsaktionen nach dem Zweiten Weltkrieg erworben hat. Angebracht vom Skandinavischen Klub in Wien 1950. Dänische In-

Die Jubiläumskirche bei der Reichsbrücke

Blick von der Leopoldstadt auf die älteste Reichsbrücke, im Hintergrund das Überschwemmungsgebiet.

Bau der zweiten Reichsbrücke, das Gerüst zur Montage der Ketten.

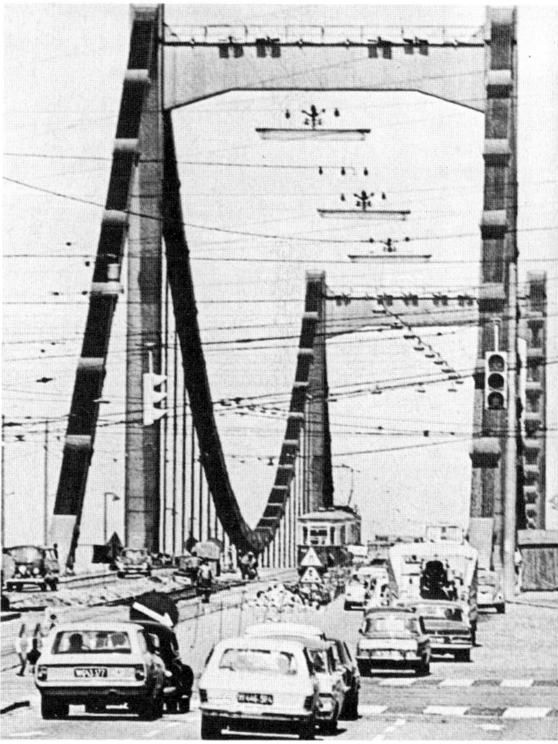

Belastungsprobe der Reichsbrücke 1937, Reichsbrückenverkehr trotz Fahrbahnerneuerung 1974.

Einsturz der Reichsbrücke am 1. August 1976: Ein Gelenkbus der Verkehrsbetriebe sank mit der Brücke in den Strom, der richtige Donaubus (ein Schiff) konnte nicht mehr verkehren.

ONAUBUS

Das Hochwasser des Jahres 1862, die letzte große Überschwemmungskatastrophe vor der Donauregulierung.

Eisbrecher auf der Donau im Einsatz (nach der Donauregulierung).

Eisstoß auf der Donau im Jahre 1929: Man konnte zu Fuß über den zugefrorenen Strom.

Verein »Verkühle dich täglich« beim winterlichen Bad.

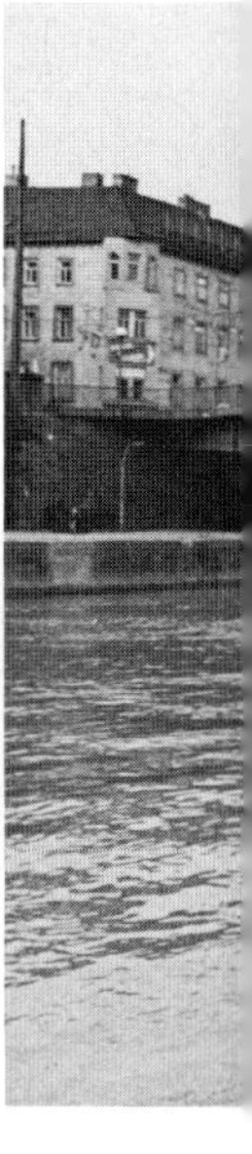

Von oben nach unten: Die Rotundenbrücke im Wandel der Zeiten.

Die Aspernbrücke vor 1938 (oben) und nach dem Wiederaufbau.

Oben: die Schlagbrücke, Wiens älteste Donaubrücke, um 1750. Unten links: die drei Kaffeehäuser bei der Schlagbrücke um 1800. Unten rechts: die Ferdinandsbrücke um 1820.

Links: Ferdinandsbrücke um 1865, Schwedenbrücke 1939. Rechts: die Schwedenbrücke 1930, 1945 und 1978.

BUNDESLÄNDER

Die Salztorbrücke in den Jahren 1930, 1949 und 1978.

Die Marienbrücke in den Jahren 1936, 1946 und 1976.

Die nach dem Zweiten Weltkrieg wiederaufgebaute Augartenbrücke, von der Leopoldstädter Seite aus gesehen. Im Hintergrund der im Bau befindliche Ringturm (Aufnahme 1954).

Der ehemalige Fischmarkt am Donaukanal, im Hintergrund das von Otto Wagner erbaute Schützenhaus.

schrift, in sinngemäßer Übersetzung: »Liebe ihn immer in den Gebeten, in den Kindern«.

Augarten, Gebäude der Porzellanmanufaktur: „In diesem Gebäude fanden seit 1782 die Augartenkonzerte statt, die denkwürdig bleiben durch die Anwesenheit von Mozart (26. Mai 1782, Symphonie KV 338, Konzert für zwei Klaviere KV 365), Beethoven (24. Mai 1803, Kreutzer-Sonate op. 47, Uraufführung), Schubert (1. Mai 1824, Die Nachtigall, Vokalquartett, D 724). Mozartgemeinde, Beethovengesellschaft und Schubertbund zu Wien 1973."

Floßgasse 7: »In diesem Hause wurde Johann Strauß Vater, der Kunst- und Zeitgenosse Lanners, am 14. März 1804 geboren. Errichtet 1883, Sommer & Weniger.« Das Haus hieß früher »Zum heiligen Florian«, Nr. 68, im Parterre befand sich das Gasthaus »Zum guten Hirten«.

Förstergasse 7: »Gedenket der am 12. April 1945 in dieser Gasse von der SS ermordeten Opfer nazistischen Rassenhasses: Dr. Nelly Grete Blum, Arthur Holzer, Arthur Klein, Erna Klüger-Langer, Grete Klüger-Langer, Kurt Mesei, Marie Margolin, Emil Pfeiffer, Gena Jenny Schaier. Niemals vergessen! Verband der KZler und sonst. politisch Verfolgten.« Die SS verübte diese Morde wenige Stunden vor ihrer Flucht aus der Leopoldstadt.

Große Pfarrgasse, Leopoldskirche: »In diesem Gotteshaus wirkte von 1816 bis 1831 als Pfarrer der Erzb. Konsistorialrat Johann Baptist Weber, geboren am 21. Jänner 1785, gestorben am 13. Jänner 1848. Das Leben dieses wahren Menschenfreundes ist durch folgende Taten in der Erinnerung und in den Herzen aller Wiener lebendig geblieben: 1817 Gründung der Leopoldstädter Hauptschule, 1819 Gründung der Ersten österreichischen Spar-Casse, 1827 Gründung eines Armen- und Versorgungshauses, 1830 Gründung eines Kindergartens in Baden, 1832–1837 Kurator und 1844–1848 Ehrenkurator der Ersten österreichischen Spar-Casse.«

Leopoldsgasse 13–15, Theodor-Herzl-Hof (erbaut 1956–1957): »Dr. Theodor Herzl, Vater des Staates Israel. In Angedenken an seine Bedeutung für die Geschichte des jüdischen Volkes wurde diese Tafel von den Mitgliedern der Konferenz des Ministerpräsidenten von Israel für Israel Bonds anläßlich des 30. Jahrestages der Unabhängigkeit des Staates Israel gestiftet. 24. Januar 1978.« Gleicher Text in Hebräisch. Herzl, von dem die Idee zur Gründung eines jüdischen Staates in der alten Heimat des jüdischen Volkes ausging, wirkte in Wien.

Nordpolstraße 1: »Dem Toten zur Ehre, den Lebenden zur Lehre! Robert Kurz. Am 28. Jänner 1943 als Kämpfer für Frieden, Freiheit und Recht vom Nazismus ermordet. Die antifaschistischen Organisationen der Leopoldstadt.« Robert Kurz war Bezirksobmann der verbotenen KPÖ in der Leopoldstadt.

Novaragasse 17 und 19: »In diesem Hause lebte Dr. Alfred Klahr. Während der nationalsozialistischen Herrschaft wurde er im Alter von 39 Jahren im Juli 1944 von den SS-Faschisten ermordet. Er kämpfte für ein freies, demokratisches Österreich, für den Frieden und das Glück der Menschheit. Mögen die Menschen sein Opfer verstehen. Vom Verband österreichischer Widerstandskämpfer und Opfer des Faschismus (KZ-Verband) gespendet.« Dr. Alfred Klahr war führender Funktionär der KPÖ, er befaßte sich schon 1933 mit dem wissenschaftlichen Nachweis einer eigenständigen österreichischen Nation.

Obere Augartenstraße 1 (Inspektionsgebäude der Porzellanmanufaktur im Augarten): »Dem Andenken Anton Janschas, dem ersten österreichischen Bienenzuchtlehrer und Bienenforscher, anläßlich seines 200. Geburtstages. Gewidmet von der österreichischen Imkerschaft im Jahre 1934.« Ein Reliefbild zeigt den Besuch der Kaiserin Maria Theresia bei Janscha.
Obere Donaustraße 95 (IBM-Haus): »Der Walzer ›An der schönen blauen Donau‹ ist hier am 15. Februar 1867 in den noch bis zum Jahre 1913 bestehenden Sälen des alten Dianabades erstmals erklungen. Im Johann-Strauß-Jahr 1975. IBM Österreich.«
Pazmanitengasse 10: »In diesem Hause lebte der unermüdliche Förderer des Wienerliedes, unser langjähriger Obmann Franz Ichmann, Textautor und Schriftsteller, und schuf seine unvergeßlichen Wienerlieder Texte. Wien, 27. November 1966. Gewidmet von der Vereinigung ›Das Wienerlied‹.«
Praterstraße 50, Hausflur: »Richard Waldemar, 3. Mai 1869–27. Dezember 1946, dem großen Volksschauspieler und Meister des Vortrages, Bürger der Stadt Wien, Besitzer des Ehrenringes der Stadt Wien, Richard Waldemar, gewidmet, der seine Kunst oftmals auch in den Dienst der Fürsorge gestellt hat. 2. Mai 1969.«
Praterstraße 54: »In diesem Hause schrieb Johann Strauß im Jahre 1867 die Wiener Volkshymne ›An der schönen blauen Donau‹. Zum 100. Geburtstag des Walzerkönigs, seinem Ehrenmitgliede der Wiener Schubertbund, 1925.«
Taborstraße, Karmeliterkirche: »Taborstraße, zweitälteste Straße des zweiten Bezirkes, erscheint 1409 als Kremser Straße, später Taborstraße, nach den Feldbefestigungen des Brückenkopfes von Wien in der Hussi-

tenzeit ›Am Tabor‹ genannt.« Darstellung des hl. Leopold über der alten Straße.

Taborstraße 16–18, Kirche der Barmherzigen Brüder: »Joseph Haydn, der große marianische Meister, wirkte auf dem Chor dieser Kirche 1755–1758. Der Kirchenmusikverein 1932.«

Schiffsamtsgasse 20: »In diesem Hause lebte Dr. Arnold Deutsch. Während der nationalsozialistischen Herrschaft wurde er im Alter von 38 Jahren im November 1942 von den SS-Faschisten ermordet. Er kämpfte für ein freies, demokratisches Österreich, für den Frieden und das Glück der Menschheit. Mögen die Menschen sein Opfer verstehen.«

Naturdenkmäler

Engerthstraße 148: Drei Pappeln.

Hafenzufahrtsstraße 35: Kornelkirschenbaum, etwa 70 Jahre alt, im Raum Wien sehr selten.

Hafenzufahrtstraße 50: Schwarzpappel.

Handelskai 268: Schwarzpappel.

Innstraße: Platanenallee.

Obere Augartenstraße 26–28: Zwei Eiben.

Prater, Freudenauer Wasser: Schwarzpappel, mit einem Stammumfang von 9,3 Meter derzeit der stärkste Baum von Wien.

Prater, Mauthner- und Krebsenwasser.

Prater, Stemmerallee: Schwarzpappel und Esche.

Prater, an der Trasse der Liliputbahn nächst der Südportalstraße: Hainbuche.

Schüttelstraße 5–9: Platane.

Sturgasse–Wehlistraße: Weißpappel.

Straßen- und Gassennamen

Adambergergasse: Antonie Adamberger, 1790–1867, Burgschauspielerin, spielte vor allem die großen Rollen klassischer Tragödien.

Afrikanergasse: 1783 wohnte in dieser Gasse eine Handelsdelegation aus Marokko, die erste offizielle Gesandtschaft aus Afrika in Wien. (Bis 1862 Marokkanergasse, dann zur Beseitigung der Doppelbezeichnung – im 3. Bezirk gibt es eine aus dem gleichen Grund so benannte Marokkanergasse – umbenannt.)

Alexander Poch-Platz: Monsignore Dr. Alexander Poch, 1904–1966, Pfarrherr von St. Leopold, half nach 1938 unter großem Risiko vielen Juden und anderen Verfolgten.

Alliiertenstraße: Hier befand sich die alte Taborbrükke, an der 1814 Kaiser Franz I. den russischen Zaren und den preußischen König empfing, seine Alliierten im Krieg gegen Napoleon, die zum Wiener Kongreß kamen. (Bis 1909 Prager Reichsstraße.)

Aloisgasse: Alois Miesbach, 1790–1857, Industrieller, kaufte viele Gründe in der Leopoldstadt und ließ darauf Zinshäuser errichten, darunter um 1850 die ersten Häuser der Aloisgasse.

Am Heustadlwasser: An diesem einstigen Donauarm standen Heustadeln für die Wildfütterung.

Am Tabor: Tabor nannten die Hussiten die von ihnen entwickelten sternförmigen Befestigungsanlagen. Nach diesem Beispiel wurde hier eine Befestigungsanlage errichtet und Tabor genannt.

An den Froschlacken: Alter Flurname.

Arnezhoferstraße: Johann Ignaz Arnezhofer, 1670 als Vertreter der Kirche für die Vertreibung der Juden zuständig, 1671 erster Pfarrer der Leopoldskirche, erkrankte 1679 an der Pest, starb 1680. (Bis 1906 Teil der Erlafstraße.)

Aspernallee: Führt in der Richtung nach Aspern.

Aspernbrückengasse: Nach der Aspernbrücke, die nach der Schlacht bei Aspern (Sieg von Erzherzog Karl über Napoleon 1809) benannt wurde. (Bis 1862 Schmidgasse, bis 1864 Untere Fischergasse, bis 1909 Asperngasse.)

Ausstellungsstraße: Zur Erinnerung an die Weltausstellung von 1873. (Bis 1874 erster Teil Feuerwerksallee nach der hier liegenden Feuerwerkswiese, anschließend Fahnenstangenallee nach den Fahnenstangen am hier befindlichen Donauarm, auf denen die Ankunft von Holzschiffen durch Aufziehen von Fahnen signalisiert wurde.)

Belvedereallee: 1912 durch den ehemaligen Fasangarten angelegt, von ihr aus sah man das Belvedere.

Blumauergasse: Alois Blumauer, 1755–1798, schrieb witzige Gedichte und Balladen, darunter eine politisch-kritische Travestie der »Äneis« von Vergil.

Böcklinstraße: Arnold Böcklin, 1827–1901, Schweizer Maler, See- und Landschaftsgemälde. (Bis 1919 Valeriestraße nach der Tochter Franz Josephs Marie Valerie.)

Brandgasse: Johann Christian Brand, 1722–1795, Landschaftsmaler und Kupferstecher, u. a. Praterstudien, Wandbilder im Schloß Laxenburg.

Brigittenauer Lände: Der Name der Brigittenau wurde von der 1651 fertiggestellten Brigittakapelle abgeleitet.

Calafattiplatz: Basilius Calafatti, 1800–1878, Zauberer und Taschenspieler, erhielt 1840 die Bewilligung zum Betrieb eines Ringelspiels. Dort stellte er als Wahrzeichen 1854 eine überlebensgroße Figur auf, den »Großen Chineser«. Daneben betrieb er das Wirtshaus »Schwarzes Rößl«, das seine Erben 1922 schlossen. Das Ringelspiel mit der Figur wurde 1945 vernichtet.

Castellezgasse: Dr. Anton Castellez, 1765–1825, ab 1803 Professor an der Josephsakademie (Ausbildungsstätte für Militärärzte) und zugleich Arzt in der Leopoldstadt, wo er armen Leuten notfalls auch ohne Bezahlung half und deshalb als Volksarzt sehr beliebt wurde.

Csardastraße: 1873–1909 befand sich hier das Unterhaltungslokal »Csarda« mit Zigeunermusik, dann bis 1912 »Jardin de Paris«, bis 1935 wieder »Csarda«, bis 1938 Milchtrinkhalle, bis 1945 wieder »Csarda«, 1945 zerstört, seit Wiederaufbau »Prater-Sauna«.

Czerningasse und -platz: Johann Rudolf Graf Czernin erwarb hier 1683 einen großen Garten und ließ sich darauf ein Sommerhaus erbauen. 1813 wurde das Gebiet parzelliert und anschließend verbaut. (Letztes Stück der Czerningasse bis 1886 Adelengasse, Czerninplatz bis 1882 Schabdenrüsselgasse nach einem alten Hausschild.)

Dammhaufen: Alter Flurname.

Darwingasse: Charles Robert Darwin, 1809–1882, englischer Naturforscher, begründete die Erkenntnis, daß sich aus niedrigem immer höheres Leben bis zum Menschen entwickelt (Darwinismus).

Dr. Natterer-Gasse: Dr. Johann Natterer, 1821–1900, Leopoldstädter Arzt, erfand eine Maschine zur Verflüssigung von Kohlensäure durch Kälte, Gemeinderat 1861–1879.

Dresdner Straße: Nach Fertigstellung der nach Dresden führenden Nordwestbahn wurde 1875 vereinbart, in Wien eine Dresdner Straße und in der sächsischen Hauptstadt eine Wiener Straße zu benennen.

Eberlgasse: Karl Eberl, 1820–1887, Holzhändler, Gemeinderat 1875–1887.

Elderschplatz: Mattias Eldersch, 1869–1931, gelernter Weber, 1892 sozialdemokratischer Funktionär in Brünn, 1901–1911 Reichsratsabgeordneter für Schlesien, Begründer der Krankenkassen, 1914–1918 Obmann des niederösterreichischen Konsumvereins, 1918 Leiter des staatlichen Ernährungsamtes, 1919–1920 Staatssekretär (=Minister) für Inneres und Unterricht, 1919–1931 Abgeordneter zum Nationalrat, ab 1923 Zweiter, 1930 bis zum Tod Erster Präsident des Nationalrats, 1919–1923 auch Gemeinderat. Gilt als »Vater der österreichischen Sozialversicherung«. (Bis 1933 Santa Lucia-Platz nach dem Ort des Sieges der kaiserlichen Truppen über die Italiener im Revolutionsjahr 1848, 1937–1945 Vierundachtzigerplatz nach dem Infanterieregiment Nr. 84.)

Engerthstraße: Hofrat Wilhelm Ritter von Engerth, 1814–1884, Generalinspektor der Staatseisenbahngesellschaft, Mitarbeiter der Donauregulierungskommission, Konstruktur des Sperrschiffes am Beginn des Donaukanals in Nußdorf.

Ennsgasse: Nebenfluß der Donau.

Erlafstraße: Nebenfluß der Donau.

Ferdinandstraße: Ferdinand I., 1793–1875, wurde 1835 Kaiser von Österreich, dankte nach der Revolution 1848 ab. Wegen geringer geistiger Fähigkeiten, die sich in Schwäche ausdrückten, wurde er etwas spöttisch »der Gütige« genannt.

Feuerbachstraße: Anselm von Feuerbach, 1829–1880, Historienmaler, Professor an der Akademie der bildenden Künste.

Fischergasse: Als Erinnerung daran, daß Fischer die ersten Bewohner des Unteren Werd waren.

Floßgasse: Anlageplatz für Flöße. (Bis 1862 Florianigasse nach dem heiligen Florian.)
Förstergasse: Ludwig Christian Friedrich Förster, 1797–1863, Architekt, richtete 1818 Taborstraße 52 eine Kunstdruckerei ein, gründete 1836 die »Allgemeine Bauzeitung«, Professor an der Akademie der bildenden Künste, baute u. a. die protestantische Kirche in Mariahilf, die Gewehrfabrik im Arsenal, die Synagoge in der Tempelgasse und die Elisabethbrücke über den Wienfluß. Sein Sohn Emil Förster, 1838–1909, ebenfalls Architekt, baute u. a. das Dorotheum und das Ringtheater, Umbauten in der Hofburg.
Franzensbrückenstraße: Nach der Franzensbrücke, die nach Franz I., dem Gatten Maria Theresias, benannt wurde. (Bis 1875 Franzallee oder Franzensallee nach Franz I.)
Franz Hochedlinger-Gasse: Franz Hochedlinger, 1833–1917, Kaufmann und mehrfacher Hausbesitzer, stiftete eines seiner Häuser der Gemeinde Wien, Gemeinderat 1877–1880. (Bis 1919 Kleine Schiffgasse.)
Freudenauer Hafenstraße: Alter Flurname Freudenau, auch Frauenau, vermutlich, weil hier schon im Mittelalter ritterliche Turniere und Feste stattfanden. Straße führt zum Freudenauer Hafen.
Friedensgasse: Zur Erinnerung an den allgemeinen Frieden, der nach dem Sieg über Napoleon beim Wiener Kongreß vereinbart wurde.
Fruchtgasse: Nach einem 1804–1849 bestehenden Frucht- und Getreidemagazin, das die Gemeinde Wien errichtete, um bei Mißernten auf Vorräte zurückgreifen und gegen Preissteigerungen wirken zu können. (Bis 1862 Teil der Czerningasse.)
Fugbachgasse: Der Fugbach war ein kleiner Donauarm, der vom Tabor über den Praterstern zum Schüttel

floß und dort in den Donaukanal mündete. 1775–1780 zugeschüttet. (Bis 1862 Am Fugbach.)

Gabelsbergergasse: Franz Xaver Gabelsberger, 1789–1849, schuf die deutsche Kurzschrift.

Gaußplatz: Karl Friedrich Gauß, 1777–1855, Sohn eines Taglöhners, Mathematiker, fand die Methode der Kreisteilung, konstruierte mit Wilhelm Weber den ersten elektrischen Telegraphen. (Bis 1920 Mathildenplatz nach Erzherzogin Mathilde, 1849–1867, Tochter des Erzherzogs Albrecht.)

Glockengasse: Nach einer Glockengießerei, die sich 1724 bis etwa 1850 im Haus Nummer 10 befand.

Gredlerstraße: Andreas Freiherr von Gredler, 1802–1870, Rechtsanwalt, organisierte vor allem 1866 patriotische Aktionen, Kundgebungen und Sammlungen.

Große Mohrengasse: Nach dem Hausschild »Zum großen Mohren«, Eckhaus zur Rotensterngasse 18. (Bis 1862 bis zur Schmelzgasse Große Hafnergasse, Rest Mohrengasse.)

Groß-Enzersdorfer Allee: Verläuft in der Richtung nach Groß-Enzersdorf.

Große Pfarrgasse: Nach der ältesten Pfarrkirche der Leopoldstadt benannt. (Im Getto Obere Gasse, dann bis 1770 Große Kirchengasse.)

Große Schiffgasse: Hier waren Einkehrgasthöfe für Schiffer, Haus Nummer 5 hatte das Hauszeichen »Zum großen goldenen Schiff«. Die Beifügung »Große« blieb, obwohl die Kleine Schiffgasse 1919 in Franz Hochedlinger-Gasse umbenannt wurde.

Große Sperlgasse: Nach dem Vergnügungslokal »Sperlbauer«, das allgemein »Zum Sperl« genannt wurde. (Im Getto Hauptgasse, dann Große Gasse, von etwa 1800 bis 1862 Herrngasse.)

Große Stadtgutgasse: Nach dem Gut, das die Stadt Wien hier besaß, wurde die ganze Gegend »Stadtgut« genannt. (Bis etwa 1800 Gassel bei den Fahnenstangen.)

Grünhaufen: Alter Flurname.

Haasgasse: Simon Anton Haas, 1810–1879, Großhändler, Direktor der Ersten österreichischen Spar-Casse 1872–1879, Gemeinderat und Bezirksvorsteher 1874–1878.

Hafnergasse: Hier war 1671 bis etwa 1800 ein Markt der Hafner und Töpfer, von denen deshalb auch viele hier ihre Wohnung und ihre Werkstatt hatten.

Haidgasse: Nach der hier befindlichen Heide, früher auch Haide geschrieben. (Im Getto Mittere Gasse, bis 1862 Badgasse.)

Halmgasse: Friedrich Halm, Pseudonym für Eligius Freiherr von Münch-Bellinghausen, Dramatiker, zu seiner Zeit erfolgreicher als Grillparzer, schrieb auch Lustspiele, Gedichte und Erzählungen, 1867–1870 Generalintendant der Hoftheater und Präfekt der Hofbibliothek.

Hammer-Purgstall-Gasse: Joseph Freiherr von Hammer-Purgstall, 1774–1856, Dichter, Geograph und Orientalist, übersetzte viele orientalische Dichtungen, darunter als erster »Tausendundeine Nacht«, erster Präsident der Akademie der Wissenschaften 1847–1849.

Handelskai: 1884 so benannt, weil sich nach der Donauregulierung 1875 hier zahlreiche Handelsunternehmungen ansiedelten.

Harkortstraße: Kaspar Johann Harkort, 1785–1877, Inhaber einer Duisburger Baufirma, die u. a. die Rotunde und die Ostbahnbrücke baute.

Hauptallee: Erste Straße durch den Prater.

Haussteinstraße: Die Burg und spätere Ruine Haustein stand bei Grein auf einer felsigen Donauinsel, die einen gefährlichen und die Schiffahrt behindernden Strudel verursachte. 1856–1858 wurde die Insel durch Sprengung beseitigt.

Hedwiggasse: Ungeklärt, vielleicht nach Hedwig, der Gattin des Dichters und Kritikers Adolf Bäuerle.

Heinestraße: Heinrich Heine, 1797–1856, Dichter, u. a. »Buch der Lieder«, »Deutschland, ein Wintermärchen«, »Atta Troll«, von vielen als bedeutendster deutscher Lyriker eingeschätzt. (Ursprünglich Augartenallee, ab etwa 1850 Schawelallee nach dem Rennstallbesitzer Josef Schawel, der 1840 Ecke Taborstraße–Heinestraße ein Wohnhaus erbauen ließ, 1874–1919 Kaiser Joseph-Straße.)

Helenengasse: Ungeklärt, vielleicht nach Angehörigen des Bezirksvorstehers Konrad Ley (1801–1881, Bezirksvorsteher der Leopoldstadt 1862–1874, Leystraße in der Brigittenau).

Hellingstraße: Altes Wort für eine Schiffswerft.

Herminengasse: Ungeklärt, vielleicht ebenso wie Helenengasse.

Hillerstraße: Johann Freiherr von Hiller, 1754–1819, Feldzeugmeister, führend an den Kriegen gegen die Türken und Franzosen beteiligt, vermutlich der eigentliche Feldherr der Schlacht von Aspern, 1809, in der Erzherzog Karl Napoleon die erste Niederlage zufügte.

Hochstettergasse: Ferdinand von Hochstetter, 1829–1884, Geologe und Forschungsreisender, nahm an der Weltumseglung der österreichischen Fregatte »Novarra« 1857–1859 teil.

Hofenedergasse: Karl Josef Hofeneder, 1814–1885, Fischhändler, Hoflieferant, Mitbegründer der DDSG, baute das erste Haus in dieser Gasse.

Hollandstraße: Zur Erinnerung an die Hilfe, die das notleidende Wien nach dem Ersten Weltkrieg von Holland erhielt. (Bis 1883 Große Ankergasse, daneben die Kleine Ankergasse, die als Sackgasse vor dem Gymnasium Kleine Sperlgasse endete, beide nach dem Hauszeichen »Großer Anker«, Hollandstraße 10; 1883–1919 Stephaniestraße nach der Gattin von Kronprinz Rudolf).

Holubstraße: Dr. Emil Holub, 1847–1902, Arzt und Ethnologe, unternahm zwei große Forschungsreisen durch das südliche Afrika. Die gesammelten Objekte zeigte er in großen Ausstellungen in der Rotunde, wo ihm schließlich auch eine Wohnung eingeräumt wurde, und schenkte sie dann dem Naturhistorischen Museum und den Wiener Schulen.

Holzhausergasse: Ignaz Holzhauser, 1758–1810, Ortsrichter der Leopoldstadt 1786–1810, erwarb sich große Verdienste während der Besetzung durch die Franzosen 1805 und 1809.

Ichmanngasse: Franz Ichmann, 1898–1965, Schriftsteller, Förderer des Wienerliedes.

Ilgplatz: Dr. Adalbert Ilg, 1847–1896, Kunsthistoriker, 1878–1896 Direktor der kaiserlichen Kunsthistorischen Sammlungen, des späteren Kunsthistorischen Museums. (Bis 1899 Teil des Feuerwerksplatzes.)

Im Werd: Erinnert an die einstige Bezeichnung für den 2. und 20. Bezirk »Unterer Werd«. (Bis etwa 1630 In der Au, im Getto Am Platz, bis etwa 1760 Am Anger oder Auf der Wiese, bis 1862 Auf der Heide.)

Innstraße: Nebenfluß der Donau.

Jantschweg: Heinrich Jantsch, 1845–1899, leitete von 1892 bis zu seinem Tod das Lustspieltheater im Prater, ließ es ausbauen und versuchte, sein Niveau zu heben.

Josef Gall-Gasse: Josef Gall, 1820–1898, Journalist,

wohnte Taborstraße 14. 1848 bewahrte er als Oberleutnant der Nationalgarde die Ferdinandbrücke (Schwedenbrücke) vor der Zerstörung. Gründete 1861 die »Korrespondenz Gall« als Vorläufer der heutigen »Rathaus-Korrespondenz«, 1875 das »Wiener Kommunalblatt«. Begründer der umfassenden Kommunalberichterstattung in der Tagespresse.

Josefinengasse: Vermutlich nach der zweiten Gattin des Bezirksvorstehers Konrad Ley, 1816–1903. (Bis 1862 Mariengasse.)

Jungstraße: Raul Jung, 1848–1905, Gemeinderat.

Kafkastraße: Franz Kafka, 1883–1934, schrieb faszinierende expressionistische Erzählungen. Weltberühmt wurden vor allem »Der Prozeß« und »Das Schloß«. (Bis 1949 Josef Christ-Gasse nach dem Artilleriekommandanten der Schlacht bei Aspern.)

Kaiserallee: Nach Kaiser Franz Josef I.

Karmelitergasse: Von 1622 bis zur Aufhebung des Karmeliterklosters 1782 durch Kaiser Joseph II. befand sich hier der Klostergarten, dann wurde die Gasse angelegt. (Bis 1862 Josefsgasse nach Joseph II.).

Karmeliterplatz: Marktplatz vor der Karmeliterkirche. (Im Jahre 1848 Bürgerplatz).

Klanggasse: Dominik Klang, 1806–1859, Hausbesitzer, 1847–1859 Gemeindevorstand und Ortsrichter der Leopoldstadt.

Kleine Mohrengasse: Nach einem Hausschild »Zum Mohren« am Haus Nummer 5. (Bis 1862 Kleine Fuhrmanngasse nach den hier ansässigen Fuhrleuten.)

Kleine Pfarrgasse: Nach der Pfarrkirche St. Leopold. (Der Teil zwischen Taborstraße und Große Sperlgasse hieß im Getto Taborgasse, 1671 bis 1770 Untere Kirchengasse, der andere Teil hieß bis 1770 Neugasse, bis 1862 Rauchfangkehrergasse.)

Kleine Sperlgasse: Nach dem Vergnügungslokal Sperl. (Bis 1862 Sperlgasse, umfaßte auch den Teil der Großen Sperlgasse bis zur Krummbaumgasse.)
Kleine Stadtgutgasse: Nach dem Gut, das die Stadt Wien hier besaß.
Komödiengasse: Hier befand sich das Kulissendepot des Carltheaters.
Konradgasse: Konrad Ley, 1801–1881, Haus- und Grundbesitzer, erster Bezirksvorsteher der Leopoldstadt 1862–1874.
Konstantinhügel: Material vom Abbruch der Basteien und der Erdaushebungen für die Fundamentierung der Rotunde wurde hier aufgeschüttet. Benannt nach Prinz Konstantin zu Hohenlohe-Schillingfürst, Obersthofmeister.
Körnergasse: Nach einem 1804–1849 bestehenden Getreidemagazin der Gemeinde Wien, das zur Bekämpfung von Preissteigerungen nach Mißernten geschaffen wurde.
Krafftgasse: Peter Johann Krafft, 1780–1856, Maler (Wandgemälde in der Hofburg, Schlachtenbilder im Kunsthistorischen Museum), Direktor der Gemäldegalerie im Belvedere.
Kratky-Baschik-Weg: Kratky-Baschik war als Zauberkünstler eine legendäre Praterfigur. 1864 trat er auf der Feuerwerkswiese auf, 1868–1873, hatte er eine Bude vor der »Weißen Rose« (Ausstellungsstraße 161), 1874–1889 hatte er in einem ehemaligen Affentheater (später Fortuna-Palast, zerstört 1945) eine eigene Bühne. Im Winter trat er in verschiedenen Sälen, darunter den Dianasälen, auf. Seine Spezialität waren Geistererscheinungen berühmter historischer Persönlichkeiten. Er starb 1889, fast völlig erblindet.
Krieau: Name nicht völlig geklärt. Vielleicht von »Grün-

au«. Im 15. Jahrhundert »Krigau«, im 17. Jahrhundert »Kriegsau« und auch »Streitau« nach einem Prozeß zwischen der Gemeinde Wien und dem Stift Klosterneuburg, der 1618 nach 70 Jahren Dauer mit dem Sieg der Stadt endete.

Krummbaumgasse: Hier stand ein verkrüppelter Baum, der in ein Hausschild Große Sperlgasse 9 übernommen wurde. (Bis 1862 Krumme Baum-Gasse.)

Kurzbauergasse: Eduard Kurzbauer, 1840–1879, Genre- und Miniaturmaler.

Lagerhausstraße: In der Maschinenhalle der Weltausstellung 1873 wurde 1876 das Lagerhaus der Stadt Wien eingerichtet.

Lampigasse: Johann Baptist Reichsritter von Lampi, 1751–1830 Porträtmaler, malte Mitglieder der kaiserlichen Familie und zahlreiche andere führende Persönlichkeiten seiner Zeit.

Lassallestraße: Ferdinand Lassalle, 1825–1864, Mitbegründer und wesentlicher Theoretiker der deutschen und der internationalen sozialdemokratischen Bewegung. (Bis 1875 Schwimmschulallee nach der an ihrem Ende am Kaiserwasser liegenden Militärschwimmschule, bis 1920 Kronprinz Rudolf-Straße, 1934–1945 Reichsbrückenstraße.)

Lassingleithnerplatz: Johann Lassingleithner, 1788–1834, Schiffmeister, barg bei der Hochwasserkatastrophe 1830 mit seiner Zille 126 Menschen aus höchster Gefahr.

Laufbergergasse: Ferdinand Laufberger, 1829–1881, Maler, schuf u. a. den Bühnenvorhang der Staatsoper für Spieloper und Ballett (1945 zerstört), Deckengemälde im Kunsthistorischen und im Naturhistorischen Museum, Fresken und Glasfenster der Votivkirche, das beim Brand zerstörte Glasbild über dem Haupteingang der Rotunde. Professor an der Wiener Kunstgewerbeschule.

Leichtweg: Das legendäre Varieté Leicht, in dem die prominentesten Wiener Künstler auftraten, wurde 1895 gegründet und 1945 vernichtet.

Leopoldsgasse: Nach der Pfarrkirche St. Leopold. (Im Getto Neue Gasse, bis 1819 Zuchthausgasse nach dem hier befindlichen Zucht- und Arbeitshaus, bis 1862 Strafhausgasse.)

Lessinggasse: Gotthold Ephraim Lessing, 1729–1781, deutscher Klassiker.

Lichtenauergasse: Georg Lichtenauer, 1791–1848, Grundbesitzer in diesem Bereich, ließ den Grund parzellieren und erbaute die ersten Häuser.

Lilienbrunngasse: Therese Adler von Lilienbrunn, deren in der Oberen Donaustraße stehendes Haus 1841 abgerissen werden mußte, um die Straße anlegen zu können.

Lößlweg: Friedrich Lößl, 1817–1907, Techniker, Pionier des Eisenbahnbaus.

Lukschgasse: Franz Luksch, 1845–1913, Hufschmied und Hausbesitzer, Gemeinderat 1908–1913.

Lusthausstraße: 1566 ließ sich Kaiser Maximilian II. ein Jagdhaus erbauen, das »Grünes Lusthaus« genannt wurde. Isidor Canevale erbaute im Auftrag Kaiser Joseph II. 1781–1783 das Lusthaus in seiner heutigen Form. 1945 schwer beschädigt, 1949 wiederhergestellt.

Machstraße: Ernst Mach, 1838–1916, Physiker und Philosoph, schrieb Geschichte der Mechanik, Professor 1864 in Graz, 1867 in Prag, 1895–1902 in Wien. (1919–1960 Machplatz, vorher Maria Josefa-Platz nach der Mutter von Kaiser Karl I.)

Malzgasse: 1530–1846 stand hier das Brauhaus. Malz

ist einer der Grundstoffe der Biererzeugung. (Bis 1862 Bräuhausgasse.)

Marathonweg: Marathonlauf, Laufbewerb über 42,2 km, erinnert daran, daß ein Läufer die Nachricht vom Sieg der Griechen über die Perser bei Marathon 490 n. Chr. nach Athen überbrachte und danach tot zusammenbrach.

Max Winter-Platz: Max Winter, 1870–1937, Redakteur der »Arbeiter-Zeitung«, Meister der sozialkritischen Reportage, 1919–1920 Vizebürgermeister, 1919–1923 Gemeinderat, mußte 1934 Österreich verlassen, starb in Hollywood. (Bis 1959 Sterneckplatz nach Admiral Max Freiherr Daublebsky von Sterneck zu Ehrenstein, 1829–1897, Organisator der österreichisch-ungarischen Kriegsmarine.)

Mayergasse: Matthäus Mayer, 1761–1837, Gärtner, Ortsrichter der Jägerzeile 1801–1811, hatte sein Haus an der zum Praterstern gelegenen Ecke Praterstraße–Mayergasse.

Meiereistraße: Die Meierei in der Krieau, die ein Treffpunkt des Adels war, entstand um 1870, vorher kaiserliches Jagdhaus.

Mexikoplatz: Mexiko war der einzige Staat, der 1938 formell gegen die Besetzung Österreichs durch Deutschland protestiert hat. (Bis 1884 Schwimmschulmais nach der in der Nähe befindlichen Militärschwimmschule, 1884–1919 Erzherzog Karl-Platz nach dem Sieger von Aspern, 1919–1934 Volkswehrplatz nach der 1918 zum Schutz Österreichs gebildeten Volkswehr, 1934–1946 wieder Erzherzog Karl-Platz.)

Miesbachgasse: Alois Miesbach, 1790–1857, war als Besitzer der Wienerberger Ziegelwerke und vieler anderer Ziegeleien einer der größten Industriellen Österreichs. Er kaufte viele Gründe in der Leopoldstadt und ließ darauf Zinshäuser errichten, dabei entstand auch diese Gasse.

Molkereistraße: Nach der 1901 erbauten Wiener Molkerei. (Bis 1906 Teil der Harkortstraße.)

Mühlfeldgasse: Eugen Megerle Edler von Mühlfeld, 1810–1868, Rechtsgelehrter, 1848 von Wien in den Frankfurter Reichstag entsandt, trat für Religionsfreiheit und Trennung von Staat und Kirche ein, einer der bedeutendsten Vertreter des Liberalismus in Österreich, Gemeinderat 1863–1866.

Mumbgasse: Josef Mumb, 1833–1905, Besitzer des Gasthofes »Zum Goldenen Brunnen« (Taborstraße 20, bestand schon vor 1700, 1909 abgebrochen), Gemeinderat 1883–1891, Bezirksvorsteher 1885–1900.

Negerlegasse: Michael Negerle, Kaufmann, erbaute um 1841 hier die ersten Häuser.

Nepomukgasse: Nach der Kirche, die dem hl. Johannes von Nepomuk geweiht ist. (Bis 1862 aus dem gleichen Grund Johannesgasse, dann zur Vermeidung von Doppelbenennungen in Wien umbenannt.)

Nestroygasse und -platz: Johann Nestroy, 1801–1862, leitete 1854–1861 das Carltheater.

Nickelgasse: Franz Nickel, 1766–1833, Ortsrichter der Leopoldstadt 1823–1833.

Nordbahnstraße: Nach dem 1838 erbauten Nordbahnhof. (Bis 1862 Forstmeisterallee nach dem k. k. Forsthaus, das dort stand.)

Nordpolstraße: Nach der von Julius Payer und Karl Weyprecht geleiteten österreichischen Nordpolexpedition 1872–1974, bei der Franz-Josefs-Land entdeckt wurde.

Nordportalstraße: Führte zum Nordportal der Rotunde. (Bis 1882 Abfahrtsstraße, weil hier die Abfahrt von den Praterauffahrten durch die Rotunde erfolgte, bis

1908 Konkurrenzstraße nach den Pferde- und Fiakerkonkurrenzen, die im Zusammenhang mit den Pferdeausstellungen in der Rotunde ab 1880 stattfanden.)

Nordwestbahnstraße: Nach dem 1873 eröffneten Nordwestbahnhof.

Novaragasse: Sieg von Feldmarschall Radetzky über die Sardinier und Piemontesen bei Novara am 23. Mai 1849. (Bis 1862 Gärtnergasse nach den hier ansässigen Gärtnern, Schauplatz der Novelle »Der arme Spielmann« von Franz Grillparzer.)

Obere Augartenstraße: Ursprünglich ebenso wie der von ihr zum Donaukanal führende Teil der Taborstraße Kremser Straße genannt, im 17. Jahrhundert »Straße nach Böhmen«. 1780 ließ sie Kaiser Joseph II. als Hochwasserschutzdamm aufschütten und mit 400 Linden bepflanzen, sie wurde Dammstraße genannt, dann Augartenstraße, der Teil zwischen Rembrandtstraße und Gaußplatz »Hinter der Kaserne« nach der hier befindlichen Reiterkaserne. Jetzige Benennung 1862.

Obere Donaustraße: Urspründlich »Oberer Fall« (Fall = steiles Ufer). Ab dem 16. Jahrhundert bis Floßgasse »An der Brücke«, Rest »An der Donau«. Jetzige Benennung 1862.

Obermüllnerstraße: Adolf Obermüllner, 1833–1898, Landschaftsmaler.

Odeongasse: Nach dem 1845 erbauten und 1848 zerstörten Odeonsaal, dem größten Tanzsaal Wiens.

Offenbachgasse: Jacques Offenbach, 1822–1889, französischer Komponist, schrieb die ersten erfolgreichen Operetten, dirigierte im Carltheater mehrmals eigene Werke.

Ofnergasse: Julius Ofner, 1845–1924, Rechtsgelehrter, Sozialreformer, Abgeordneter zum Reichsrat 1901–1918. (1937–1945 Eduard Kremser-Gasse nach dem Herausgeber einer Sammlung von Wiener Liedern.)

Olympiaplatz: Nach der Stätte der antiken Olympischen Spiele.

Oswald Thomas-Platz: Professor Dr. Oswald Thomas, 1882–1963, Astronom und Volksbildner, Begründer des Planetariums.

Paffrathgasse: Leopold Paffrath, 1805–1875, Gemeinderat 1862–1875.

Pazmanitengasse: Petrus Pazmany, 1570–1637, Kardinal und Erzbischof von Gran (Ungarn), gründete hier 1618 das Pazmaneum zur Heranbildung ungarischer Priester.

Perinetgasse: Joachim Perinet, 1765–1816, Theaterdichter und Schauspieler, wirkte vor allem am Leopoldstädter Theater. (Bis 1920 Mathildengasse nach Erzherzogin Mathilde, 1849–1867, Tochter des Erzherzog Albrecht).

Perschlingstraße: Der Perschlingbach war ein kleiner Donauarm, der hier vom Kaiserwasser abzweigte und ins Heustadelwasser mündete. Auf Plänen von 1863 ist er als versumpftes Gerinne eingezeichnet. Bei der Vorbereitung der Weltausstellung 1873 zugeschüttet. Name vom altslawischen Percnicka (Birkenfluß).

Perspektivstraße: Plätze oder Straßen, von denen man einen besonders schönen Blick auf ein großes Gebäude hatte, bezeichnete man im vorigen Jahrhundert als Prospekt oder Perspektiv(e). Von der Ausstellungsstraße aus hatte man durch die Perspektivstraße einen besonders schönen Blick auf die Rotunde.

Pfeffergasse: Peter Pfeffermann, 1809–1870, Zahnarzt, erbaute um 1860 das erste Haus der Gasse.

Pillersdorfgasse: Franz Xaver Freiherr von Pillersdorf, 1786–1862, im Revolutionsjahr 1848 ab 20. März Innenminister, 4. Mai bis 8. Juli Ministerpräsident, Ehrenbürger von Wien. Wohnte in der Aspernbrückengasse (damals Schmidgasse).

Praterspitz: Der Prater endet in einer Spitze bei der Einmündung des Donaukanals in den Strom.

Praterstern: Von diesem Platz aus verlaufen sternförmig sieben Straßen.

Praterstraße: Ursprünglich Jägerzeile. Um 1800 kam für den Teil zwischen Schwedenplatz und Aspernbrükkengasse die Bezeichnung Praterstraße auf, 1862 wurde die ganze Straße so genannt.

Präuscherplatz: 1871 gründete Hermann Präuscher das »Panoptikum und Anatomische Museum«. Es wurde 1945 vernichtet. Reste der einstigen Schau wurden 1946 wiederaufgestellt.

Radingerstraße: Ing. Johann Edler von Radinger, 1842–1901, Professor für Maschinenbaukunde an der Technischen Hochschule.

Raimundgasse: Ferdinand Raimund, 1790–1836, wirkte 1817–1830 als Schauspieler und kurz auch als Direktor am Leopoldstädter Theater, die Mehrzahl seiner Werke wurde hier uraufgeführt.

Rauscherstraße: Othmar Ritter von Rauscher, 1797–1875, Kardinal und Fürsterzbischof von Wien 1853–1875.

Rembrandtstraße: Paul Rembrandt Harmens van Rijn, 1601–1669, bedeutendster niederländischer Maler.

Robertgasse: Camille Florent von Robert, Industrieller, Jurist und Chemiker, einer der Begründer der österreichischen Zuckerindustrie, ließ hier ein großes Zinshaus (»Roberthof«) erbauen.

Rotenkreuzgasse: Nach dem Hausschild »Zum rothen Kreuz«, Nummer 11. (Bis 1788 Richtergasse.)

Rotensterngasse: Nach dem Hausschild »Zum rothen

Stern«, Nummer 7. (Bis 1770 In der Froschlacken.)
Rotundenallee: Führte zur Rotunde. (Bis 1919 Sophienbrückenallee, bis 1935 Rotundenbrückenallee.)
Rueppgasse: Anton Ruepp, 1792–1868, Gemeindevorsteher der Leopoldstadt 1850–1862, wohnte Obere Augartenstraße 26–28, gründete eine Kleinkinderbewahranstalt und hinterließ einen großen Teil seines Vermögens der Gemeinde Wien für wohltätige Zwecke.
Rustenschacherallee: Alter Flurname. (Im vorigen Jahrhundert Pratergürtelstraße und Kronprinzstraße, 1862–1920 Prinzenallee.)
Schalichgasse: Franz Schalich, 1845–1910, Sekretär der Nordbahn, 1908–1910 Gemeinderat.
Scherzergasse: Johann Georg Scherzer, 1784–1840, besaß ab 1807 die Sperlsäle, Gerichtsbeisitzer 1811–1840.
Schiffamtsgasse: Nach dem Obersten kaiserlichen Schiffsamt, das sich 1688–1843 in diesem Bereich befand.
Schlagbrückenufer: Nach der alten Schlagbrücke (heutige Schwedenbrücke).
Schmelzgasse: Nach der schon 1614 nachgewiesenen Schmelze, in der minderwertiges Rinder- und Schaffett für die Herstellung von Kerzen und Seifen geschmolzen wurde. (Der Teil zwischen Taborstraße und Großer Mohrengasse, der vom restlichen Teil bis ins 17. Jahrhundert durch den »Schiltgraben«, einen von einer Brücke überspannten kleinen Donauarm, getrennt war, hieß bis 1862 Ochsengasse nach dem Hausschild »Zum goldenen Ochsen«, Taborstraße 18. Reste der Schiltgrabenbrücke wurden 1911 bei Kabellegungsarbeiten gefunden.)
Schoellerhofgasse: Alexander Schoeller, aus Düren im Rheinland zugewandert, erhielt 1833 das Privileg für

ein Großhandelshaus. Daraus entwickelte sich die »Dynastie« Schoeller, die seit der Mitte des vorigen Jahrhunderts im Finanzwesen und in vielen Industriezweigen Österreichs (Zucker, Stahl, Mühlen, Bier, Chemie, Nahrungsmittel usw.) eine große Rolle spielt. 1828 wurde der Schoellerhof auf einem Grundstück, das von der Negerlegasse bis zur Oberen Donaustraße reichte, erbaut. Er war eines der größten Zinshäuser Wiens und enthielt auch das Tanzlokal »Kettenbrükkensaal«. 1904–1905 wurde die Gredlerstraße durchgebrochen, der Schoellerhof wurde teilweise Straßengrund, das übrige zu Einzelhäusern umgebaut.

Schönngasse: Georg Alois Schönn, 1826–1897, Maler, Landschaftsbilder und Szenen aus dem orientalischen, ungarischen und jüdischen Volksleben, Professor an der Akademie für bildende Kunst.

Scholzgasse: Wenzel Scholz, 1787–1857, populärer Komiker am Carltheater, ständiger Partner Nestroys, der für ihn viele Rollen schrieb.

Schreygasse: Eleonore Schrey, Gattin des Bildhauers Josef Schrey, vermachte 1801 ihr Haus Schreygasse 2 der Gemeinde Leopoldstadt für die Errichtung einer Schule. Die Straßenbenennung erfolgte zugleich mit der Eröffnung der Schule 1802.

Schrottgießergasse: Hier befand sich im 16. Jahrhundert eine Schrottgießerei, in der Gewehrschrott für eine Schießstätte (Taborstraße 18, 1683 zerstört, dann Gasthof »Zum goldenen Ochsen«) und für die Jagd im Prater hergestellt wurde.

Schrotzbergstraße: Franz Schrotzberg, 1841–1899, Porträtmaler.

Schüttelstraße: Von der Donau angeschüttete Landzunge zwischen Donaukanal und Fugbach, die schon im Mittelalter Am Schüttel genannt wurde.

Schwarzenstockallee: Alter Flurname.

Schwarzingergasse: Barbara Schwarzinger, 1816–1891, spendete 100 000 Gulden für den Bau der Infektionsabteilung im Leopoldstädter Kinderspital, Obere Augartenstraße 26–28. (Bis 1862 Flecksiedergasse nach dem hier ansässigen Gewerbe; Flecksieder reinigten und kochten Rindermägen, sog. Kuttelfleck.)

Schweidlgasse: Karl Schweidl, 1819–1889, Rechnungsrat, Bezirksausschußmitglied, Armenrat, Ortsschulratsstellvertreter.

Schwemmgasse: Hier, bei der Lilienbrunngasse und oberhalb der Salztorbrücke bestanden bis 1873 Pferdeschwemmen mit fest verankerten Waschschiffen.

Sebastian Kneipp-Gasse: Sebastian Kneipp, 1821–1897, Pfarrer, entwickelte ein erfolgreiches Naturheilverfahren mit der Anwendung von Wasser und Kräutern (»Kneipp-Kur«).

Seitenhafenstraße: Zufahrt zum Seitenhafen des Freudenauer Hafens.

Sellenystraße: Josef Selleny, 1824–1875, Maler, nahm an der Weltumseglung der Fregatte »Novara« 1857–1859 teil und brachte viele Landschaftsbilder davon mit, konzipierte den Stadtpark.

Sportklubstraße: Führt zu den Sportanlagen an der Rustenschacherallee. (Im Volksmund früher Sportallee.)

Springergasse: Daniel Lazarus Springer, 1614–1687, Bürgermeister von Wien 1670–73 und 1679–79. In seiner Amtszeit erwarb die Gemeinde Wien die Judenstadt.

Stadionallee: Führt zum 1931 eröffneten Stadion. (Bis 1931 Schlachthausbrückenallee.)

Stemmerallee: Obwohl der Name offiziell erst seit 1891 besteht, ist seine Herkunft nicht geklärt. Vermutlich alter Flurname, abgeleitet von »Gstemm« (Wald mit mächtigen Baumstämmen).

Stoffellagasse: Emil Stoffella d'alta Rupe, 1835–1912, Professor an der medizinischen Fakultät der Wiener Universität. (Bis 1938 Emiliengasse, Herkunft des Namens unbekannt, vielleicht wie Helenengasse.)

Straße des Ersten Mai: in den Jahren 1890–1918 fanden Maikundgebungen der Wiener Arbeiter im Prater statt. (Bis 1921 Große Zufahrtsstraße.)

Sturgasse: Michael Stur, 1840–1909, als Bruder Eduardus Provinzial der Barmherzigen Brüder.

Stuwerstraße: Nach der Familie Stuwer, die durch vier Generationen in Wien, vor allem im Prater, ungemein populäre Kunstfeuerwerke bot.

Südportalstraße: Führte zum Südportal der Rotunde und führt jetzt zum Südportal des Messegeländes.

Taborstraße: Älteste Straße der Leopoldstadt, schon im 14. Jahrhundert als Kremser Straße, im 17. Jahrhundert Hauptstraße, seit etwa 1770 Taborstraße nach der Befestigungsanlage an ihrem Ende. Die sternförmigen Befestigungsanlagen wurden erstmals von den Hussiten in Böhmen gebaut und Tabor genannt.

Tandelmarktgasse: 1671 wurde der Tandelmarkt (Altwarenmarkt) teilweise, 1681 zur Gänze vom Karlsplatz hierher verlegt. 1683 zerstört, bestand er 1741–1864 wieder hier. (Im Getto Untere Gasse.)

Tempelgasse: Nach dem 1853–1858 erbauten jüdischen Tempel (Tempelgasse 3), der ältesten Synagoge der Leopoldstadt (außer den 1670 zerstörten Synagogen der alten Judenstadt). (Bis 1862 hieß der Teil zwischen Taborstraße und Ferdinandstraße Wällischgasse nach dem Haus »Zum Wällischen Bauern«, heute Nestroyhof, der andere Teil Quergasse. 1938–1945 Mohapelgasse.)

Teuffenbachstraße: Rudolf Freiherr von Teuffenbach, 1582–1653, Obristfeldwachtmeister über das gesamte Fußvolk und Leiter des Geschützwesens Österreichs im Dreißigjährigen Krieg, stiftete 1650 von seinem Vermögen 20 000 Gulden, von deren Zinsen arme Mädchen eine Heiratsausstattung erhielten.

Thugutstraße: Johann Amadeus Franz Paula Maria Freiherr von Thugut (eigentlicher Name Thunichtgut), 1739–1818, leitete als Staatsminister die österreichische Außenpolitik 1793–1800.

Tiergartenstraße: Nach dem 1863 hier eröffneten Tiergarten am Schüttel, der 1866 wegen zu geringem Ertrag geschlossen wurde. Wiederbelebungsversuche 1868 und 1894 scheiterten nach jeweils einem Jahr.

Trabrennstraße: 1878 wurde die Trabrennbahn in der Krieau eröffnet.

Trunnerstraße: Wunnibald Trunner, 1829–1885, Prior der Barmherzigen Brüder. In seiner Amtszeit wurde das jetzige Spital erbaut.

Ulrichgasse: Leopold Ulrich, 1769–1847, Küchengärtner, 1833–1847 letzter Ortsrichter der Leopoldstadt, wohnte Kleine Pfarrgasse 4.

Untere Augartenstraße: Nach der Anlegung, 1777, Neue Gasse. Jetzige Benennung 1862.

Untere Donaustraße: Ursprünglich Am hangenden Ort, etwa ab 1700 Donaustraße, jetzige Benennung 1862.

Venediger Au: Alter Flurname für den Bereich zwischen Praterstraße, Ferdinandstraße und Franzensbrückenstraße, die spätere Jägerzeile. Der Name ist vermutlich vom lateinischen »venatio« (Jagd) abgeleitet. Die Benennung der Straße erfolgte 1905 unter Hinweis auf die alten Handelsbeziehungen mit Venedig.

Vereinsgasse: 1863 baute hier der Katholische Gesellenverein auf einem Grund, den der Gärtner Johann Hummelberger gestiftet hatte, ein Vereinshaus. Der Leopoldstädter Gesellenverein als Zweigverein des Wiener Katholischen Gesellenvereins wurde 1856 gegründet und hatte anfangs seinen Sitz Glockengasse 10.

Vivariumstraße: 1873 errichtete an der Hauptallee eine Privatfirma ein öffentlich zugängliches Aquarium. Ab 1878 wurden auch andere Tiere gezeigt, vor allem Affen und Krokodile. 1888 wurde die Anlage in Vivarium umbenannt, 1893 erwarb sie die Wiener Tiergartengesellschaft. Als diese 1902 in Konkurs ging, kaufte Dr. Hans Przibram das Gebäude und errichtete mit Leopold Ritter von Portheim und Dr. Wilhelm Figdor eine Biologische Versuchsanstalt, die 1914 von der Akademie der Wissenschaften übernommen wurde. Sie beschäftigte sich experimentell mit allen Zweigen der Biologie, ihre am Wochenende zugängliche Ausstellung war sehr beliebt. Beim Praterbrand 1945 wurde die Anlage völlig vernichtet.

Volkertplatz und -straße: In weitem Umkreis gehörte das Gebiet im 18. Jahrhundert den Grafen Volkra, verballhornt Volkert. Am Tabor 22 besaßen sie ein Palais, das Prinz Eugen kaufte und von Johann Bernhard Fischer von Erlach modernisieren ließ. Er benützte es als Jagdschloß. Der prachtvolle Bau war von einem englischen Garten umgeben. Er war später im Besitz der Familie Trautmannsdorff, wurde 1830 ein Knabenerziehungsheim, 1864 eine Metallwarenfabrik und 1903 demoliert. Die ganze Gegend hieß noch im vorigen Jahrhundert nach den einstigen Besitzern »Im Volkert« (oder »Im Völkert«).

Vorgartenstraße: 1893 wurde hier erstmals durch die

Bauordnung die Anlegung von Vorgärten vor den Häusern vorgeschrieben.

Wachaustraße: Donautal zwischen Melk und Krems.

Walcherstraße: Josef Walcher, 1718–1803, Professor für Mathematik und Physik an der Wiener Universität.

Waldsteingartenstraße: Auf dem jetzigen Gelände des Österreichischen Hockeyverbandes im Prater befand sich um 1800 das Gasthaus »Zum schwarzen Adler«. 1820 wurde es in ein Sommerhaus umgebaut, das 1832 Fürst Nikolaus Esterházy kaufte. 1857 erwarb es der k. k. Kämmerer Major Ernst Graf Waldstein-Wartenberg, nach dem es den Namen Waldsteingarten erhielt. 1874 pachtete es Eduard Sacher, der ein vorwiegend vom Adel besuchtes Nobelrestaurant einrichtete. Auch unter den späteren Besitzern wurde der »Waldsteingarten« in exklusivem Stil weitergeführt, doch wurde 1922 eine »Waldschenke« angeschlossen. 1945 wurde die Anlage völlig zerstört. (Bis 1908 Esterházystraße.)

Waschhausgasse: Ein altes Wachtgebäude (Untere Donaustraße 7–13) ließ Kaiser Leopold um 1650 zum Waschhaus für Hoftafelwäsche umbauen. 1843 wurde die Hofwaschanstalt ausgebaut, 1919 zur Bundeswaschanstalt, 1924 wurde das Haus zum Lehrlingsheim umgebaut.

Wehlistraße: Sektionschef August Freiherr Ritter von Wehli, Vizepräsident der Donauregulierungskommission (1938–1945 Admiral Scheer-Straße).

Weintraubengasse: Nach dem Gasthaus »Zur blauen Weintraube« (Ecke Praterstraße).

Weschelstraße: Leopold Matthias Weschel, 1786–1844, Hofkriegskonzipist, Schriftsteller und Maler. Veröffentlichte 1824 die Topographie »Die Leopoldstadt bey Wien«, wirkte bei der Gründung der Ersten österreichischen Spar-Casse mit.

Wettsteinpark: Dr. Richard Wettstein, Ritter von Westersheim, 1863–1931, Professor für Botanik und Leiter des botanischen Gartens der Wiener Universität.
Wilhelm Kienzl-Park: Wilhelm Kienzl, 1857–1941, Komponist, acht Opern, darunter »Der Evangelimann«.
Wittelsbachstraße: Wittelsbacher, bayrische Könige 1180–1918. Elisabeth, die Gattin Kaiser Franz Josef I., entstammte dieser Familie.
Wohlmutstraße: Bonifazius Wohlmut, Zechmeister der Wiener Steinmetze im 16. Jahrhundert, fertigte 1547 einen Plan der Stadt Wien an, hatte großen Anteil am Wiederaufbau der Wiener Vorstädte nach der Türkenbelagerung 1529.
Wolfgang Schmälzl-Gasse: Wolfgang Schmälzl (Schmeltzl), ca. 1500–1560, Schulmeister bei den Schotten, schrieb Theaterstücke und Gedichte, darunter einen berühmten Lobspruch auf Wien mit der ältesten Schilderung der Leopoldstädter Brücken.
Ybbsstraße: Nebenfluß der Donau.
Zirkusgasse: 1853 wurde hier für den Zirkus Renz ein Gebäude errichtet, das 1945 vernichtet wurde. (Bis 1862 Große Fuhrmanngasse nach den hier ansässigen Fuhrleuten.)
Zufahrtstraße: Zufahrt zur Rotunde. (Bis 1921 Kleine Zufahrtstraße; Änderung, weil die Große Zufahrtstraße in Straße des Ersten Mai umbenannt wurde.)
Zwerggasse: Kurze Sackgasse.

Nachwort

Im Jahre 1937 ist das Bezirksbuch »Die Leopoldstadt«, herausgegeben von einer Lehrer-Arbeitsgemeinschaft im Selbstverlag, erschienen. Wenige Monate später wurde Österreich zu einem Teil des Großdeutschen Reiches, das Buch verschwand aus dem Buchhandel und hat heute Seltenheitswert.

Seit der Wiedergeburt Österreichs im Jahre 1945 sind mehrere Bücher über den Prater erschienen, vor allem das Standardwerk von Hans Pemmer und Nini Lackner in einer ergänzenden Bearbeitung von Günter Düriegl und Ludwig Sackmauer. Eine Gesamtdarstellung des 2. Bezirkes fehlte jedoch.

Es war unsere Aufgabe, diese Lücke zu schließen. Wir haben uns, wie schon bei unseren früheren Bezirksbüchern, darum bemüht, wissenschaftliche Genauigkeit mit Lesbarkeit zu verbinden und die Gegenwart ebenso zu erfassen wie die historische Entwicklung. Dabei ist es uns diesmal besonders schwer gefallen, aus der Fülle der gesammelten Materials das auszuwählen, was im naturgemäß begrenzten Umfang des Buches untergebracht werden konnte.

Ob unser Bemühen erfolgreich war, werden die Leser beurteilen. Wir sind für Kritik und Anregungen, die wir in einer eventuellen zweiten Auflage verwerten können, dankbar.

Heute schon danken wir allen, die zu unserer Arbeit hilfreich beigetragen haben, vor allem Herrn Bezirksvorsteher Rudolf Bednar und Herrn Hauptschuldirektor i. R. Ferdinand Hiebner (Bezirksmuseum Leopoldstadt) sowie dem Wiener Stadt- und Landesarchiv und der Wiener Stadt- und Landesbibliothek.

Die Autoren